19世紀フランス社会政治史

Odanaka Naoki
小田中直樹

山川出版社

Studies in Socio-political History of Nineteenth-century France
by
ODANAKA Naoki
Tokyo: Yamakawa-Shuppansha, 2013

一九世紀フランス社会政治史　目次

イル=エ=ヴィレヌ県　郡と県・郡庁所在地
（1852年）

コート=ドール県　郡と県・郡庁所在地
（1852年）

エロー県　郡と県・郡庁所在地
（1852年）

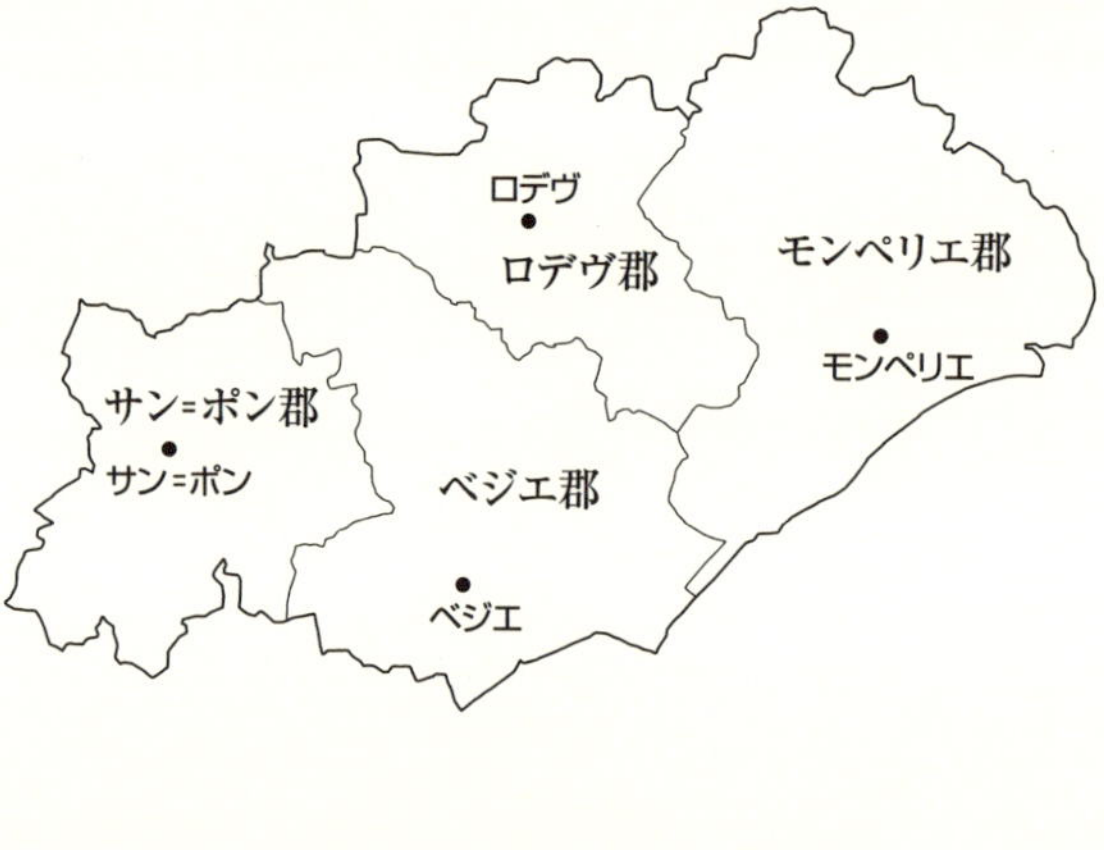

フランス本土（1852年）

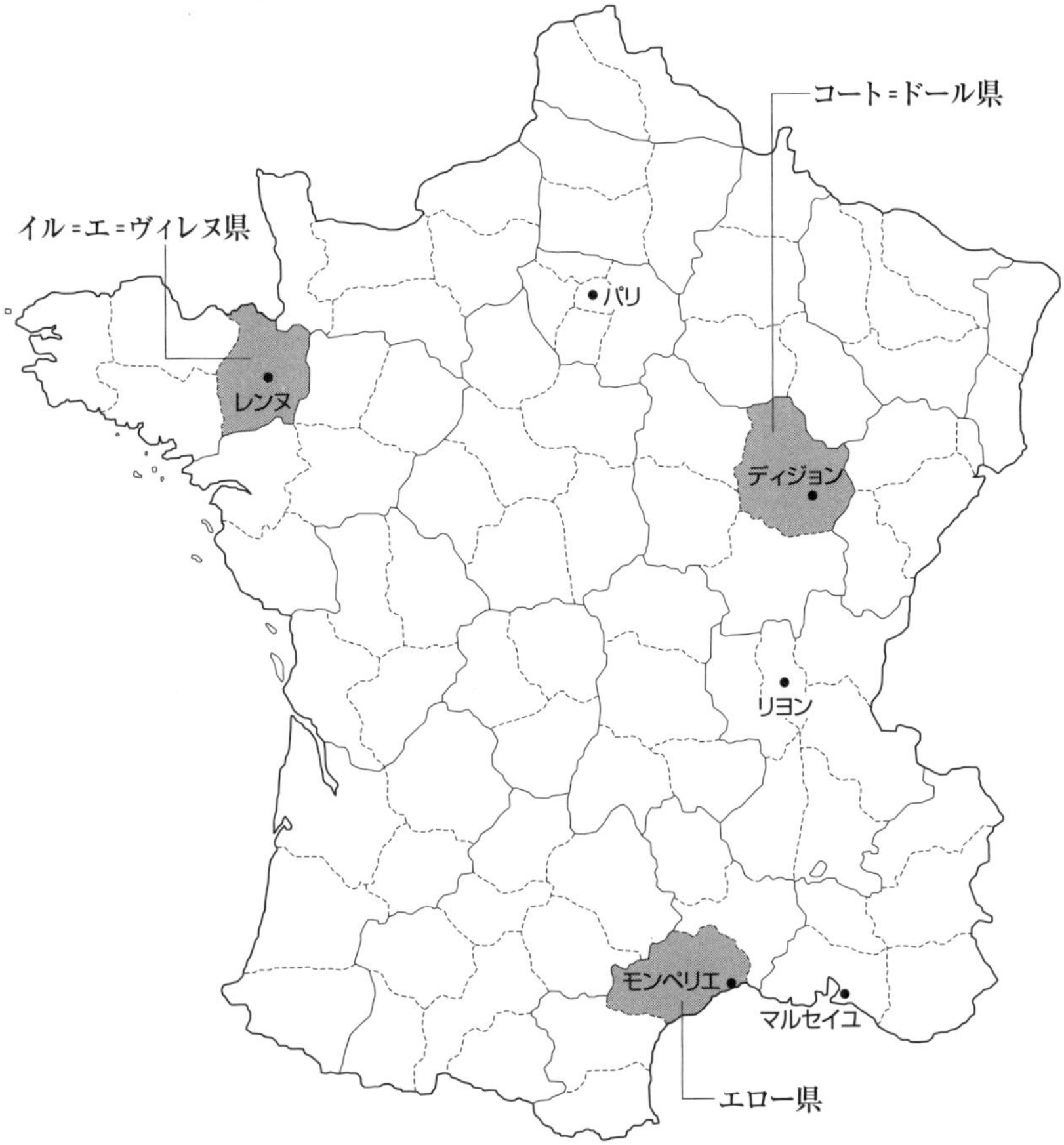

一九世紀フランス社会政治史

序章

もうひとつの一九世紀フランス社会政治史へ

1　問題関心

二一世紀にはいった今日から、戦後日本における一九世紀フランス史研究の歩みをかえりみると、一九八〇年代にひとつの「新しい流れ」が出現したことに気づく。

一九七〇年代まで、諸研究の対象は、なによりもまず土地制度、とりわけ「分割地所有」と、それにかかわる諸現象におかれてきた。分割地所有は、フランス革命期の土地改革によって広汎に創出され、一九世紀にはいって産業革命を経ても根強く残存するのみならず、逆に産業革命のあり方をつよく規定してゆく。それゆえ、その「社会的存在形態と歴史的性格とを再検討すること」［遅塚 1965：353］が、フランス革命、とくにその「農民革命」や、産業革命といった重要な事象の特徴を把握し理解するための手がかりとなるのではないか——このような問題関心が、それら研究に共通していたように思われる［遅塚 1965／吉田 1975／誉田 1966–67／誉田 1968］。

これに対し、一九八〇年代になると、おなじく農村部に着目しつつも、関心の中心を被支配階層たる民衆の政治的、社会的、および経済的な状況と、その総合的な所産とでも呼ぶべき彼らの政治的で社会的な「行動」におき、その分析をつうじて、当時の民衆、とりわけ農村部民衆の実態を総合的に把握しようと試みる研究が登場した[槇原 1985/西川 1985][1]。これら研究は、民衆そのものを対象とする点で、土地制度を重視するそれ以前の諸研究と比較して、一定の変化をもたらしたといえるだろう。

ここで目を欧米の研究史に移し、日本における「新しい流れ」の源流を求めれば、われわれは一九六〇年代にゆきつくことになる。すなわち、一九六〇年にボワ『西部の農民』、六三年にヴィジエ『アルプス地方における第二共和制』がそれぞれ刊行されて以来、近代フランス農村部の政治や社会に関する研究が数多くあらわれるようになった[Bois 1960/Vigier 1963]。「一八五一年一二月のルイ＝ナポレオン・ボナパルトのクーデタに対する反乱の新たな評価を促す近年の歴史研究」という視角からそれらをレビューするマーガダント(以下すべて敬称を略する)によれば、そこには、リューデやチャールズ・ティリーに代表される、一七五〇年から一八五〇年に至る西ヨーロッパにおける社会的抗議運動の分析研究、ヴィジエやアギュロンの第二共和制期地域研究、コルバンやヴェーバーが進めてきた前工業化期フランスにおける農民の生活様式や抗議形態の文化的研究、これら三つの潮流が存在する[Margadant 1979a:XX–XXII][2]。すなわち、欧米では、一九六〇年代から、農村部における社会や政治、とりわけ民衆の行動に総合的な関心をもち、また第二共和制期をひとつの焦点とするような研究の比重が増してきた。この事態が、一九八〇年代以降の日本における「新しい流れ」に影響を与えたことは、いうまでもないだろう。

これら内外の研究は、農村部、とりわけそこに暮らす民衆を主要な対象とし、また、対象となる事象の総体的分析とでも呼ぶべき方法論を採用しているが、そのことにはおのおの理由がある。

まず研究対象については、一九世紀のフランスは、少なくとも第二帝制期までは、産業革命と都市化が始まっていたとはいえ、依然として農業と農村部が優越する農業国だった。景気循環についていえば、農作物の収量ひいては天候が好不況を左右する「経済的旧体制」(ancien régime économique)が、世紀半ばまで存続した[3]。また、二月革命を経て男子普通選挙制度が導入されるや、地方政治から国政に至るまで、すべからく政治は、有権者の圧倒的多数を占める農村部民衆の動向に左右されることになった。かくして、政治、経済、社会の諸側面において、農業、農村部、そして農村部民衆が主要なアクターとしてたちあらわれ、したがって主要な研究対象となったのである。

次に方法論については、近代化論とラブルース学派(école labroussienne)という、方法論上の二つのトレンドの影響を挙げなければならない。マーガダントのレビューにでてくる名前に即していえば、ヴェーバーやマーガダントは、ロストウに代表される近代化論の系譜に属している。すなわち、彼らは、前近代社会から近代社会への移行がいかになされたかを総体的に把握しようと試みてきた。また、ヴィジエやアギュロンは、ラブルースの方法論を採用する、通称ラブルース学派に属している。ラブルースの方法論の特徴は、県や地方(地域)など特定の時空間を研究対象として設定し、そこにおける社会経済構造や政治的支配階層の特質など、さまざまな側面を包括的に分析することにより、いわゆるアナール学派が唱道してきた「全体史」(histoire totale)を実現しようとするスタンスにある。[4]

これら一九世紀フランスのとりわけ農村部における社会や政治、なかでも民衆の行動を総体的に分析しようとする研究が、この時代のフランス社会そのものに対するわれわれの理解をおおきく進化および深化させてきたことは、あらためていうまでもない。しかしながら、分割地農民に照準をあてたかつての研究と比較するとき、どこか物足りない思いが残ることもまた事実である。

それは、これら研究が、事象の総体的な把握という方法論を採用したことに拠る。総体的な把握とは、研究対象のあらゆる側面、あらゆる構成要素を、すべてひとしなみに取り扱うこととほぼ同義であり、そこに「なにを明らかにしたいか」という問題関心、換言すれば分析視角を読み取ることは、存外に困難なのである。このことは、とりわけラブルース学派に属する歴史学者の研究に顕著である。[5] 同学派を包摂するアナール学派の始祖たるブロックとフェーヴルが、「全体史」とともに、分析視角の重要性を強調する「問題史」(histoire-problème)をとなえてきたことをあらためて想起するとき、このことは一種の皮肉ですらある。[6]

われわれは、これら研究が一九世紀フランス（とりわけ農村部）民衆の行動、ひろく民衆の諸相、さらにひろく一九世紀フランスという時空間における政治や社会の特徴を明らかにしてきたことをたかく評価しつつ、これら分析対象の特徴をクリアに析出しうる分析視角を探求することにより、その到達点をこえる必要があると考える。

本章の目的は、先行研究を批判的にレビューし、そこから、これまでの一九世紀フランス史研究では十分に検討されてこなかった、しかし、前記の点からして重視されるべき分析視角を析出することにある。まず先行研究にみてとりうる重要な分析視角をいくつか提示し、その観点からこれら研究を批判的に評価したうえで、われわれが重要と考える分析視角を提示する。

2 「政治化」論

実体概念としての「政治化」

一九世紀フランスの社会と政治に関する先行研究は、いかなる分析視角にもとづいて整理すれば、その異同をクリアに提示しうるのだろうか。換言すれば、これら研究によって明らかにされてきた史実は、いかなる分析視角をもちいれば、この時空間の特徴を明らかにすることに貢献しうるのだろうか。

この条件をみたす分析視角はいくつも挙げうるだろうし、論者によって異なりうるが、われわれにいわせれば、これまで提示されてきたもののうちでもっとも重要なのは「農村部民衆の政治化（仏語で politisation, 英語で politicization）」と「名望家（notable）による支配」の二つである。

本節では、このうち前者、すなわち「農村部民衆の政治化」という分析視角に即して主要な先行研究を比較対照し、批判的に評価する。対象とするのは、ラブルース学派の影響下にある研究として、アルプス地方に関するヴィジエの業績、ヴァール県に関するアギュロンの業績、近代化論の影響下にある研究として、農村史に関するプライスの総合的な業績、農村部の近代化に関するヴェーバーの業績、そして第二共和制期の農民反乱に関するマーガダントの業績の五者である。五者の所説のおのおのについては、本章補論で紹介する。

農村部民衆の政治化という現象が重要なのは、二月革命を契機とする普通選挙制度の導入は「農民を決定的にフランスの政治にとりいれ」、フランスの政治が「農民に従属する」結果をもたらしたため、農村部民衆の行動は、当時、なによりもまず(その行動が政治的であるか否かも含めて)政治的に重要なものとして解釈されたからである[西川 1985:310]。それゆえ、一九世紀フランスの政治と社会を対象とする研究は、ほとんどすべて、農村部民衆と政治の関係、とりわけ農村部民衆の政治化という現象を重要な分析課題のひとつとしている。[7]

われわれにとって興味深いのは、諸説のあいだには、農村部民衆の政治化をめぐってかなり大きな違いがあることである。[8]この違いを整理することから始めよう。[9]

これらの相違には、個別事象の評価にかかわるものと、政治化の概念そのものにかかわるものという、二つの次元の異なる種類があり、それらが相互に関連しつつ重層的に存在している。

このうち個別事象の評価にかかわるものについては、五つの研究のあいだに、いくつかの事象の評価について明らかな相違が存在することが留意されなければならない。そのなかで、われわれにとってとくに重要なのは、以下の三点である。

第一点は、名望家をとおして農村部民衆に政治が伝達されるプロセスやメカニズムをめぐる評価である。ヴィジエ、アギュロン、マーガダントは、一九世紀前半、政治が名望家をつうじて農村部民衆に伝達されたと主張する。[10]彼らのうち、この伝達ルートをもっとも高く評価するのはアギュロンである。彼によれば、共和主義は、名望家と対立してというよりも、むしろ名望家を経由して普及した。これに対してヴェーバーやプライスは、政治が、パトロン・クライアント関係(patronage)にもとづいて伝達されるなかで、パーソナルあるいはローカルなものに変質することを強調し、このルートに対して消極的な評価を下す。とりわけヴェーバーは、第二共和制期の農村部にはローカルな名望家による派閥政治しか存在せず、それは、民衆にとってはパーソナルな紛争でしかなかったと主張する[Weber 1976]。これに対してプライスは、一方で政治が農村部民衆に伝達されるプロセスにおけるパトロン・クライアント関係の役割を認め、他方で第二共和制期において政治は農村部民衆に伝達されるなかで変質したと主張するなど、ヴィジエたちとヴェーバーの中間的な立場をとる[Price 1975a:45]。

第二点は、一九世紀前半における経済成長に対する評価である。マーガダントとヴィジエは、一九世紀前半の経済成長を重視する。すなわち、マーガダントは、当時のフランスでは、全土で農業革命が進行して農業生産性が上昇したと主張する。とりわけ七月王制期には、これによって農村部の生活水準が向上するとともに市場が拡大し、農村部のナショナルな統合が始まったとされる。ヴィジエは、とくに七月王制期の経済成長を強調するが、その帰結としては、農業が市場経済に包摂されることによる「旧農業システムの断絶」よりも、土地購入ブームによって農民の負債が増大したことや、商品作物生産の普及によって経済危機に対する農民の感受性が高まったことを重視する[Vigier 1963, Vol. 1:26]。これに対してプライスやヴェーバーは、第二帝制以降と比較すれば、一九世紀前半の農村部における経済成長は大きな意味をもたないと評価する。すなわち、プライスによれば、経済的旧体制は第二帝制期まで存続した。ヴェーバーによれば、世紀前半の農村部は孤立しており、この状態が変化するには、第二帝制期に始まり第三共和制期に完了する経済的次元におけるナショナルな統合を待たなければならなかった[11]。

第三点は、クーデタに対する抵抗の政治的性格の存否をめぐる評価である。抵抗の政治的な性格をもっとも強調するのはヴィジエである。彼によれば、農村部民衆による抵抗は「貧者の共和制」の実現を目的とする政治的な運動だった。

これに対してヴェーバーは、農村部民衆が抵抗に参加する際の動機として強制や憎悪を強調し、抵抗の政治的な性格を否定する。そして、相対立する両者の中間的な位置に立つのがアギュロン、マーガダント、プライスである。すなわち、彼らは、抵抗が政治的な色彩と非政治的な色彩の双方を有していたと評価する。たとえばアギュロンは、共和制の擁護をめざす行動が富者に対する憎悪から生じた行動と並存していたことを、マーガダントは、抵抗の政治的なアピールが農民に伝達されるなかで国家に対する共同体の憎悪と融合してゆくことを、それぞれ強調している。

分析概念としての「政治化」

これら個別事象の評価、すなわち実体概念としての「政治化」をめぐる相違とは別に、ただしそれと密接に関連しながら、分析概念としての「政治化」をめぐる相違が存在する。五人の政治化概念の最大公約数は「政治の価値の認識」すなわち〈政治は自己の生活に影響を与え、政治的行動は自己の要求を実現する手段として有効である、という認識〉であると考えられるが、この最大公約数を基準としてもちいると、三つの相違が検出できる。

第一点は、「政治とは「ナショナルな政治」であると考えるか否か」に関する相違である。ヴェーバーは「一九世紀に至るまで、政治は国家に関するものだった」と述べ、パーソナルあるいはローカルな政治とでも呼ぶべきものを否定する[Weber 1976:524]。彼がいう政治化とは、したがって「全国政治化」にほかならない。プライスやマーガダントもまた、民衆が政治化するにはナショナルな政治を認識することが必要だったと主張する。[12] これに対して、アギュロンとヴィジエの立場は曖昧である。両者とも「政治化」を具体的に定義することはなく、また、彼らの立論から「政治」の内容を把握することは困難だからである。ただし、アギュロンが政治化の促進要因として七月王制期に地方議会公選制が導入されたことを挙げ、またヴィジエが一八四八年夏以降の経済的あるいは心理的な変化の結果として「地元でのできごと」に対する参加要求が出現したことを強調することからして、彼らはローカルな政治の存在を認め、それに一定の意義を与えていると考えてよいだろう。

第二点は、「経済的次元におけるナショナルな統合を、政治化の前提とみなすか否か」に関する相違である。[13] ヴェーバーは、政治化は経済的な統合にもとづく文化的な均質化の一環としてなされたと主張する。プライスは、政治化は、ナショナルな市場の形成などによって農村部が統合された結果であるとみなす。マーガダントは、経済的な統合に言及はしないものの、市場の拡大を「政治的な覚醒」の要因として重視する。彼らは、ナショナルな政治の価値が認識されるようになったことをもって政治化のメルクマールとするがゆえに、経済的な統合によってナショナルなできごとが周辺に発生して、はじめて政治化がなされると考える。これに対してアギュロンやヴィジエは、経済的な統合を重視しないし、それが政治化の前提か否かという問題に対する態度も曖昧である。すなわち、アギュロンは政治化の経済的な要因の分析をほとんど欠くし、ヴィジエは、政治化の経済的な要因としては、むしろ農村部民衆における経済的不満の蓄積を強調している。

第三点は、「政治の到達は、政治化のメルクマールとみなしうるか否か」に関する相違である。五人のアーギュメントは、民衆にとって政治とは「与えられるもの」であるという前提を共有している。ただし、ヴェーバーやプライスは、政治が、パトロン・クライアント関係を経由した伝達のプロセスで変質することだけでなく、民衆に受容される際に変質することにも注目する。彼らによれば、政治の到達を、ただちに政治化とみなすことはできない。これに対して、残りの三人は、これらのプロセスで政治が変質した可能性は考慮あるいは重視せず、農村部民衆は政治を「そのものとして」受容し理解した(できた)と評価する。さらに、アギュロンとヴィジエは、ローカルな政治の存在と意義を認める以上、変質の存否はさほど意味をもたないと評価する。これらの点からして、彼らにとって、農村部民衆への政治の到達は政治化のメルクマールたりうる。

「政治化」論の意義と限界

一九世紀フランスにおける農村部民衆の政治化をめぐっては、各論者のあいだにさまざまな見解の相違が存在する。そのことを考慮したうえで、ただし煎じつめていえば、政治化をめぐる議論で論じられてきたのは、農村部民衆が自律的な政治的アクターとして登場するという事態が生じたのはいつか、この現象のメルクマールはなにか、という問題だった。そして、この現象は、名望家と民衆のあいだにみられた家父長主義的な支配従属関係の消滅、すなわち名望家による支配からの民衆の解放という事態と、ほぼ同一のものとして捉えられてきた。

一九世紀フランスの政治と社会を研究するうえで、政治化という現象はきわめて有効な分析視角である。とりわけ政治化の時期に関するアーギュメントは、一八五一年のボナパルトによるクーデタに対する抵抗の評価、ひいては第二帝制そのものの性格の評価と関連しているという点でも重要である。

クーデタに対する抵抗の評価をめぐっては、クーデタ直後から論争があった。[14] そこでは、抵抗を非政治的な憎悪の噴出と捉える「ジャックリ」(jacquerie)説、憲法と共和制を擁護することが動機だったとする「権利のための闘争」説、そして新しい共和制の樹立を求めた点を重視する「真の共和制」説という三つの説が、たがいに対立してきた [Agulhon 1973:191-197]。この論争は「抵抗の政治的な性格をどう評価するか」を重要な争点としており、この点で、第二共和制期に政治化が進んでいたか否かに対する評価は、抵抗そのものに対する評価に直結する。すなわち、すでに政治化が進んでいたと考える立場は抵抗の政治的な性格を強調し、それによって「権利のための闘争」説や「真の共和制」説に、逆に政治化は進んでいなかったと考える立場は抵抗の政治的な性格を重視せず、それによって「ジャックリ」説や「真の共和制」説に、おのおの導かれる。

また、第二共和制期までの時期における政治化の進度をめぐる評価は、第二帝制の性格に対する評価をともなわざるをえない。それは、第二帝制期において農村部はおおむね平穏を維持したが、この点をどう解釈するか、という問題から生じる。すでに政治化が進んでいたと考える立場は「政治生活の基本的な流れに大きな変化はなく、新しくなったのは政治をとりまく環境である」とし、農村部民衆は第二帝制政府による抑圧によって平穏を保っていた(にすぎない)と主張する［Vigier 1963, Vol. 2:377/Margadant 1979a, Chapter 12:337］。[15] これに対して、クーデタ以前の政治化を消極的に評価する立場は、農村部が平穏だったことの理由は、民衆が政治に無関心だったり、経済的な繁栄のゆえに(与えられた権力としての)帝制を支持したりしたことに求められなければならないと主張する［Weber 1976:254/Weber 1982:372, 377/Price 1975a:63］。二つの立場は、第二帝制の「政治的な抑圧」面を強調するか「政治化を促す経済成長」面を強調するかで対立する。

ただし、「政治化」を分析視角として利用しつつ研究を進める場合は、いくつかの点に留意することが必要である。ここでは、そのうち二点を挙げておきたい。

第一は、「農村部民衆」という概念をアプリオリに設定してはならないということである。一九世紀における政治化を分析するにあたって「民衆」や「農村部」といった概念をもちいることは、なにをもたらし、なにを失わせるのかについて、事前に十分に検討しなければならない。それは、場合によっては「民衆」のかわりに「貧農、小作農、職人、労働者」といった社会職業的な(socio-professionnel)区分を、あるいは「農村部」のかわりに「地方、県、郡、小郡、市村」といった空間区分を、おのおのもちいることが有効かもしれないからである。

第二は、ローカルな政治を「政治」として認めるか否か、さらにいえば「政治」はいかに定義されうるかについて、事前に検討し、みずからが採用する立場を明確に提示しておかなければならない、ということである。たとえば、ここで検討してきた五人は、そろって、政治化とはナショナルな政治にかかわる現象であると考える傾向が強い。これに対してシルバーは、農村部民衆の政治化というプロセスを検討するに際しては、むしろローカルな政治の意義を重視すべきであると主張し、彼らを批判する。[16] これは「政治」という抽象的な概念にかかわる問題ゆえ、研究者各自のスタンスには一定のアプリオリがはらまれざるをえないだろう。

それでは、今日の時点からかえりみて、こういった問題が十分に認識され、前提とされてきたか、といえば、残念ながら答は「否」である。政治化をめぐる議論は、民衆が政治的アクターの地位に就くプロセスは真に「自律的」だったか否か、民衆がアクターとして参与するべき「政治」はナショナルな政治(「大文字の政治」)かローカルな政治(「小文字の政治」)か、といった、語の定義をめぐる議論に収斂してしまったからである。このような議論は、あまり生産的なものとはいいがたい。

ただし、再言するが、農村部民衆の政治化は、ひろく近代フランス史を理解するうえで重要な現象であり、それを避けて一九世紀フランスを語ることは不可能である。それでは、この現象について生産的な議論をするためには、いかなる観点が必要なのだろうか。換言すれば、政治化をめぐってこれまで展開されてきた論争にはなにが不足していたのだろうか。

3 「名望家」論

地方行政とローカルな政治

一九世紀フランスの政治と社会の特徴を理解するうえで有益な分析視角として、第二に挙げるべきは「名望家による支配」である。この分析視角は、第一の分析視角たる「農村部民衆の政治化」と表裏一体の関係にあるが、近世(初期近代)から近代にかけてのフランスの国家、政治、社会の結節点に位置しているがゆえに、きわめて重要である。[17]

歴史学界における通説によれば、近世から現代に至る国家の特徴のひとつは、中央集権的に制度化された行政システムをそなえていることである。フランスについていえば、トクヴィルが指摘したとおり、行政システムの制度化は旧体制期に本格的に始まり、一九世紀中葉には、中央政府、県(département)、郡(arrondissement)、小郡(canton)、市村

(commune)という、ほぼ今日のような姿をとった[トクヴィル 1998]。この動きは、七月王制期など自由放任主義的な古典派経済学が一定の政策的影響力をもち、行政システムが対応するべき政策領域が縮小した一時期を除いて、官僚制的合理化とでも呼ぶべき趨勢にもとづいて各地でスムーズに進んだとみなされている[Rosanvallon 1990]。そして、行政システムの中央集権的な制度化が急速に進んだ時期とみなされているのが第二帝制期である。

しかし、この通説に対しては、県以下のレベルにおける行政システムを「地方行政システム」と呼ぶとすれば、近代から現代に至るフランスの地方行政システムはこれまで実証的な歴史的分析の対象となってきたといえるか、すなわち通説は実証的なデータにもとづいているか、という疑問が生じる。

たしかに県より上のレベルにおける「中央行政システム」とでも呼ぶべきものについては、第二帝制期を中心に、システムを構成する諸要素、システム総体の構造、メカニズム、あるいは制度化のプロセスに関する研究が、はやくから進められてきた。それは、第二帝制が、大略〈皇帝ナポレオン三世は行政当局すなわち官僚機構をもちいて強大な独裁的権力を行使したため、行政当局のプレゼンスが高まり、議会制民主主義を犠牲にするかたちで中央集権化が進んだ〉時期と理解されていたためである。

すなわち、中央政府を構成する、省庁をはじめとする各種中央行政当局については、行政史研究の領域における蓄積がある。なかでも重要なのは、社会史、思想史、経済史など、さまざまなアプローチをもちいて一九世紀中央行政システムの特徴を明らかにしようとするチュイリエの業績である[Thuillier 1979/Thuillier 1980/Thuillier 1987/Thuiller 1994/Thuiller 2004]。また、中央行政当局を構成する各種高級官僚については、とりわけプロソポグラフィックな手法をもちいて、緻密な分析がなされてきた[18]。これらのうち代表的なものとしては、国務官に関するライトの研究[Wright 1972]が挙げられる。

これに対して地方行政システムに関する歴史研究をみると、この領域の探究は大幅に遅れているといわざるをえない。同システムについては、法的あるいは制度的な諸側面についてはさまざまな業績があるが[19]、その具体的な機能やメカニズムについては、管見のかぎり、十分な分析を加えた研究は存在しない［Le Bihan 2008/Thoral 2010, Introduction］。このことは、中央行政システムをめぐる重厚な研究史と著しい対照をなしている。

とくに問題なのは、単なる個別事例研究にとどまらず、地方行政システムの実態を、全国的すなわち包括的に、そして実証的すなわち県文書館や市村文書館に所蔵されている資料をもちいて分析する、という研究が少ないことである。もちろんこの分野について先行研究がまったくないというわけではなく、総裁政府期から今日に至る市村長を分析したアギュロンたちの共同研究［Agulhon et als. 1986］など、先駆的にして重要なものもいくつか存在する。しかしながら、たとえば県知事と郡長や治安判事とのあいだにおける意思決定のプロセス、県、郡、小郡、市村におかれた各種諮問機関の機能、あるいは首長と地方議会の関係など、手がつけられていない、あるいは十分に解明されていない問題は山積しているといってよい。

その背景には、ひとつには、政治に対する行政の優位および行政的中央集権化の急速な進行という、先述した近世および近代フランスに関する通説的なイメージがあるように思われる。このイメージが共有される場合、地方議会すなわち政治よりも首長すなわち行政のほうが意思決定において優越し、また市村長よりは郡長や治安判事よりは県知事のほうが、おのおの上位に立つのは、けだし当然と認識されることになるからである。[20]

そして、われわれの研究対象時期たる一九世紀において、この地方行政システムを担っていたのが、ほかならぬ名望家である。

分析概念としての「名望家」

一九世紀フランスの地方行政システムや、さらにはそれを包摂する政治と社会の総体を論ずるうえで避けてとおれないのは、この時代の政治的、経済的、および社会的な支配階層として「名望家」なる階層を設定する、いわゆる名望家論である。

かつて日仏両国において支配的だった理解によれば、フランス革命は、「生まれ」にもとづく優越を享受する「貴族」(あるいは旧領主)から、「財産」にもとづく優越を主張する「ブルジョワジー」、とりわけ「労働にもとづく財産にもとづく経営」を体現する「資本家」へと、支配階層の地位が移動する画期をなした。いうまでもなく、このような理解の背景にはマルクス主義的な歴史観がある。

しかしながら、とりわけ第二次世界大戦後、一九世紀フランス史研究が進展するなかで、この解釈がはらむ問題点が次々と明らかになった。たとえば、財産を蓄積した資本家は、土地を購入して(不労)地主化する傾向にあった。王政復古を経ると、貴族が(少なくとも一時的には)政治的な支配階層の地位に復権した。七月革命後、正統王朝派(Légitimistes)の貴族の多くは「国内亡命」し、ローカルなレベルにおける社会的な支配力を強化した。あるいは、おもに「地主」というカテゴリーにおいて貴族とブルジョワジーが融合し、新たな支配階層を構成した。こういった、かつての通説では十分に説明しがたい事象が、実証的に明らかにされてきたのである。

このような事態に対応するべく着目されたのが、両大戦間期に評論家アレヴィが、第三共和制初期の社会政治的変動を説明するに際してもちいた「名望家」という概念である[Halévy 1930]。彼によれば、一九世紀のフランスで支配階層の位置にあったのは、生まれや財産や人的ネットワークなど、なんらかのリソースにもとづく「影響力」(influence)の行使を特徴とする名望家だった。彼らの優越は、一八八〇年代にはいって第三共和制が安定し、政権を担う穏健共和派たる日和見主義派(Opportunistes)が、地方行政、初中等教育、社会政策など、さまざまな側面にかかわる改革を開始して、はじめて揺るぎはじめる。[21]

名望家という概念にいちはやく着目した歴史学者としては、テュデスクが挙げられる。一九六四年、彼は、一九世紀前半のフランスを大名望家が支配する社会として特徴づける大著を刊行し、大きな反響を呼んだ[Tudesq 1964]。彼によれば、この時代のフランスは依然として農村的な性格が強かったが、その農村部では、資本家や(現・旧・元)貴族など多様な出自をもつ地主を中心とする有力者が、名望家として、農民、貧民、あるいは農村労働者などからなる民衆に対して支配力を行使していた。さらにまた工業部門をみても、このセクターを牽引する資本家の多くは、出自や行動様式などの側面において、じつは名望家的な性格を色濃くもっていた。

テュデスクのアーギュメントは、おなじく一九六〇年代から人口に膾炙《かいしゃ》しはじめる修正主義的なフランス革命論や、フランスにおける工業化の相対的な遅れを資本家の新マルサス主義的な行動様式に求める経済史研究の潮流にフィットするものだったこともあり、その後の研究潮流に大きな影響をおよぼすことになった。そして、名望家論的な視角からなされる実証的な研究が進展するにつれて、一九世紀前半のフランスが基本的に名望家(による)支配的な社会構造をもっていたと考える点については、歴史学者のあいだにほぼコンセンサスができあがったといってよい。

「名望家」論の意義と限界

それでは、テュデスクの研究対象の終点をなす一九世紀中葉から、アレヴィが「名望家の終焉」をみた一八八〇年代までのあいだ、すなわち第二共和制、第二帝制、第三共和制初期については、どう理解すればよいか——これが次の問題になる。もっとも、このうち第二共和制と第三共和制初期については、一種の混乱期にして過渡期であり、いわば例外事例とみなすことも可能だろう。それゆえ最大の問題は、第二帝制期の政治や社会の構造を、とりわけ名望家による支配の存否や性格や強弱といった観点からいかに理解するべきか、にある。

この問題にいちはやく、というよりもまさに同時代的な問題として取り組んだのは、いうまでもなくマルクスである［マルクス 1971］。彼は、ボナパルト(第二共和制期は大統領、第二帝制期は皇帝ナポレオン三世)支配下のフランスでは、諸階級の力関係が均衡状態にあるがゆえに、国家がさまざまな階級の利害から自立した一種例外的な超然権力としてそびえたっている、と考えた。彼のアーギュメントは、のちに「例外国家論」と呼ばれることになるが、名望家論と微妙な位置関係にある。すなわち彼によれば、名望家は依然として社会的支配階層の地位を失っていないが、それまでと異なって政治的支配階層(なるものが例外国家に存在するとすれば、そのようなもの)とイコールではないのである。

マルクス以後の第二帝制論は、政治的支配階層と名望家の関係をめぐって展開されてきた。例として社会経済政策の領域をみれば、この時期の政策が、農村部の伝統的社会構造の維持、農業部門の保護、あるいは土地所有利害の重視といった名望家(の大部分)の利害を利するものか、それとも工業化、近代化、および経済成長という(名望家か否かを問わず)資本家の利害を重視していたか、という問題である[Vivier 2009]。

この問題は、さらに、第二帝制の進歩的あるいは近代的な性格の如何をめぐる問題に読みかえられ、大きな論議を呼んだ。すなわち、第二帝制あるいはナポレオン三世は、マルクスをはじめとする社会主義者や、ユゴーをはじめとする第三共和制の創始者たちが主張するように、名望家を支配階層の地位にとどめるべく、彼らの利益に沿った政策を展開したのだろうか。それとも、彼らにかわって資本家が支配階層の地位に就くことを促すべく、工業化と近代化と経済成長を志向する方向に政策を転換したのだろうか。

この点については、かつては、第二帝制を否定するなかで第三共和制が成立したことから、勝利した後者のイデオローグの手になる前者のネガティヴなイメージが人口に膾炙したことの一環として、当該時期の社会経済政策や社会構造の保守的あるいは過去復帰的な性格が強調される傾向にあった。

しかしながら、ようやく一九七〇年代以降になり、第二帝制史研究をいわば脱イデオロギー化することの必要性が叫ばれるようになった[*Revue d'Histoire Moderne et Contemporaine* 1974/Tulard, ed. 1997]。そして、実証的な研究が進展するにつれて、第二帝制期の政府が、一方で名望家の利害や支配力や地位に十分な配慮を払いつつ、他方では極力フランスの工業化、近代化、および経済成長をはかろうとしたことが明らかになってきた[Aprile 2000/Baguley 2000/Bierman 1988/Bruyère-Ostells 2004/

Girard 1993/Miquel 1992/Milza 2004/Price 2001/Yon 2004]。その意味では、「諸階級の力関係が均衡状態にある」というマルクスの評価は、あながち間違いではなかったといえる。

とりわけナポレオン三世本人については、周知のとおりサン゠シモン主義への傾斜をかくさず、またシュヴァリエやペレール兄弟など(元)サン゠シモン主義者を重用したこともあって、近年では進歩的な性格が重視および強調されつつある[Sagne 2006][22]。

まとめよう。名望家論の観点からすれば、第二帝制は、名望家による社会的支配が維持強化される傾向と掘りくずされる傾向をともに内包し、彼らの利害にかなう政策と反する政策をともに採用するような、その意味では一種の過渡期とみなしうる。この分析視角からすると、一九世紀フランスの政治と社会は、第二帝制を過渡期として、前半と後半でおおきく異なる性格をもっていたことになる。

ただし、一九世紀フランスの政治と社会を分析する際の視角としての「名望家」に問題がないわけではない。最大の問題は、「影響力を行使しうる存在」という名望家の定義が、実体概念としてはともかく、分析概念としては曖昧にすぎるという点にある[Guillemin 1982:33–34]。すなわち、影響力の行使は、なにによって担保されていたのか。影響力を行使する対象を民衆と呼ぶならば、彼らは、名望家による影響力の行使に対していかなる態度をとったのか。彼らの社会職業的な属性はいかなるものであり、それは時代とともに変化していったか否か。こういった基本的な問題が、名望家という分析概念をもちいるだけでは論じきれない。とりわけ、このうち最後の点は、今日の一九世紀史研究において、名望家をはじめとする支配階層の社会職業的な分析が中心的なテーマとなっていることを考えると、無視できない論点である[23]。

ただし、再言するが、農村部を中心とする名望家支配という現象は、近世から近代に至るフランス史を理解するうえできわめて重要な現象である。それでは、この分析視角をさらに有益なものとするためには、いかなる観点が必要なのだろうか。

4 「ガバナンスの正統性」からみた社会政治史へ

名望家と行政当局

一九世紀フランスの社会政治史は、基本的には、中央集権化を進めようとする中央政府と、それを阻もうとする(とくにローカルな)名望家という、二つのアクターの関係を中心に論じられてきた。その際、両者は基本的に相対立する存在として捉えられてきた。

むろん、たとえば制限選挙王制期におけるナショナルな支配階層の一部、とりわけ復古王制期の極端王党派(Ultra-royalists)内閣は、名望家を重要な支持基盤としており、そのことを反映して地方分権的な政策を採用した。また、第二帝制をみると、中央政府は基本的に中央集権化を志向し、名望家のローカルな権力の基盤を徐々に変質させていったものの、名望家による社会的支配の存続そのものについてはアンビバレントな態度をとりつづけた。

しかしながら、その一方で、一九世紀をつうじて、収税、教育、社会保障および公衆衛生(救貧)、公共事業、あるいは産業振興など、さまざまな政策領域において、それら政策を担うべき存在たる行政機関が各地で整備され、中央政府や国会で決定された政策方針にもとづいて活動することが求められ実践されたこともまたたしかである。

したがって、中央政府と名望家がつねに対立関係にあったと仮定することは誤りであるとしても、当該時期の社会政治史を、両者の(対立、協力、妥協などをはらむ)緊張関係のなかで語ることについては、一定の妥当性があるとみなしてよいだろう。

先行研究をかえりみると、このような枠組をもちいて地方行政システムを分析した事例として、イル゠エ゠ヴィレヌ県を対象とするル・ヨンクールのものが目にとまる[Le Yoncourt 2001]。彼女は、一九世紀の同県において、中央政府の代理人たる県知事が、中央集権化を進めるために地方行政システムを整備するべく、さまざまな政策分野において、いかなる手段をもちいてローカルな名望家に優越しようとしたかを追究している。彼女によれば、そのために採用された手段としては、名望家が市村長など官職に就いている場合は停職や免職、市村会議員など議員職に就いている場合は対立候補の擁立や官選候補資格の剝奪など、「対立」関係を前提とするものと、官職への登用や選挙における支援など、一種の「取込み」を目的とするものがあった。ちなみに名望家の側からいえば、これは「抵抗」と「協力」に対応する。

　彼女のアーギュメントはいくつもの興味深い指摘を含んでいる。そのひとつとして、「取込み」による「協力」をめざした方策として、とくに県のレベルにおいて、さまざまな諮問機関の委員への登用がしばしば採用された点に着目したことがある。

　一九世紀をつうじて地方行政システムが整備されるのと同時並行して、県庁や市村役場などローカルな一般行政当局が担わなければならない、あるいは担うべきであるとされる政策領域は拡大の一途をたどった。この事態に対して、地方行政当局の量的および質的な整備は、かならずしも十分に対応しうるものではなかった。たとえば、そこに配分される予算は少額かつ場合によっては不定期であり、また勤務する職員は数量ともに十分なものではなかった[ルビアン 2010]。この事態に対応するべく県知事によって活用されたのが、個々の政策課題に対応した各種の諮問機関を県、郡、あるいは小郡のレベルで設置し、当該課題に関する専門的知識をもつ人材や名望家を無給の委員として登用する、という方策だった[24]。

　ル・ヨンクールによれば、これら各種諮問機関の委員を登用するにあたり、県知事は名望家たちに着目した。そして、県知事をはじめとする県庁と各種諮問機関とのあいだでは、「(潜在的な)対立」と「取込み」と「抵抗」と「協力」からなる複雑なゲームが展開された。

このような彼女のアーギュメントは、これまで着目されてこなかった各種諮問機関に焦点をあて、それらをはじめとするさまざまな「場」において行政当局と名望家が複雑なゲームをくりひろげていたことを明らかにした点で、一九世紀フランス社会政治史に対して大きな貢献をなしたと評価できる。

アクターとしての民衆

ただし、ル・ヨンクールのアーギュメントはひとつの問題をはらんでいる。すなわち、これら各種地方行政システムそのものや、あるいはそれらシステムを担う個人がもつ、あるいはもつべき正統性(仏語で légitimité, 英語で legitimacy)の質はいかなるものだったかという重要な論点が視野からぬけおちてしまっていることである。

ここでわれわれが着目したい、そしてル・ヨンクールのアーギュメントに欠けている「行政システムあるいは行政担当者の正統性」とは、一見奇妙な問題提起のようにみえるかもしれない。しかしながら、行政担当者も政治家同様に権力の保持者であるからには、彼らの権力、さらにはその根拠たる地位の拠ってきたるところを明らかにし、正統性の存否と程度を測定すること、すなわち「正統性」という観点を採用することは、有意味にして不可欠な営為である。

ローカルな諮問機関のひとつである郡公衆衛生審議会を例にとると、医学部教授をはじめとする公衆衛生の専門家を委員として登用する場合と、郡内の名望家を登用する場合では、登用の根拠や求められた役割は、おのずと相異なって当然だろう。一言でいえば、両者では正統性が異なっていることが推測できる。

この点を認識すれば、さまざまな疑問がわいてくるはずである。たとえば、彼らおのおのに認められた正統性とはいかなるものであり、いかに評価されたか。時間がたつにつれて、おのおのの評価は変化したか否か。正統性の相違にもとづく対立は存在したか否か。相異なる正統性にもとづいて登用された者が席を同じくして協働することには、いかなる意味が託されたか、などである。

地方行政のシステムおよび担当者を含め、ローカルな次元における政治が展開されるプロセスで出現するさまざまなアクター〈機関、個人〉がいかなる正統性を担っていたかを問うことは、このプロセスのメカニズムを分析するに際して必要であり、また有益である。それは、地方行政システムをはじめ、広義の政治が十全に機能するためには、その対象にしてアクターのひとりでもある住民とりわけ民衆から同意を取り付けることが、そして同意を取り付けるためには正統性が認められることが、おのおの必要だからである。

もっとも一九世紀のフランス社会、とりわけ農村部における正統性の問題については、とりわけ名望家論の枠組のなかで、これまでも論じられてきた。それは、前述したとおり、一九世紀前半の社会を統べる存在だった名望家の権力の源泉はどこにあり、いかに正当化されていたかが、名望家論の大きなテーマだったからである。ただし、これらアーギュメントにおいては、名望家はローカルな政治を担う「政治家」として捉えられ、政治家としての正統性の存否、その如何、あるいは変遷が論じられるにとどまった。ル・ヨンクールの研究も、この分析枠組に沿って進められている。ただし、ここにとどまっていては、ローカルな政治におけるアクターの正統性にかかわる諸現象の分析がもつポテンシャルを十分に汲みつくすことは難しい。分析の射程は、狭義の政治のみならず、行政などひろく「政治的なるもの」〈仏語で le politique, 英語で the political〉にかかわるシステムやアクターに認められる正統性のあり方や変化の相に届かなければならない。

さらにいえば、「正統性」という分析観点を用いることには、政治システムと行政システムを同一次元で捉えることを可能にするというメリットがある。この点については、一九世紀における地方行政システムの制度化のプロセスを単なる〈中央政府のエージェントたる行政当局による中央集権化と、ローカルな社会を代表する名望家など政治家の〈無駄な〉抵抗〉というトクヴィル的な枠組ではなく〈対立か取込みか、抵抗か協力か〉という二者ゲームの枠組で捉えるべきであるというル・ヨンクールの所説には、重要な意義がある。

そのことを踏まえたうえで、われわれは、この提言を三つの方向に拡張するべきであると考える。

第一に、ローカルな社会における政治や行政にかかわる営為は、二者ゲームではなく、行政当局、政治家、そして民衆という三つのアクターからなる三者ゲームとして捉えられるべきである。換言すれば、民衆は、行政当局や政治家から支配され、一方的に支持を求められ、あるいは間歇的に暴発するだけの、単なる受動的な存在とみなされるべきではない。行政当局や政治家にとって、みずからの立場に対する民衆の支持を取り付けることは決定的に重要だったし、民衆もまた、投票や抵抗運動をはじめとするさまざまな戦略を選択し実行することをつうじて、主要なアクターとしてたえずゲームに参加していたからである。[25]

第二に、このゲームの「場」は、いわゆる政治の領域だけではないことはいうまでもなく、ル・ヨンクールが示唆したような、いわば「政治＝行政システム」だけに拡延されるべきでもない。社会の諸場面で「支配」のメカニズムが作動しているというフーコーの指摘が示唆するとおり、このゲームは、行政や政治をはじめとするさまざまな領域を包摂した場でプレイされる。この場を、われわれは「政治空間」(仏語で cité, 英語で political sphere)と呼ぶことにする。三者によるゲームに賭けられている賭金は、政治空間の総体がスムーズに機能することである。

この点に関連する先駆的な研究としては、一九世紀前半のイゼール県を対象とするトラルの業績がある。彼女は、ローカルな「空間の統治」(gouvernance territoriale)をめぐって各種地方公務員や地方議会が多様な関係をとりむすぶなかでローカルな権力が成立するプロセスを描き出そうと試みている[Thoral 2010:13][26]。

ここで着目するべきは、彼女が「統治」を意味する語として「ガバナンス」をもちいていることである。ガバナンス論の第一人者である政治学者ベヴィアによれば、「ガバナンス」とは、二〇世紀末になって世界各地で「政府(ガバメント)の失敗」という現象がひろく認識されるようになった際、それまで「統治」を意味する語としてももちいられていた「ガバメント」にかかわり、あるべき、あるいは出現しつつある新しい「統治」のあり方を指しうるものとして提示され、人文社会科学の領域でまたたくまに人口に膾炙した語である（以下、［Bevir 2009］第一部を参照）。当初「ガバナンス」という語は、政府の失敗を説明し、あるいはあるべき統治のメカニズムを提示するに際してさまざまな理論が援用されたことを反映して、複数の定義や意味が付与され、多義的な存在としてあらわれた。すなわち、それは、官僚制とヒエラルヒーを特徴とする統治たる「ガバメント」を担う旧き国家が「政府の失敗」とともに退場したのちの統治のあり方を指すという点を共有しつつも、新しい国家の特徴や役割、新しい支配のパターン、あるいはさまざまな支配のパターンの総体を指す語として用いられ、それゆえ場合によっては無用な混乱を招いてきた。ただし、近年になり、「ガバナンス」という語は、公共圏としての市民社会において、さまざまなアクターがネットワークを構築し、相互作用をくりひろげながら、民主的に社会をコーディネートしようとする統治のあり方を指す、というコンセンサスが生じつつある。[27]

このようなガバナンス概念は、われわれの課題にとって、きわめて示唆的である。ただし、今日のガバナンス論においては、ガバナンスは、実体をあらわす概念か、あるいは規範的な概念としてもちいられている。しかしながら、われわれが対象とする第二帝制期にあっては、統治とは、理念においても実体においても、基本的には官僚制とヒエラルヒーによって特徴づけられる旧きもの、すなわち「ガバメント」だった。したがって、実体概念あるいは規範的概念として「ガバナンス」をもちいることは、われわれにとっては困難であり、また無意味である。公共圏、市民社会、複数の多様なアクター、ネットワーク、相互作用、民主主義、社会のコーディネーションといった「ガバナンス」の構成要素の存否やあり方を検討するためのツール、すなわち分析概念としてもちいられるとき、はじめてガバナンスという語はわれわれにとって意味をもつ。また、このような観点に立てば、民衆を統治のアクターとみなすことが容易になるはずである。

以上の点を考慮し、われわれは、行政当局（公務員）、政治家（議会議員）、そして民衆という三種のアクターは、みずからが暮らす政治空間のあり方に利害関係をもつステークホルダーとして、この空間をみずからが望む方向で、かつスムーズに機能させるべく、たがいの出方を予想し、見極めつつ、みずからが採用するべき行動を戦略として選択する、と捉える。[28]そのうえで、この政治空間をスムーズに機能させようとする営みを「ガバナンス」と呼ぶことにする。一九世紀フランスの、農村部を含めた各地で展開されていたのは、複数のステークホルダーたるアクターが、あるべきガバナンスをめぐって戦略を選択し、交渉しあうゲームだったのである。

第三に、この「マルチステークホルダー・モデルにもとづくガバナンス・ゲーム」とでも呼ぶべきものを分析するためには、「ガバナンスの正統性」という分析視角を採用することが有益にして必要である。この点で示唆的なのは、七月王制期に導入された地方議会議員選挙の意味を問うギオネのアーギュメントである。彼女は、一八三一年三月二一日に制定された市村組織法が、制度的には制限選挙ではありつつも実際にはかなり多くの成人男性に地方議会議員選挙権を与えたことに着目し、同法がローカルな政治に関与するという経験を供給したと主張する。そして、選挙制度の導入と支配階層に求められる正統性との関係や、首長の選出方法と彼らに求められる正統性との関係を分析することの重要性を指摘している［Guionnet 1997: 123, 244］。

民衆が名望家を支持したからといって、それは彼らが政治を理解していなかったとか、政治的に自律していなかったとか、換言すれば政治化していなかったとかいうことを、ただちに意味するわけではない。名望家が提示するガバナンス・モデルに対して彼らが正統性を認めていたゆえかもしれないからである。県知事が影響力を行使しているからといって、ただちに彼らの権力が無条件で認められているということにはならない。影響力を行使されている側である民衆は、県知事を支持することから見返りを得られるという期待のもとに、行政当局のガバナンスを認めていたかもしれないからである。あるいはまた、民衆が民衆出身の候補者に投票したからといって、彼らが政治化したとただちに結論してはならない。候補者が提示するガバナンス・モデルが、有権者たる民衆が求めるものと異なっていれば、それは単なる非合理的な人気投票にすぎなかったかもしれないからである。

ステークホルダーたるアクターは、正統性があると認められるガバナンス・モデルを提示しようとするし、また、そのようなものが提示された場合に支持を与えると考えるべきである。そして、このガバナンスの正統性は、長期的には時代によって、短期的には環境によって、変化しうるだろう。

5　本書の課題と方法

それでは、具体的にはいかなる分析がなされるべきだろうか。われわれは、以下の三つの手続きに従って分析を進めることが有益だと考えている。

第一は、支配階層、とくにナショナルな支配階層が、あるべきガバナンスについていかなる正統性を提示したかを検討することである。この課題を遂行するにあたってまず考えうるアプローチは、政治家に求められた、あるいは彼らが自己の地位を正当化するべくみずからがそなえていると自任した資質を検討することである。選挙に際しては、この資質の如何が大きな争点となるからである。[29] この作業によって、支配階層にとって「あるべき」ガバナンスの正統性の特徴を捉え、その変遷を追うことができるだろう。

第二は、支配階層が提示する「あるべき」ガバナンスの正統性が、ナショナルな次元からローカルな次元にいわば降下してゆくプロセスで変化したか否か、変化したとすればいかに変化したか、またその理由はなにか、変化のプロセスで他のアクターとりわけ民衆の行動が影響を与えたか否か、与えたとすればいかに与えたか、といった諸点を検討することである。この課題を遂行するに際しては、大臣や各省官僚をはじめとする中央公務員と、市村長など地方公務員を、任命の理由について比較する、国会議員と地方議員について、社会職業的な特徴を比較する、といった分析が有効だろう。こういった分析をおこなうに際しては、後述するプロソポグラフィックなアプローチが適している。

第三は、ローカルとりわけ市村の次元で、行政当局、政治家、そして民衆という諸アクターが提示するガバナンス・モデルの正統性について、おのおのの特徴を析出し、変化の存否を確認し、それらがとりむすんでいた相互関係のあり方を明らかにすることである。分析視角としての「ガバナンスの正統性」の強みがもっとも発揮されうるのは、この市村の次元である。

市村の次元における「正統性」の問題は、大別して、市村会議員に求められた正統性の特徴、市村長に求められた正統性の特徴、二つの正統性のあいだの(優劣、対立、あるいは強調といったさまざまな)関係のあり方、この三点に区別できる。そして、これら三つの問題は、次の点において、おのおの重要である。

まず、市村会議員の正統性の問題については、名望家論との関係がある。一八三一年三月二一日市村組織法によって市村会議員が選挙で選出されるようになって以来、彼らの属性はいかなるものか、換言すれば彼らはいかなる理由にもとづいて得票し当選したかという問題が、とりわけ「彼らは名望家だったか否か」を焦点として、これまで種々論じられてきた。

次に、市村長の正統性の問題については、王政復古から第二帝制期にかけて、彼らの選出方法が、とりわけ市村会との関係において変遷したことが留意されなければならない。このうち第二帝制期には、市村長は(事実上中央政府による)任命制たるべきか、あるいは(選挙によって選出された市村会議員のなかから、なんらかのかたちで選出されるという)選挙制たるべきかをめぐり、さまざまな次元で論争が生じた。任命制と選挙制で拠って立つ正統性はおおきく異なることを想起すれば容易に理解できるとおり、ここで争点となったのは、市村長の正統性はいずこに求められるべきかという問題だった。

そして、市村会議員と市村長の正統性の関係については、とりわけ市村長が任命制である場合に、大きな問題となる。すなわち、市村長が体現し、中央政府の権威に由来する、任命制にもとづく正統性と、市村会議員が体現し、民意に由来する、選挙制にもとづく正統性、この二つの正統性は、いかなる優劣関係にあるか、その根拠として提示された論理、優劣の変遷のあり方、あるいは変遷の理由や背景は、いかなるものか、といった問題が、そこでは問われざるをえないからである。

われわれは、こういった点を検討することにより、ガバナンスの正統性のあり方に接近することを意図している。かくなる手続きを踏み、一九世紀フランスの政治と社会を、支配階層すなわち名望家としての行政当局、おなじく名望家としての政治家、そして民衆という三者をアクターとし、ガバナンスの正統性を焦点とするマルチステークホルダー・ゲームが展開される場として捉えれば、一九世紀フランス社会政治史(socio-political history)の新しい一頁を描き出すことができるのではないか——これが、本書におけるわれわれの問題関心の基底をなす。

補論　主要先行研究の紹介

フィリップ・ヴィジエ

ヴィジエはラブルース学派に属し、国家博士論文『アルプス地方における第二共和制』(一九六三年刊行)において、アルプス地方における農村部民衆の「政治的覚醒」の過程に留意しつつ、表題にかかげられた時空間に生きる人々の行動を、さまざまな側面から総合的に叙述および分析した[Vigier 1963][30]。

彼によれば、第二共和制の成立直後、アルプス地方の民衆は、共和制の政治的な内容には無関心だった。彼らにとって「共和制」とは、みずからの要求を実現し、これまでの恨みをはらすことを可能にする「行政当局の消滅」を意味するにすぎなかった[Vigier 1963, Vol. 1 : 201]。

しかし、一八四八年夏から事態は一変する。すでに一九世紀前半には、農業分野における技術革新が進み、自給自足的な

「旧農業システム」は商品作物生産に移行しはじめていた。また、七月王制期の土地購入ブームによって、農民のもとには負債が蓄積されていた。ところが一八四八年は豊作となったため、農産物の価格が暴落するとともに、信用危機が生じた。この事態は負債を負った商品作物生産者を直撃し、彼らの貧困と不満を激化させた。さらに、このころになって、ようやく民衆は普通選挙制度の利益を認識しはじめた。こういった経済的および精神的な変化にともなって「地元でのできごとにおいてなんらかの役割をはたしたいという農村大衆の……要求」が出現する[Vigier 1963, Vol. 2 : 385]。

そのあらわれは、一八四八年一二月の大統領選挙にみてとれる。アルプス地方では、名望家と地方行政当局はそろってカヴェニャックを推薦したが、同地で圧勝したのはボナパルトだった。このことは、名望家と当局の敗北、そして農村部民衆の勝利を意味した[31]。

一八四九年にはいると、農村部における経済危機はさらに悪化した。この情勢をいちはやく認識したのが、急進共和派と社会主義諸派が合流して生まれた党派、通称山岳派(Montagne)である。彼らは、おもに農村部民衆をターゲットとする「人民的改革」計画を提示し、勢力の拡大をはかった[Vigier 1963, Vol. 2 : 183][32]。彼らのプロパガンダは、新聞、秘密結社、政治化したシャンブレット(chambrette)、さらには現状や行政当局の保守反動化に不満をもつ一部の名望家の活動などをつうじて、それまで共和主義に無関心または敵対的だった農村部民衆にも到達し、彼らのあいだに大きな反響を呼んだ[33]。

農村部民衆は、かくして、名望家による支配からの脱却を求め、政府の政策に反対するべく、ボナパルト支持から山岳派支持に転向していった。一八四九年五月に実施された国会議員選挙において、アルプス地方では山岳派が一定の勝利をおさめるが、それは農村部民衆からの支持にもとづいていた[34]。のちに山岳派が秘密結社化すると、農村部民衆の多くは「この秘密組織の影響のもとに、反ブルジョワ的のみならず反行政当局的な暴動思想を採用」することになる[Vigier 1963, Vol. 2 : 387]。

このような農村部民衆の動向は、クーデタに対する抵抗に帰結した。アルプス地方における抵抗運動の参加者は、その多くが、負債を負った自作小農を中心とする農民と、農村部の職人や小商人だった。彼らは「山岳派政策綱領の民衆的部分」の実施による「貧者の共和制」の実現をめざして抵抗に参加したのである[35]。

国家博士論文の刊行から二〇年近くたった一九八二年、ヴィジエは概説書『一八四八年の諸事件の当時の、地方とパリの日常生活』を刊行するが、そこでは、国家博士論文におけるアルプス地方の詳細な分析から得られた知見に依拠しつつ、フランス全土の農村部民衆の政治的動向が総論的に論じられている［Vigier 1982］。それは、一八四六年とくに一八四八年以降の不況による不満、第二共和制期の山岳派のプロパガンダによる「政治の民衆への下降」、これらによる農村部民衆の政治的覚醒、と要約できる[36]。

モーリス・アギュロン

アギュロンは、ヴィジエとおなじくラブルース学派に属し、未公刊国家博士論文『一八四八年当時の民衆運動』（一九六九年）において、一九世紀前半プロヴァンス地方ヴァール県における社会と政治を分析した[37]。彼は、そこにおいて、地中海沿岸に位置する同県にみられる独特の人間関係が、社会、政治、そして両者の連関のあり方に大きな影響を与えたことを明らかにし、これを「南部フランス的な社会的結合関係」（sociabilité méridionale）と呼んだ。この語は、そののち、単にこの地域にみられる人間関係をあらわす実体概念ではなく、さまざまな地域の人間関係のあり方を明らかにする際にもちいられうる分析概念として、「南部フランス的」という形容詞を除かれたうえで人口に膾炙することになった。いうまでもなく「社会的結合関係」（ソシアビリテ）である。また、彼は、国家博士論文の一部をなす『村の共和制』（一九七〇年）において、民衆に政治が到達するプロセスを分析するなかで「民衆の政治化」という概念を提示し、のちの研究に大きな影響をおよぼした。その後アギュロンは、政治的なものの表象を中心とする政治文化史に関心を移し、フランス共和国を象徴する女性像「マリアンヌ」の表象のあり方がフランス革命期以降いかに変容してゆくかを分析することになる［アギュロン 1989／Agulhon 1989］。以上からわかるとおり、アギュロンのもろもろのアーギュメントは、一九世紀フランスを論じるうえで、避けてとおれない存在である。

これら彼のアーギュメントのなかで、一九世紀の政治と社会というわれわれの問題関心からしてもっとも重要なのは、

『村の共和制』で展開された民衆の「政治化」論である。まず、ヴァール県を対象とする彼の議論をみてみよう。

アギュロンによれば、一九世紀前半の同県には、すでに「民衆の政治化」を促進する要因が存在していた。その例としては、民衆の経済的不満、「民衆の文化的地平線の拡大」、七月王制による地方議会議員公選制の導入などが挙げられる[Agulhon 1970a:188]。そのなかでもっとも重視されるべきは、都市部から農村部への共和主義の普及である。

ヴァール県では、一九世紀にはいると、シャンブレ(chambrée)の発展など、民衆世界の社会的結合関係が緊密化するという現象が登場した。一八三〇年代にはいって酒税の課税強化政策が始まるや、シャンブレは反税運動の中心となった。七月王制末期には、民衆がブルジョワジーを模倣するようになり、ナショナルな文化や政治がシャンブレで論じられるようになった[Agulhon 1971:354]。こういったプロセスのなかで、シャンブレの政治化が進んでゆく。

また、民衆とエリートの関係にも変化がみられた。たしかにエリートのあいだには家父長主義が残存し、それに対応して、民衆層においては慈善家的な名望家の人気が根強かった。ただし、その一方では、古典的なパトロン・クライアント関係と平等主義的な関係との中間に属する「修正されたパトロン・クライアント関係」が出現しつつあった[Agulhon 1970a:258]。この関係を担ったのは一部のブルジョワジーであるが、彼らは、貧困層と富裕層のあいだに存在する社会的格差を批判し、民衆層から人気を得た。

七月王制期には、これら政治化したシャンブレや、修正されたパトロン・クライアント関係を流入経路とし、さらには共和派プロパガンディストの活動もあって、共和主義思想が農村部に到達しつつあった。アギュロンは、ここに「民衆の政治化」をみる。[38] 第二共和制になると、農村部でも選挙や政党制度の価値が認識され、またもろもろの政治(とくに共和主義)思想の普及が加速する。第二共和制は「一八四八年以前からすでに看取されていた自発的な政治化の動きに対して、新しい要素を供給した」のである[Agulhon 1970a:375]。

ただし彼は、一八五一年のクーデタに対する反乱の分析にもとづき、第二共和制期の政治状況が過渡期的な性格をもっていたことも強調している。反乱のスローガンは「真の共和制(民主的にして社会的な共和制)の樹立」だったが、当面の目的をめぐっては、参加者のあいだに対立が存在した[39]。彼らの一部は憲法にもとづく反クーデタ運動の実践を主張したが、貧困層のなかには「古いジャックリ」すなわち富裕層に対する闘争を望む者も存在した[Agulhon 1970a:435][40]。反乱の内部には、政治的行動と、直接には政治に結びつかない社会的抗議運動が並存していたのである。反乱参加者の内部対立は「二つの異なる文化水準の存在」を反映しており、両者が融合するには第三共和制の成立以降を待たなければならない[Agulhon 1970a:467][41]。ヴァール県における民衆の政治化は、七月王制期に始まり、第二共和制期に加速し、彼らの意識や行動において政治が優越するという現象をもたらすが、達成されるのは第三共和制期のことだった。

アギュロンは、のちに著した第二共和制の通史のなかで、全国の農村部民衆の政治化について、ヴァール県に関するものとほぼ同様の主張を展開している[Agulhon 1973][42]。同じラブルース学派に属するヴィジエが、政治化は第二共和制の四年間で急速に完了したと考えるのに対して、彼は、政治化は長い時間を必要としたと主張するのである。

ロジャー・プライス

プライスは、イギリスにおける一九世紀フランス史研究の第一人者として知られる。彼は、近代化論の影響のもと、一九世紀フランスとりわけ第二共和制から第二帝制にかけての時期の農村部を、社会、経済、政治など、さまざまな視角から総合的に分析してきた[Price 1975a/Price 1975b/Price 1983][43]。

一九世紀前半のフランス農村部では、交通網整備の遅れによる市場の分散、農業生産性の低さ、あるいは「飢えの恐怖」などを特徴とする「経済的旧体制」が基本的に維持されていた[Price 1975b:16/Price 1983:45]。そのため、農村部は物質的にも精神的にも孤立していた。そこに暮らす民衆にとって「外部」とは、みずからが属する共同体と関係するかぎりで意味をもつにすぎなかった。

ところが一八四〇年代にはいると、標準語としてフランス語が普及する、商業が発展する、あるいは人口移動が激化するなど、社会的および経済的な変化が生じ、農村部の孤立が弱まりはじめた。また、第二共和制が成立すると、大統領選挙での敗北を契機として左翼諸党派が農民票獲得の方向に転換する、一八四九年以降の不況によって農村部の社会的緊張と不安が高まる、あるいは伝統的な社会関係やパトロン・クライアント関係を経由して諸政治思想が伝達されるといった事態が生じ、農村部では「ローカルな問題と全国政治との関係の政治的認識、すなわち政治化のプロセス」が進行することになった[Price 1975a:43]。

もっとも、第二共和制期にあっては、民衆の意識では、依然としてローカルな関心が優越していた。「政治は、ナショナルな次元からローカルな次元に引き下げられるにつれて変質」し、その結果パーソナルな争いと政治的な紛争を区別することは難しかった[Price 1975a:44]。

農村部民衆の意識がもっていた過渡期的な性格は、一八四九年五月の国会議員選挙やクーデタに対する反乱にみてとれる。すなわち、国会議員選挙において、彼らの一部は名望家の意向に反して山岳派に投票し、「赤いフランス」を出現させた[Price 1975a:38]。ただし、山岳派の候補者がおもに名望家だったことからも明らかなとおり、山岳派への投票は、名望家への対抗としての投票という側面と、名望家への投票という側面の双方をもっていた。また、反乱は、国家の統御権を確保する試みと、富裕層や行政当局に対する恨みを表現する社会暴動という二つの性格をもっていた。

それでは、第二共和制期に始まった政治化のプロセスは、いつ、いかに完了するのだろうか。第二帝制期には全国的な経済成長がみられたが、前述した社会的および経済的な変化がそのなかで促進されることにより、それまで孤立していた農村部はナショナルな市場や文化圏に統合され、経済的旧体制は解体されていった。その帰結として、都市の規範や価値が支配的になったり、不満や要求を表現する手段として普通選挙制度が根をおろしたりする政治行動の変化がもたらされた[Price 1975a:64/Price 1987:Introduction][44]。プライスは、クーデタ以降の時期を分析する際に「政治化」という語をもちいることはないが、第二帝制期におけるこの「政治行動の変化」は「政治化の完了」と読みかえてよいだろう。

ユージン・ヴェーバー

ヴェーバーは、そもそもはフランス右翼、とりわけアクシオン・フランセーズの研究者として知られていたが、一九七六年、農村部民衆の国民統合のプロセスをたどる大著『フランス人になった農民』を刊行し、賛否両論を呼んだ。同書が肯定的にせよ否定的にせよ大きな反響を呼んだのは、一九世紀末に至るまで、農村部民衆は、政治にせよ文化にせよ経済にせよ、ナショナルなものをまったく理解していなかった、すなわち国民統合されていなかった、と断言していたからである[Weber 1976/Weber 1980/Weber 1982]。

同書のなかで、政治の領域についてヴェーバーが重視するのは、民衆が全国政治の価値を認識するという現象の存否という問題である[Weber 1980:523–524/Weber 1982:358, 389]。したがって、これこそが彼にとっての「政治化」の定義であるといってよい。彼によれば、この事態は、農村部がフランスというナショナルな存在に統合され、ナショナルな事件が民衆の眼前で生じ、それによって「全体でおこっていることが自分と関係をもつ」ことが認識されてはじめて達成されるべきものである[Weber 1976:242]。この「統合」のなかでは、経済的な統合がもっとも大きな役割をはたすとされる。

一九世紀前半、農村部は物質的および精神的に孤立し、そこに暮らす民衆は政治に無関心だった。第二共和制になると、普通選挙制度が導入されることによって、農村部にも政治が到達した。ただし、民衆は、各党派のイデオロギーや政治思想を理解し(え)なかった。彼らは「ローカルな問題を解決する機会」として二月革命を捉え、富者に反対するべく山岳派に投票するなど、政治をパーソナルあるいはローカルなものに変質させてから受容したのである[Weber 1980:533][45]。このような農村部民衆の意識状態は彼らの行動に反映され、その結果として「反抗(rebellion)の表現形態と対象はともに伝統的」なままだった[Weber 1976:254]。一八五一年一二月、民衆は、共和制や憲法を擁護するためではなく、名望家や隣人に強要され、あるいは都市や高利貸しや富裕層に対する憎悪に促されて、反乱に参加する。結局、農村部民衆の政治化は、第二共和制期には実現しなかったのである[46]。

それでは、ヴェーバーは、政治化はいつ、いかになされると考えるのだろうか。

第二帝制が成立すると、経済が急速に成長することによって孤立していた地域がナショナルな市場に組み込まれたり、「ナショナルな政府と関係する新しいニーズや可能性」が示唆されたりすることによって「近代政治の進化の物質的な基盤」の形成が進んだ［Weber 1982:375, 377］。

第三共和制期、とりわけ一八八〇年代になると、これら農村部で進んでいた変化が加速し、また、政治化を促す新しい要素が出現した。すなわち、ローカルな鉄道や道路網の整備が進み、経済的な次元におけるナショナルな統合が達成された。交通手段の改善は、離村を促進し、共同体を解体させることによってフランス全土の均質化をもたらすとともに、一八七〇年代から始まる伝統的名望家の離村とあいまって、政治におけるパーソナルな忠誠を衰退させた。また、第三共和制政府が導入した徴兵制は、ナショナルな利害に対する関心を促すとともに、農村部と比して相対的に良い生活条件を提供することによって、除隊した兵士の離村を促進した。さらに、いわゆるフェリー改革によって導入された初等義務教育は、フランス語教育によってナショナルな統一を強化するとともに、手作業の価値を軽視する方向に民衆の価値観を誘導したりするなど「農村社会への文化的支持」を衰退させた［Weber 1976:338］。

こういった農村部の変化は、他の地域と共通する経験を供給することによって「ナショナルなものの見方」を教え、経済的な統合にもとづく文化的な均質化すなわち文化変容をもたらす［Weber 1976:486］。農村部民衆の政治化は、その一環としてなされる。ヴェーバーによれば、政治化の決定的な時期は一八八〇年代以降である。[47]

テッド・マーガダント

ここまで四人のアーギュメントを概観してきたが、そこからわかるのは、第二共和制期の農村部民衆の政治的な動向、とりわけ一八五一年のクーデタに対する抵抗運動をいかに評価するかが、一九世紀フランスにおける政治や社会のあり方を理解するうえで重要なポイントをなしている、ということである。この抵抗運動を主題とする学術的な歴史研究の開始は（なぜか）遅れることになったが、その嚆矢《こうし》をなすのがマーガダント『暴動のなかのフランス農民』（一九七九年）である。

彼は、ヴェーバーのアーギュメントを「農村部の後進性の程度を強調するため、最貧地域あるいは最孤立地域を前面に出している」と批判し、農村部の近代化はもっとはやくから進んでいたと主張する[Margadant 1979b:646]。すなわち、一九世紀前半のフランス農村工業は、たしかに長期的には衰退しつつあったが、このプロセスはいまだ緩慢なものであり、のみならず一部地域では発展すらみられた。また、各地では、商品作物を生産する農業が広がりつつあった。その結果として市場は拡大し、「経済的自給自足よりも、市場への参加が、世紀半ばの国土の多くの地域を特徴づける」という事態が生じた[Margadant 1979a:58]。民衆は、市場が拡大するのにともない、ナショナルな経済政策に対する直接的な利害関心をもちはじめた。また、都市部住民と社会的に接触することにより、都市部の政治的な影響を受けるようになった。

第二共和制期になると、市場が拡大し、また農業生産性が上昇することにより、農産物の供給が増大した。その結果、消費者としての民衆の関心は、不作による飢饉などのローカルな経済問題から、ナショナルな政治問題に移った。その一方で、農産物生産者としての民衆は、政治的な行動を「市場の好ましくない傾向から、みずからの経済的利益を守る手段」とみなしはじめた[Margadant 1979a:103]。

農村部民衆がナショナルな政治や経済の意義を認識しはじめる傍らで、もろもろの政治思想が各地に普及しはじめる。そのプロセスでは、パトロン・クライアント関係、セルクル、あるいは相互扶助協会が、重要な役割をはたした。

こういった政治思想の伝達手段をもっとも活用したのが山岳派である。彼らはまた、共同地利用権の維持、税制改革、あるいは農業信用の供給など、農村部民衆の経済的な利害に訴える社会経済改革プログラムを提示した。これにより、共同地利用権の消滅や現金の不足といった民衆の伝統的な不満を、政府に対する反対に結びつけようとしたのである。すなわち、彼らの戦術は「真の共和制」の到来という全国レベルでの政治的変化を、ローカルなレベルにおける経済的変化と短絡させること」だった[Margadant 1979a:141]。彼らの成功は、農村部民衆が政治を認識していたことを意味している。

かくして、市場の統合、政治思想の普及、さらには山岳派の戦術といった諸要因によって、「ナショナルな経済、都市社会、および中央集権的政治システムに対する統合」と、その一環たる「政治的覚醒」が進んでゆく[Margadant 1979a:338][48]。

近代化が農村部でも一定の進展をみせていたことは、一八五一年反乱の性格に影響を与えた。反乱を組織したのは秘密結社化した山岳派であるが、彼らにとって、反乱の目的は、憲法および共和制の擁護、人民主権の実現すなわち人民の意志から生じた正統な政治権力の確立、あるいは貧者に自由と平等とを与えることによって社会正義を達成する「社会的共和制」の樹立などだった[Margadant 1979a : 246][49]。ところが「政治的なアピールは、町のブルジョワジーや職人であるリーダーから村落の農民に伝達されるにつれて、伝統的な心情や期待と融合してゆく」[Margadant 1979a : 249]。すなわち、農村部民衆は、抽象的で政治的な概念を、具体的でパーソナルな用語をもちいて理解した。このプロセスのなかで、反乱は、国家に対する共同体の憎悪の表現という色彩を帯びはじめる。さらに動員が山岳派のメンバー以外に広がると、反乱は共同体に基盤をおくようになる。こうして、近代的な政治組織が、伝統的で共同体的な連帯と共存する、という状況が生じた。

マーガダントによれば、一八五一年反乱は、さまざまな次元で二面的な性格をもっていた。反乱は、それ以前の民衆の集団行動とは異なり、政治参加を要求する要素をもちはじめていたという点で、いわば移行期的なものだった[50]。

第一章

七月王制期における制限選挙制度の論理

はじめに

課題と方法

「金持ちになりたまえ」。ギゾーのこのことばが下院で圧倒的な喝采を浴びた一九世紀前半のフランスは、通常、制限選挙王制と呼ばれている。これは、当時、選挙制度が時代を象徴する重要な存在だったことを意味している。それでは、制限選挙制度(suffrage restreint)は、社会や政治における秩序の形成に際して、どのような機能をはたしており、またはたすものとされたのだろうか。

制限選挙制度は、他面、一定の条件が付されるとはいえ、ともかくも議員の任命にかかわる制度であるからには、公共圏の領域と密接に結びついていた。ここで公共圏に言及するにあたって、われわれはハーバーマスが提示した周知の概念を念頭においている。[1] フランスでも、復古王制期以来、議院内閣制が定着するなかで、選挙はいわば大々的な世論調査として機能し、政府にとっても無視できない重みをもちつつあった。そして、選挙のあり方である選挙制度は、翻って、公共圏のあり方を規定するはずである。それでは、制限選挙制度下の公共圏はいかなる特質をもっていたのだろうか。

このような問題関心にもとづき、われわれは、制限選挙王制期の選挙制度を対象として、三つの課題を設定する。第一に、選挙権が付与される際に求められる要件を参政要件と呼ぶとすれば、この要件はどのようなものだったか。また、この要件の正統性はいかなるところに求められたか。第二に、当時の人々、とくに支配階層は、政治や社会の秩序について、どのようなイメージをもっていたか。第三に、制限選挙制度と公共圏はどのような関係に立つものとされたか。

分析の具体的な対象としては、七月革命直後に選挙制度、とくに参政要件をめぐって展開された論争をとりあげる。普通選挙制度を要求する声がいまだ高くなかったこの時代には、制限選挙制度そのものをめぐって、さまざまな所説が出現した。それゆえ、それらを比較することによって、この制度が内包する論理、あるいは政治や社会の秩序のイメージが浮かび上がってくることが期待できるからである。

われわれが以上のような問題関心、課題、そして分析対象を設定したことの背景には、二つの理由がある。

第一に、制限選挙制度そのものを対象とする研究は、現在までのところ、さほど進んでいない[Rémond 1988: 43-44][2]。したがって、この制度を分析することには、依然として意味がある。

第二に、ひろく一九世紀前半フランスの社会と政治に関する研究史を見渡すと、制限選挙制度は、次の二つの流れの交点にあることがわかる。われわれは、同制度を分析することによって、両者に棹差すことを意図している。

一方の流れは、当時のフランス社会の「ブルジョワ性」の如何に関する研究である。ブルジョワ社会論とでも呼ぶべき、かつての通説によれば、この時期のフランス社会は典型的なブルジョワ社会だった。すなわち、ブルジョワジーは近世身分制社会のなかで力を蓄え、フランス革命に勝利して支配的地位に就き、みずからに適した社会を創出した。しかし、ここでいわれるブルジョワジーとは、どのような性格をもつ社会階層だったのだろうか。あるいはまた、彼らは、社会や政治について、どのような秩序を志向していたのだろうか。こういった点が十分に検討されていないとしてブルジョワ社会論を批判したのがテュデスクである。彼は、一九世紀前半の支配階層を「名望家」と捉え、この階層の特徴として、商工業者ではなく地主を中核とする、みずからの支配的な地位に正統性を付与するべくさまざまな手段で影響力を行使する、という二点を指摘した。

そして、多くの歴史学者は、このうち第一の所説に着目し、支配階層が地主だったからには、当時のフランス社会はブルジョワ社会ではなかったと主張してきた。[3]

ここで留意するべきは、彼らがテュデスクの第二の所説をさほど重視していないことである。むろん、彼らがこの点をまったく考察していないというわけではない。彼らは、しばしば、名望家と民衆のあいだにとりむすばれるパトロン・クライアント関係が前者の地位の正統性を担保していたことを強調している。ただし、この関係は、基本的には社会的な次元に属するものとして捉えられている。それゆえ、正統性の問題を政治的な次元で考察することは、いまだ残された課題であるといってよい。われわれの目的のひとつは、この課題に取り組むことにある。それは、当時の社会を理解するうえで、名望家の地位にいかなる正統性が付与されたかを検討することは有益であり、さらには不可欠ですらあると考えられるからである。

われわれが意識するもう一方の流れは、一九世紀前半のフランス自由主義を対象として進められている政治思想史的な研究である。この潮流を代表するものとしては、ロザンヴァロンの業績が挙げられる。かつてブルジョワ社会論の影響が強かった時代には、フランス自由主義はブルジョワジーの社会経済的な利害を理論化したものにすぎないと決めつけられるか、あるいは無視されていた。コンスタンなど一部の思想家のみが、いわゆる思想史研究の対象となっていたにすぎない。これに対してロザンヴァロンは、政治思想を社会階層や経済構造に還元しがちなブルジョワ社会論の傾向と、個々の思想家を歴史的な文脈から切り離して分析しがちな思想史研究の傾向を、ともに批判したうえで、代表的な思想家の著作から無数の時論的なパンフレットに至るまでを分析対象とする、いわば政治文化史的なアプローチをとりいれて、自由主義のリハビリテーションにとりかかっている。

ロザンヴァロンの営みは一九世紀フランス史研究に対して大きな影響を与えつつあるが、いまだ日本には十分に紹介されていない。[4]このことを考慮して、以下ではまず彼の所説を多少詳細に紹介しておきたい。

ロザンヴァロンの研究はきわめて幅の広いものであるが、重要な対象は、一九世紀前半のフランスで、社会領域と政治領域、および自由と民主主義が、おのおのどのような関係をとりむすんでいたかという問題である。両者に大きな影響を与えたのは、いうまでもなくフランス革命の経験である。

前者の関係については、革命は社団(corps)を否定し、また内戦の恐怖を人々のあいだに浸透させた。そのため、革命後になると「一体性」が渇望され、部分社会の存在が否定されることになった。このような状況にあっては、部分社会の代表が集合して調整をおこなうという、多元主義的で利益代表型の政治モデル(いわゆる「利益政治」)を採用することは困難だった。他方で、革命中には、社会領域と政治領域を融合させ、専制をもたらしたとして、絶対主義が批判された。そのため、経済的な取引を統合の手段とみなす、経済的自由主義的で市場社会型の政治モデルを採用することもまた困難となった。これらの結果として、社会領域から政治領域が自立し、そのうえで(選挙制度などによって)政治領域において社会の統合がはかられるような関係が成立することになった。

次に、自由と民主主義の関係については、革命が自由、平等、友愛をうたったため、革命後には、自由と民主主義を両立させるような社会的紐帯を創出することが必要となった。身分社会への復帰や市場社会の全面化といった選択肢を採用することは、この状況では不可能である。旧体制を想起させる専制、絶対主義、あるいは社団を批判し、他方で内戦をもたらした恐怖政治を否定しながら、この課題に取り組んだのが、ギゾーやロワイエ゠コラールを指導者とする純理派(doctrinaires)だった。

以上のような特徴をもった、社会領域と政治領域の関係と、自由と民主主義の関係をあわせたものを、ロザンヴァロンはフランス・モデルと呼ぶ。このモデルを提示する際に彼の念頭にあったのは、フランスとイギリスの比較という観点である。イギリスでは、多元的な利害民主主義と改良主義的なアプローチが発達し、政治領域を社会領域に組み入れることが試みられた。このモデルと比して、フランス・モデルはどのように異なり、また、その違いはどのように形成されてきたか――これが、彼の問題関心の中核にある。

ロザンヴァロンの所説は、膨大な同時代文献が史料として活用されることと、一八世紀の経済的自由主義から現代福祉国家の危機にまで至る彼の博識を背景として、強い説得力をもっている[5]。ただし、われわれの問題関心からして、不満がないわけではない。ここではそのうち二つを挙げておこう。第一は、政治文化史的なアプローチをとりいれているとはいえ、彼の研究は基本的には政治思想史の枠内にとどまっていることである。たとえばもろもろの選挙制度論のなかに社会秩序のイメージを探るような作業は、彼にあってはなされていない。あるいはまた、ローカルな支配階層や民衆がもっていた心性、言説、実践といったものは、彼の視野にはいってこない。政治文化史あるいは政治思想史的なアプローチにもとづく彼のアーギュメントを踏まえ、それを経済史的あるいは社会史的なアプローチと接合することは、残された課題である。第二に、公共圏の問題は、彼の研究では取り扱われていない。選挙制度と公共圏の関係を考察する作業もまた、残された課題である[6]。われわれは、これらの欠落を埋める第一歩として、選挙制度論のなかに社会や政治の秩序のイメージを探ることを試みる。

シエイエスの選挙制度論

もっとも、以上のように課題を設定すると、すぐに次のような疑問が生じることだろう。すなわち、制限選挙王制期の下院(Chambre des députés)については、いかなる選挙制度が採用されていたかは周知の事実である。まず、一八一四年に欽定された憲章(Charte)は、第四〇条において、「サンス」(cens)と呼ばれる直接税の支払い額が三〇〇フラン以上で三〇歳以上の男子に、選挙権を付与した。七月革命を経ると、一八三一年四月一九日法によって、サンスの最低額は二〇〇フランに引き下げられた。選挙権を得るには、少なくともこの金額のサンスを支払えるだけの富が必要であり、かつ十分だった。とすれば、参政要件は富以外のなにものでもない。当時の選挙制度について、参政要件やその正統性をあらためて問題にする必要など、はたしてあるのだろうか。

この疑問を考えるに際しては、フランスにおける制限選挙制度の祖シエイエスのアーギュメント[Siéyès 1789/Siéyès 1985b/Siéyès 1985c]が示唆的である。

彼はフランス革命直前に『第三身分とは何か』を出版し、一躍革命の思想的指導者となったことで知られている。ただし彼の思想には、いくつかの矛盾が含まれている。そのなかでもっとも著名なのは、次のものだろう。すなわち彼は、一方で「人々を分裂させるのは職業、富、あるいは知の違いではなく、利害の違いである。この場合、利害は二つしかない。特権者の利害と非特権者の利害である」と述べる。このうち特権者の存在は否定されるから、非特権者のみからなる市民のあいだに差別があってはならないということになる。ところが彼は、その一方で「公権力の形成に積極的に関与する権利は、万人がもっているわけではない。つまり万人が能動市民(citoyen actif)であるというわけではない。……公制度の維持のために納税する者は、大社会経営体の真の株主のようなものだ。彼らだけが真の能動市民である」と主張し、市民のあいだの差別の存在を積極的に肯定する。ルフェーヴルはこの矛盾を重視し、シエイエスを「ブルジョワジーの化身」と呼んだ[Lefebvre 1939]。シエイエスは、一方で貴族を批判するために特権を批判し、他方で民衆の政治参加を阻止するために制限選挙制度を要求した、すなわち彼は富を参政要件とすることを求めるブルジョワジーを代弁していた、というわけである。

しかしながら「ブルジョワジーの化身」というだけでは理解しにくい側面も、シエイエスの言説には存在する。たとえば、同じころに発表された『パリ市憲法私案』のなかで、彼は「選挙参加料」(tribut volontaire)制度を提唱した。この制度では、自発的に一定の金額(三リーヴル)を支払った者だけが投票できるとされた。したがって、いくら資産家であっても、選挙参加料を支払う意志がなければ、選挙には参加できない。この条項は近年になって歴史学者の関心をひくようになったが、そのひとりシーウェルの推測によれば、政治参加に必要な「知」や「道徳」は、かならずしも「富」と等号で結ばれるわけではないことを、シエイエスは認識していた［Sewell 1994:159-164］。実際、彼の言説においては、参政要件として富以外のものの保有を求める場合が少なくない。[7]

シエイエスの所説にも明らかなように、制限選挙制度が内包する参政要件は、富でなければならないわけではない。さまざまな要件が求められ、さまざまな正統性が提示されることがありえたし、おそらくは実際にあったはずである。そして、この多様性は、なにも革命中に限られるものではなかった。たとえば、一八一四年、ルイ一八世の命によって憲章の制定が進められるに際しては、どのような要件や正統性を採用するかをめぐって、論争が生じた。憲章制定委員会では、サンス最低額が三〇〇フランでは高すぎるという批判が出された。これに対して、国王派遣委員ブニョは「一部のすぐれた人々は貧しさゆえに排除されてしまうかもしれない。……しかし、すぐれた才能に対しては、国家は(他の――引用者)方法で報いるはずである」［Simon, P. 1906:95］と述べた。ここで問題になったのは、重視されなければならないのは「富」か、それともすぐれた才能をもつ人々、つまり知識人によって体現される「知」か、という点だった。われわれは、この論争に示唆を受け、富と知の関係を分析の中心に据えることにする。[8]

1　一八三一年下院議員選挙法の制定プロセス

七月革命のインパクト

一八三〇年七月末、パリは革命のなかにあった。結局は王朝交代劇に終わったとはいえ、「革命」の名を冠されていることの事件は、選挙制度に対してどのような影響を与えたのだろうか。

まずは、これによって政治の主役の座を追われた正統王朝派の思想的指導者ボナールの回想[Bonald 1988:56–57, 64–65, 71]をみてみよう。彼によれば、革命の最大の帰結は世襲制度を一掃したことにあった。最後まで残存していた上院(Chambre des pairs)貴族の世襲制度は、一八三一年に廃止される。「能力のうち、もっとも重要なものは、親から子に遺伝する」と考える彼にとって、事態は憂慮すべきものだった。世襲制度が廃止されたのちに出現した新しい社会構造の特徴を、彼は「投票する自由はある。しかし、そのためにはサンスの支払いが必要だ。……どのような職業に就く自由もある。しかし、そのためには学歴と知と能力が必要だ」と表現する。支配階層の地位に就いたのは、富、または知、またはその双方をもつ人々だった。そして富と知の関係については、ボナールは、相対立するとは考えず、調和的に(少なくとも矛盾なく)併存すると想定していた。9

他方で、富と知の対立を前提とし、そのどちらかを選択した者もいた。その代表的な例としては、レミュザとコンスタンが挙げられる。まず、若き純理派として頭角をあらわしつつあったレミュザは、革命直後の混乱のなかで、ブローイたちに依頼されて憲章の修正案を作成した。結局は日の目をみなかったこの案の特徴は、その第一三条「サンス、職業、あるいは教育などとはかかわりなく、知も参政能力(capacité électorale)を所有することの証となるべきである」に明らかだろう。ここでは、参政要件として、知が強調される。それのみならず、知こそ、富以上に重視されなければならないものだった。富を具現する納税額よりも、職業や教育のほうが、参政能力の証としては確かだからである[Rémusat 1958–67, Vol. 2:264–265, 440/Rosanvallon 1994:314–316]。

これに対して、おなじく自由主義者として名高く、レミュザたち純理派にも影響を与え、七月革命の完了を見届けて世を去ったコンスタンによれば、参政能力と知はまったくの別物だった[Constant 1980:72, 200–207, 221]。というよりも、政治参加に必要な知などは、一定の年齢になれば自動的に身につく程度のものにすぎない。このように知の重要性を否定する彼にとって、望ましい支配階層はだれかといえば、それは地主だった。コンスタンにとって、参政要件は富、とくに不動産だったのである[10]。

富と知の関係をめぐっては、制限選挙制度を支持する党派のなかにさえ、多様な立場が併存していた。選挙制度の改正が日程にのぼるや否や、それらがたがいに争いはじめるのは、当然の成行きだろう。そして、革命の契機のひとつがシャルル一〇世による選挙制度改正の試みだったからには、革命の勝者はこの問題に取り組むことをはじめから義務づけられていた。

事実、選挙制度をどのように改正するかは、すでに革命のさなかから問題となっていた。たとえば、ラファイエットなど市役所に結集した革命支持派は七月三一日「市役所綱領」を発表したが、そこでは、サンス最低額を現行の三〇〇フランから五〇フランに引き下げること、すべての成人男子に被選挙権を与えること、そして地方議会に選挙制度を導入することが要求されていた［Rosanvallon 1994 : 306］。しかし、革命につきまとう混乱のなかで主導権を握ったのは、彼らではなく、ギゾーやペリエといった国会議員、そしてティエールをはじめとするジャーナリストだった。彼らはまず、オルレアン家ルイ゠フィリップを王国代官（Lieutenant général du royaume）に据えることに成功した。次いで、彼を国王として承認する条件として憲章の修正が求められ、修正内容の具体的な検討が始まった。そのなかに選挙制度の問題が含まれていたことはいうまでもないだろう。

この検討の産物として、八月六日、ベラールが下院に法案を提出した。それは、憲章の各条項を具体的に修正し、それを認めるかぎりでルイ゠フィリップを国王に招聘する、というものだった。ただし、重要と思われる九つの問題については、混乱のなかで即断することを避け、別途特別法によって規定するとされていた。そのなかには、地方行政に対する選挙制度の導入の是非、そして下院議員選挙における参政要件の如何が含まれていた。選挙制度改革の問題は先送りされたわけである。法案を付託された院内委員会はただちに法案を支持する報告を提出し、下院は議論なく、次いで上院も圧倒的多数で、おのおの法案を可決した。ルイ＝フィリップは憲章の修正を認め、ここに七月王制が誕生した。

ところが、革命直後から多くの正統王朝派下院議員が辞職を始めたため、補欠選挙が必要となった。特別法の制定を待つわけにはゆかなくなった政府は、下院議員選挙に関する暫定法案を下院に提出した。同院は、院内委員会の報告を経て、八月三〇日に審議を開始した。政府案と、それを多少修正した委員会案は、ともに参政要件には手を触れず、サンス最低額三〇〇フランという現状を維持するものだった。しかし、機会を与えられて、はやくも選挙制度をめぐる論戦が始まる。[11]

まず、法案を支持する所説としては、ペアンの演説が挙げられる〔『議事録』63：307–308〕。彼は、政治参加は万人が当然に所有する権利ではないと述べ、普通選挙を否定して制限選挙を擁護した。参政要件としては、彼は富と知（「富裕と教育」）を提示する。彼にあっては、「独自の利害」と「数の力」をもつ「民衆」に対抗する点で、富と知は調和していた。

その一方で、法案に対しては二つの修正案が提出された〔『議事録』63：301〕。このうち注目するべきは、ポドナから提出された修正案である。そこでは、サンス最低額を二〇〇フランに引き下げると同時に、陪審員候補者第二名簿（以後「第二名簿」と呼称する）に掲載された者にも選挙権を与えることが求められていた〔『議事録』63：305–306〕。一八二七年五月二日法によれば、陪審員は、有権者からなる候補者第一名簿と、サンスの額にかかわりなく、退役将校、公証人、学士号や博士号の所有者といった、一部の公務員や知識人を掲載する第二名簿から選出されることになっていた。それでは、なぜ第二名簿掲載者にも選挙権を与えなければならないのだろうか。ポドナによれば、選挙権が付与されるための要件は「独立性と知」であり、両者の存否を判断する最良の基準は「誠実さと知についての評判」である。ポドナは、あきらかに富よりも知を重視していた。ただし、評判を測定することは困難だから、基準としては富を採用せざるをえない。富を所有していれば、独立性と知を保持しているとみなそう、というわけである。ところが、彼によれば、とくに一八一五年以来「富をもっていることは……善に愛着があることを保障」しなくなり、富の評価は下がりつつあった。事態を改善するには、知にもとづいて選挙権を付与する、つまり知識人の政治参加を認めるしかないだろう。その手段としてポドナがとなえたのが、第二名簿掲載者に選挙権を付与することだったのである。

ポドナ案を含め、二つの修正案はいずれも否決され、暫定選挙法案は院内委員会案どおりに可決された。ただし、このことは、参政要件として知を重視する立場が完全に敗北したことを意味しない。法案が「現状維持」を主張していたからには、それを可決することは問題の先送りにすぎなかったからである。

一八三一年下院議員選挙法案の制定プロセス

革命から五カ月がすぎた一二月三〇日、待ち望まれていた下院議員選挙法案が、内務大臣の手で下院に提出された。条文を読みあげるに先立って、彼は長大な趣旨説明をおこない、選挙制度に関する政府の基本的な立場を明らかにした［『議事録』65:709］。まず、選挙権を付与されるべき有権者については「社会に生命力や活力をもたらすすべての人々」、具体的には「われわれが認める能力は富と知」だからである。次いで、これらの要件の存否を判断する基準としては、富についてはサンスの支払い額、具体的には二〇〇フラン以上、知については第二名簿への掲載が提案された。このうち第二名簿掲載者については、サンスの支払い額という条件は適用されていなかった。参政要件としての富と知は、たがいに独立しつつ、しかし調和的に併存するとされていたといえるだろう。

政府案は院内委員会に回付され、二カ月ものあいだ検討の対象となった。委員会報告がベランジェによってなされたのは、ようやく二月二一日のことである［『議事録』63:107, 112］。これほど時間がかかったのは、委員会の内部が真二つに割れ、多数派の構成が二転三転したからだった。対立の争点はサンス最低額をどこまで引き下げるかにあり、結局、二四〇フランを主張する人々が多数派、政府案にある二〇〇フランを主張する人々が少数派となった。しかし四〇フランというのは、さほど重要な違いにはみえない。いったいなにが問題だったのだろうか。少数派は、政治参加は自然権だという発想に立っていた。そうだとすれば、本来ならすべての成人男子に選挙権を付与するべきだろう。しかし「道徳的にも物理的にも、それは不可能である。この点も考慮しなければならない」から、今はサンスをなるべく引き下げることで満足しよう、というのが、彼らの判断だった。これに対して多数派は、少数派の方策はゆきすぎであり、有権者の数を、旧選挙制度が採用されていたときの二倍（約一九万）に増やせば十分だろう、と主張した。そこから逆算されたのが二四〇フランである。両者の対立は、じつは基本的な発想の違いから生じていた。

他方で、「追加付与」(adjonction)、すなわち第二名簿などを利用して、サンスの額にかかわらず知識人に選挙権を与える制度が必要だとする点では、両派は一致していた。フランス革命は参政能力を保持していることを推定させる要件として富を採用し、その結果「富は特権となった」。これは望ましからざる事態であり、別の参政要件を導入することによって解消されなければならない。ここから要件として知が採用され、その所有者である「自由専門職」(professions libérales)や「知的名望家」に選挙権を付与することがうたわれた[12]。以上からわかるように、委員会案では、政府案とは異なって、富と知は、併存はしているものの、かならずしも相互に調和しているとは捉えられていなかった。

かくして委員会は、サンス最低額二四〇フラン、第二名簿を若干修正した追加付与、という二つの参政要件を採用した。この場合、有権者数は、前者に該当する者が約一九万と、後者に該当する者が約三万で、合計約二二万となる。しかし、きたるべき両院での審議のなかで、いわば「富と知の対立」が激化するのは必至の情勢だった。

委員会報告を受けて、下院は二月二四日に一般審議を開始した。一般審議に際して発言に立ったのは、アンドレとベルナールの二人だけだった。このうち後者は大演説をくりひろげたが、彼の演説が終了するのを待ちかね、かつ、まるでそれを無視するかのように、議事はただちに逐条審議に移った〔『議事録』67:21〕。

ただしベルナールの演説は、内容からして検討に値するものである。彼は、冒頭で、可能なかぎり多くの人々に選挙権を与えることを主張しつつも、政治参加には十分な能力が必要だと述べ、権利として政治参加を求める人々と立場を異にすることを明らかにした。この能力を保持していることの証拠として、彼はとりあえず富を提示する。ただし、じつは「良き市民であるために……富をもつ必要はない」。富は参政能力を保持していることを証さないのであり、むしろ「真の保障、それは教育である」。富と参政能力の関係については、ベルナールは、富があれば教育を受けられ、教育を受ければ知を得られ、知を得れば参政能力が身につくと主張する。参政要件は富かもしれないが、この要件は「知をもたらす」という正統性にもとづいている。政治参加にかかわる正統性の所在は、ベルナールにあっては、富ではなく知に求められていた。

このようなベルナールの所説は、のちに運動党(parti de Mouvement)と呼ばれる議員の多くに共有された[13]。彼らは議員内の多数派ではなかったが、しばしば長大な演説をおこない、選挙制度に関する自説を展開した。このうち、法案審議の全期間をつうじて活発に論議に参加し、運動党を主導したのは、サルヴェルトである〔『議事録』67:305, 431〕。彼がもっとも強調したのは「金持ちが貧乏人よりも大きな能力をもっているとは思えない」こと、つまり富は参政能力の存在を証しえないことだった。そうだとすると、サンスとは、本来開かれていなければならない下院に貴族制度を導入する類いのものにすぎない。このような彼の所説は、所有の細分化と教育の普及によって知の所有者、すなわち彼のことばでいう「知的財産の所有者」が増えつつあるという現状認識を背景としていた。また、バローも、今の社会にはすべてを金力や富に帰す傾向があることを嘆いた〔『議事録』67:459〕。選挙制度に関していえば、サンスの支払いは参政能力を保持していることを推定させるにすぎないし、そもそもからして不公平である。ただし、ほかに適当な推定手段があるかといえば、それをみつけることは難しい以上、サンスを利用せざるをえない。彼ら運動党にあっては、富が参政能力を保持していることを証すとは考えられていない。前者はせいぜい後者を推定させるにとどまり、しかも、両者のあいだには知が介在する。政治に参加するには、参政能力と親和的な類いの知が必要とみなされたのである。

彼らの主張が功を奏したせいか、委員会の少数派が提出し、サンス最低額を二〇〇フランに設定することを求める（したがって政府案の復活を求める）修正案は、大差で可決された。しかし、これ以外の彼らの要求は、ことごとく却下された。とくに、追加付与条項には重要な変更が加えられた。まず、ロシュフーコーから、追加付与の対象となる有権者にも最低一〇〇フランのサンスを支払うことを義務づける修正案が提出された。教育は人間を卓越させるのだから、知識人に選挙権を拒んではならない、と述べるドラボルドの熱弁も空しく、議場左翼から怒号が飛ぶなかで、修正案は可決された。さらにその直後、追加付与の対象となる地位や職業を定めるにあたっては、第二名簿の規定をほぼ採用した委員会案は、次から次へと否決された。具体的には、裁判官、大学教員、弁護士、医学博士、公証人、代訴人、学士号保有者が追加付与の対象から除かれ、残ったのは学士院（Institut）会員と退役将校のみだった。この事態は、参政要件や正統性としての知が、部分的にとはいえ否定されたことを意味する。運動党議員が否決に回った議員にくってかかり、あるいははげしく抗議したのも、当然というべきだろう。[14]

追加付与、さらには運動党の選挙制度論そのものに反対した議員の多くは、のちに抵抗党（parti de Résistance）と呼ばれることになる集団に属していた。残念なことに、選挙法案の審議に際して、彼らが自説を明示することはほとんどなかった。唯一の例外が、のちにギゾー内閣の商務大臣を務めるキュナン゠グリデヌである〔『議事録』67:457〕。彼は、追加付与の対象となる「職業のなかには無能力者が存在し」、また選挙権を与えるべきは「真の優越者であり、それは成功しているか否かでわかる。さらには、そのもっとも確実な象徴は富である」と断言した。彼にあっては、参政能力の存在を証すものは、知ではなく富だった。たしかに彼も、知を備えてはいるが貧しい人々が存在することは認める。しかしそれは希有な事例にすぎないし、そもそも才能をもちながら豊かになれなかった者などに国政を委ねてはならない。キュナン゠グリデヌは参政要件として富を採用することを主張し、知を否定した。これが運動党の選挙制度論と対立することは明らかだろう。しかしながら、この参政要件がいかなる正統性にもとづいているかについては、彼も言及しなかった。

結局、富の優越を主張する抵抗党がさほど論を展開しないまま、三月九日、下院は、前述した修正を加えたうえで、二九〇対六二で法案を可決し、上院に送付した。

かくして論戦の舞台は上院に移った。三月一六日に商務大臣が趣旨説明をしたのち、法案は院内委員会に回付され、二八日に委員会報告がおこなわれた。報告者の任にあたったのは、元首相ドカーズである〔『議事録』68：115, 208〕。彼は、「十分な収入」つまり富は、教育や独立性の存在を推定させるのだから参政要件とみなされなければならない、という立場に立ち、一貫して法案を支持するべきことを訴えた。彼にあっては、参政要件は富であり、その正統性は知だった。しかし彼のいう知とは、いったいいかなるものだったのだろうか。なにしろ彼は、別の場で「政治的な能力は、精神の教養とは別物である」と述べ、あるいはまた「隣人の利害に対する理解」を生む「経験」を強調していた。どうやら彼は、われわれとは異なったイメージを、知について抱いていたようである。彼のいう知とは、むしろ「自己の利害を認識する能力」とでも定義される類いのものだったのではないだろうか。

上院における審議は三月三〇日に始まったが、注目すべきことに、そこでは正統王朝派が活発な動きをみせた。審議が始まるや否や演壇に立ったのは、同派のドリュ゠ブレゼである〔『議事録』68：194〕。彼は、すべての地租納付者に選挙権を与えなければならないという、著しく普通選挙制度論に接近する所説を開陳した。その背景には、すでに富と知は国民のあいだに広まっているという現状認識があった。ただし、彼のいう知とは「みずからの意志、みずからの真のニーズの影響力、そして、みずからの真の利害」を認識する能力、一言でいえば利害関心だった。この点で、彼がもつ知のイメージはドカーズのそれに接近する。両者の差は、富をもたない民衆の利害関心を考慮にいれるか否かにあった。またフィツ゠ジャムも、参政能力を、みずからの利害を守ってくれる人を選ぶ力と定義した〔『議事録』68：206〕。そうだとすれば「機械製造工たちすら……議員の指名に際して〔必要な能力の存在を――引用者〕証すものをもっていないなどといえるだろうか」。彼はこのように述べ、とくに知識人に選挙権を与える追加付与を批判した。彼ら正統王朝派のいう知は、みずからの利害関心を認識する能力のことだった。われわれのいう知に対しては、むしろ彼らは批判的だったのである。

これに対して、法案を支持する抵抗党は、前述したドカーズや、政治参加に必要なのは独立性、知、および公序の維持に対する利害関心であり、これらの存在は富によって具現されると説くブローイを除いて、ここでも、さほど議論に参加しなかった。それでは、彼らは少数派だったのかといえば、そうではない。上院は、若干の修正を施したのち、九五対一二で法案を可決し、下院に再回付した。法案が可決されたのは三月三一日、たった二日間の審議を経たのちのことである。

四月九日、下院は上院と見解が対立する点を再検討した。この機会を利用して、運動党は最後の抵抗を試みた。サルヴェルトは「参政能力は収入によって測定できるという考えを、わたしは否定する」という立場から、「選挙権を行使する条件は、知と、公的事象への関心」なのだから、富とは比例しない、と述べた〔『議事録』68:475〕。しかしながら、ときすでに遅く、四月一二日に法案は三〇一対五二で可決され、一九日に公布された。

以上のように、選挙法案の審議に際しては、三つの勢力が、おのおの独自の選挙制度論を示しつつ、たがいに対立しあった。

上下両院議員の多数は、選挙は公務(fonction publique)であるという認識を共有し、富や知にもとづくなんらかの制限選挙制度を採用することに同意していた。これに対して上院を拠点とする正統王朝派は、万人は利害関心をもっていることを理由として、事実上の普通選挙制度を求めたが、退けられた。

富と知の関係については、制限選挙制度を支持する議員たちは、当初は、普通選挙制度支持論に対抗する必要上、両者は調和的に併存しうることを強調した。しかし、ひとたび普通選挙制度の不安が除去されるや否や、運動党と抵抗党は対立しはじめる。法案審議のなかで、富と知のどちらを重視するべきかをめぐって、見解の違いが姿をあらわす。ただし、抵抗党が、運動党の提案をすべて否決しながらも、みずからの選挙制度論を積極的に示さなかったため、この審議において、争点が十分に明確になったとはいいがたい。

それでは、上下両院の多数を占める抵抗党は、なぜ議論にあまり参加しなかったのだろうか。それは、当時の下院をとりまく情勢のせいだった。下院議員は七月革命以前に選出されており、その正統性に対して院内外から疑問の声が寄せられていたのである。したがって「なるべく早く法律を制定し、政府が下院を解散できるようにする必要がある」［『議事録』67:236］。なにしろ、法案の一般審議が始まった二月二四日からして、はやくも下院解散の噂が流れるといったありさまだった。下院が解散を急ぎ、そのため時間のかかる議論はしたくなかったのも、けだし当然の成行きだろう。

それでは、抵抗党の選挙制度論や、さらには政治や社会にかかわる秩序について彼らがもっていたイメージに接近するには、どうすればよいのだろうか。じつは、ちょうど同じころ、選挙制度をめぐって、もうひとつの論争が上下両院でくりひろげられていた。市村会に選挙制度を導入するべきか否かを争点とする、市村の組織にかかわる法案の審議である。次節では、この法案の審議過程を検討しよう。

2 一八三一年市村組織法の制定プロセス

市村組織法の審議プロセス

任命制度にもとづいていた市村会に選挙制度を導入することは、七月革命以前からの懸案だった[15]。一八二八年には、選挙制度の導入をもりこんだ法案を作成することを目的として、政府内部に「地方行政改革委員会」が設置された。委員会は一年間にわたって検討を重ね、政府はその成果である法案を下院に提出した。しかし、院内の反対が激しく、結局政府は法案の撤回を余儀なくされた。七月革命のさなかにもこの問題は人々の関心をひき、たとえば、八月一日に発表された下院議員九五人の宣言は「県および市村行政の設置に対する市民の参加」を求めていた[Pinkney 1972:159]。こういった事態を受けて、前述したベラール法案は、付則第七条で「県および市村の行政にかかわる法律」(市村組織法)を早急に制定することを定めるに至った。この条項はただちに、かつ議論なく可決され、早急に法案を作成する義務を政府に課した。

ところが、政府による法案の作成を待ちきれなかったのか、九月六日、地方行政改革委員会の元委員アンブロ゠コンテが下院で立ちあがり、一八二九年の政府提出法案を若干修正したものを議員提案として提出した。彼の案は、サンス支払い額の上位一二〇人と一部の知識人に市村会議員の選挙権を与えるというものだったが[『議事録』65:471]、大多数の議員が審議にはいることに賛成したため、下院は突如として市村会の問題に取り組むことになった。

アンブロ゠コンテ案は院内委員会に付託され、一二月二九日に委員会報告がなされた。委員会は、「政治的権利は公務である」と宣言して制限選挙制度を正当化したのち、サンスの支払いと追加付与の二つを選挙権付与の条件とするという、選挙法案と類似した制度を支持した。このうちサンスの支払いは「正しい富に付随する独立性」の存在を、追加付与は「教育と能力」の存在を、おのおの推定させるとして、正当化された。委員会は、参政要件として、富と知の双方を採用したのである。ただし、これら要件の土台となる正統性については、明確な言及はなされなかった。この報告を受けて、下院は翌一八三一年一月二七日に法案の審議を開始した。本節では、この審議過程を、とくに抵抗党の所説に着目しながら検討する。

一般審議の冒頭を飾ったのは、二月革命後にナンシー市長となる共和派議員マルシャルの大演説だった。彼は、政治参加なければ生活保障なしという立場から、市村に居住するすべての成人男子に選挙権を付与するという修正案を提出した。有権者にとっては、富や知をもっている必要はない。それらをもたない人間にも利害関心はあるはずだからである。彼は、みずからの利害はみずからがもっともよく知っているという、前述した正統王朝派に類似する発想を示していた。しかし、彼の修正案は大差で否決され、それを待って運動党と抵抗党が発言を始めた。

まず、運動党の主張を簡潔に検討しておこう。同派の議論を主導したのは、ここでもサルヴェルトだった〔『議事録』66:455-456〕。彼は、富が権威の源となる時代には、民衆の権利はどうなるのか、と問いかけた。富に対する彼の批判は、他の運動党議員にも共有された。たとえばトゥヴネルは、知など富以外の利害も市村会に代表させるべきことを主張し、イザンベールは、富者に「政治的権利を独占させてはならない」と明言した〔『議事録』66:466-467〕。さらに後者は、識字能力のない者には選挙権を与えるべきでないと主張するに至った。彼らが、参政要件として、富よりも知を選好していたことは明らかだろう。

他方で抵抗党の側をみると、一般審議に際して自説を開陳した例としてはゴティエが挙げられる〔『議事録』66:449〕。彼によれば、選挙権を付与されるためには富が必要である。富は「保守の精神、知、秩序の前提条件にかかわる本能」が存在することを推定させるからである。そうだとすると、彼は知を参政要件を基礎づける正統性のありかとみなし、したがって富よりも知を重視していたのだろうか。ここでもまた問題となるのは、彼がいう「知」の意味内容である。彼によれば、知は「一般利害の運営および……二次的利害〔私的利害——引用者〕にかかわる決定」のためにもちいられる。知は利害とかかわってもちいられ、またそのかぎりでのみ必要である。彼がもつ知のイメージは、同じ抵抗党のドカーズに似て、みずからの利害関心を識別できる能力とでも定義される類いのものだった。

二月二日に一般審議は終わり、逐条審議が開始された。そこで大きな争点となったのは、第一にサンス、第二に追加付与だった。サンスについては、運動党のケシュランとサルヴェルトが、すべての人頭税納付者に選挙権を付与するという修正案を提出した。限りなく普通選挙制度に接近するこの案は、二つの立場から支持された。第一に、成人男子には利害関心がそなわっているのだから選挙権を与えなければならないという、一部の運動党議員の立場があった。トラシにとって「富があるほど〔参政〕能力もある」などという論理は認めがたいものであり、かつ、政治参加は大した知を要するものではなかった。「利害は明確なものであり、良識さえあれば十分である。農村部の住民たちでさえ、無知だからといってみずからの利害にかかわることがわからないはずはない」からである〔『議事録』66:595–596〕。この立場からすれば、政治参加には富も知も不要であり、みずからの利害を認識さえすればよいことになる。ケシュラン修正案を支持した第二の立場は、サルヴェルトなど、知を強調する人々のそれである〔『議事録』66:606〕。彼らは、今後は都市部を中心に教育が普及してゆくという見通しに立ち、いずれは民衆も知を所有するはずだとして、彼らにも選挙権を与えることを主張した。

こういった論理に支持されたケシュラン修正案は、当然予想されるように、抵抗党を中心とする多くの議員から激しい批判を受けることになった。案が提出されるや否や、まず反駁に立ちあがったのは、皮肉にものちに選挙制度改革運動の指導者となるデュヴェルジエ・ド・オラヌだった〔『議事録』66:591, 594〕。彼によれば、選挙権を与えなければならないのは、良き行政に最大の利害関心をもつ人々、つまり最大の負担をしている人々、具体的には地主や商人である。富は、みずからの利害を認識させるがゆえに、参政要件として正当化される。富は社会の基盤であり、その利害こそが選挙の土台なのである。そして、富の正統性としては、知よりも利害関心が強調される。市村組織法案の審議において、抵抗党にとって、知が介在する余地はなかった。彼らの強硬な態度を前にして、ケシュラン修正案は即日否決された。

このデュヴェルジエ・ド・オラヌの発言からは、抵抗党の選挙制度論がおぼろげに姿をあらわす。そこでは、参政要件としては富が強調され、その正統性としては知よりも利害関心が前面にでる。知が採用される場合でも、それはみずからの利害を認識する能力以上のものを意味しない。この所説は、正統性の次元で知を強調しないのだから、知を重視する運動党などのそれの対極に位置するといえる。さらに、彼らは利害関心を重視するが、彼らのいう利害関心が万人のものか否か、あるいは万人に受容されるか否かは、定かではない。場合によっては、この利害関心は排他的なものとなり、それにもとづく選挙権の正統性は大きく損なわれるだろう。

ここで明らかになった抵抗党と運動党、つまりは富と知の対立は、逐条審議の第二の争点である追加付与をめぐって爆発した。サンスにかかわる第一一条第一項が可決され、追加付与を扱う第二項が審議の対象となるや否や、抵抗党のドレセールが発言を求めた［『議事録』66：640］。彼は追加付与の原則それ自体に反対し、第二項全体の削除を求めた。反対の理由として、彼は、これは特定の階級に特権を付与することにほかならない、参政能力の土台は富でなければならない、という二つの点を挙げる。そもそも、才能や能力があれば、サンス最低額を支払える程度の富は蓄えられるはずではないか。「よくわからない能力よりも……納税のほうが、より良い証である」と述べる彼にとって、知は参政要件たりえないものだった。彼の発言を受け、抵抗党は、知に対する批判と、富に対する支持をくりかえした。そのなかでもっとも体系的な主張を展開したのは、みずから法案を提出したアンブロ＝コンテである［『議事録』66：669］。彼にいわせれば、知識人と政治的な利害とは、たがいに無縁な存在である。知や学歴があっても尊敬されていない人は実在するし、あるいはまた、教育があっても、それを応用して富を蓄えられなければ、ただの無能者だからである。彼は、知は社会の役に立たないと断言し、「知にもとづく権利や特権を享受する新貴族」を批判し、富裕層以外には選挙権を与えるべきでないと力説した。それはまるで、彼の法案に含まれていた追加付与は、運動党に対するリップサービス以外のなにものでもないかのようだった。

追加付与の原則それ自体が否定されかねない雲行きにあわてて、運動党は必死の反論を試みた。その際にもっとも強調されたのは、知は参政能力を証せるという点だった。この点が肯定されて、はじめて「知や文明が国民のあいだに普及すれば、選挙権は拡大するはずだ」という見通しを語れるからである［『議事録』66：641］。さらに、数日前に知を軽視する発言をしたトラシすら、もっとも重要なのは知であると述べ、あるいは、バローなど有力な運動党議員が次々に登壇するにいたり、追加付与の原則そのものが否定されるという事態は避けられた。それのみならず、追加付与の対象は委員会案よりも拡大され、裁判官、弁護士、代訴人、理工科学校（Ecole polytéchnique）卒業生などにも選挙権が与えられることになった。こうして、一八三一年二月一七日、法案は二五二対八六で可決され、上院へ回付された。

上院は院内委員会に法案を回付し、委員会は三月一日に法案を支持する報告をおこなった。審議は三日に始まったが、ほとんど審議らしい審議もなく、翌四日には採決がおこなわれて法案は九五対四で可決された。この拙速の背景に、前述した下院解散を望む世論があったことは、いうまでもないだろう。かくして市村組織法は三月二一日に公布された。

諸党派の選挙制度論

七月革命の結果として選挙制度の改革が必要になり、また市村会に選挙制度を導入するにあたって、支配階層の内部にはさまざまな思想が生まれ、たがいに対立し、あるいは接近しながら、二つの法律に結実した。参政要件とその正統性からみた、各派の選挙制度論の特徴について、ここまでの検討の結果をまとめておこう。

まず、支配階層の内部には、知の所有を重視する運動党、富の所有を重視する抵抗党、そして普通選挙制度を主張する正統王朝派や共和派という、三つの勢力が併存していた。運動党は、参政要件としては知と富を、その正統性としては知と利害関心を、おのおの採用した。富が全否定されることはないが、それが認められるのは、富が教育をつうじて知を与えるかぎりにおいてのことだった。抵抗党は、参政要件としては富と知の双方を採用した。そして、知の正統性としては知そのものが、富の正統性としては知と利害関心が、おのおの採用された。ただし、このうちもっとも重視されたのは、参政要件としての富、正統性としての利害関心、という組合せだった。さらにまた、彼らが知に言及する場合も、その意味はわれわれのいう利害関心に限りなく接近してゆく。普通選挙制度を支持する党派については、参政要件は当然ながら存在せず、普通選挙制度は、万人が利害関心をもっていることにもとづいて正当化された。

それでは、これら各派の選挙制度論の背景には、社会や政治の秩序について、どのようなイメージが存在していたのだろうか。さらにまた、そこでは、公共圏はどのように取り扱われていたのだろうか。

まず、正統性として知を採用する立場をみてみよう。その例として興味深いのは、ティエールの友人としても知られるボダンの所説である[Bodin 1831:309–313]。彼によれば、社会には多様な利害が含まれており、したがって、特定の利害が代弁されることは、政治のあり方として好ましくない。政治の目的は、公益を充足することである。個別利害を充たすという政治のイメージや、無能者による政治は、否定されなければならない。政治をおこなうべきは有能な者、つまり知の所有者、つまりは知識人である。彼らは個別利害の相克のなかで公益のありかを把握し、あるいはまた「諸個人の意見を鋳直して、まとまった世論をつくりあげること」を試みるはずだ、というのである。この機能をはたす知識人によって担われる政治、それは一種のエリート政治である[オズーフ 1995:946/Rémusat 1958–67, Vol. 5:48]。こういった政治秩序のイメージは、前述したロザンヴァロンのいうフランス・モデルと整合的である。そして、彼らがもつ社会秩序のイメージは、知の所有量にもとづいて階層化されるヒエラルヒーとでも呼びうるものになる。いうまでもなく、このような社会は、教育をつうじた社会的上昇を民衆にも認めるという柔軟な構造をもっている。そこでは、公共圏は知識人を中心とするエリートによって占有され、また、エリートを選出する制度としての選挙は公共的な性格をつよく帯びる。そして、彼らが公共圏を占有することは、政治がもろもろの個別利害ではなく一般利害を念頭において遂行されることと、社会的上昇によってエリートとなる可能性が民衆にも開かれていることの二点によって正当化される。逆にいえば、エリートが一般利害に関心を示さず、あるいは教育を中心とする社会的上昇の回路が機能不全をおこせば、このような公共圏のあり方は異議申立てにさらされることだろう。[16]

次に、正統性として富を採用する立場である。前述したデュヴェルジエ・ド・オラヌの言によれば、社会の目的は公益の統御、秩序の維持、人身や財産の安全保障だった。したがって、政治に参加するべきは、これらに利害をもつ人々、具体的には地主や商人である。ここからは、富裕層がみずからの利害のためにおこなうものという政治のイメージが生じる。実際、パタイユによれば「政治的利害は物質的利害と切り離しえない」ものだった[『議事録』66:631]。彼らは利害関心を所有していることの重要性を指摘するが、ただし、彼らが尊重するのは富裕層の利害関心のみだった。ここにあらわれるのは、特定の社会階層の利害に奉仕する政治、いわば階級政治の姿である。この政治秩序は、ロザンヴァロンのいうフランス・モデルと微妙な関係に立つ。そこで考慮される利害は、単一ではあるが、公益とはみなしがたい類いのものだからである。このような政治が富裕層以外の社会階層から支持を得ることは、期待できそうもない。さらにまた、それは、抵抗党がもっていた「国民主権」(souveraineté nationale)理論、つまり議員は国民の一部ではなく総体を代表するとする理論とも矛盾する[Huard 1996:80–81][17]。この階級政治と国民主権理論の矛盾を解消するために、抵抗党は、富裕層はすべての利害を代表する能力をもっていると主張した。ただし、歴史の流れが証明しているように、彼らの所説が人々を納得させることはなかった[Collingham 1988/Johnson, D. 1963]。また、階級政治の背景にある(のみならず、背景になければならない)のは、富の所有量を基準とするヒエラルヒーをもち、致富による社会的上昇を認める点で柔軟な社会秩序のイメージである[Duvergier de Hauranne, P. 1847, Chapter 5]。選挙制度をもちいて公共圏を占有していることを正当化するためには、少なくとも、みずからが開かれた社会階層であることを、他の社会階層に納得させなければならない。それでもなお、階級政治を主張する社会階層が公共圏を占有しつづけ、あるいはまた彼らを選出する選挙が公共圏と議会をつなぐメディアとしてひろく認められることは、なかなか難しいだろう。

最後に、普通選挙制度を主張する立場である。普通選挙制度が採用されれば、民衆も選挙に参加することになる。その場合に予想される彼らの行動について、前述したように、ドリュ゠ブレゼは「大衆はみずからの意志、みずからの真のニーズの影響力、そしてみずからの真の利害に従うだろう」と述べた[『議事録』68:194]。民衆を含めて万人は、みずからの利害に関心をもつがゆえに選挙権を要求できるとされる。また、政治的には彼と対極的な立場に立つマルシャルも、利害関心は貧困層のほうが強いことを理由として、普通選挙制度を採用することを求めた[『議事録』66:413]。ここから得られる政治秩序のイメージは、すべての社会階層がみずからの利害を実現するために政治に参加するというものであり、もろもろの利害が政治領域において調整されるという、いわゆる利益政治である。前述したロザンヴァロンの枠組に即していえば、これはフランス・モデルよりはイギリス・モデルに近い。そして、その背景には、多様な社会経済的条件をもつ社会階層が併存するという社会秩序のイメージがある。このような社会では、支配階層が公共圏を占有することは困難であり、他方で選挙の公共的な性格が強まる。ただし、政治領域が諸利害を調整することに失敗するようになると、公共圏、それと重畳的な関係に立つ議会政治、両者をつなぐメディアとしての選挙、この三者の正統性が一挙に損なわれる危険がある。

なお、正統王朝派についていては、もろもろの社会階層が水平的に併存するとは考えていなかったことを付言しておかなければならない。政治的な能力とは「みずからの利害の擁護者を選出する能力」以上のものではなかった。普通選挙制度が導入されれば、民衆は政治的なアクターとなるが、彼らが自律したり独立したりすることは想定されなかった。支配階層の地位は、パトロン・クライアント関係などの社会的な支配従属関係によって保たれるはずだとされた[18]。正統王朝派が望んだのは、幅広い政治参加と、垂直的に分画化された構造を併せもつ社会だった。これは、民衆の側からみれば、上昇することは困難だが、特別な配慮を支配階層に求めることは容易な社会秩序である。

このように、選挙制度をめぐる論争の背景には、政治秩序、社会秩序、公共圏にかかわる、これら三つのイメージがあった。

最後に、本章の冒頭で提示した二つの研究の流れに即して、われわれが至った結論を要約しておこう。まず、フランス社会のブルジョワ性の如何について。前述した三つのイメージは、一方では重複しつつ、他方ではみずからの実現を求めて対立していた。支配階層は、政治的あるいは社会的な次元でみずからの地位を正当化するために、単にパトロン・クライアント関係その他の社会的な関係に依拠するだけではなく、さまざまな所説をあみだした。彼らをブルジョワジーと呼ぶとすれば、ブルジョワジーを商工業者と定義するか教養と財産の所有者と定義するかは、さほど重要な問題ではない。むしろ重視しなければならないのは、みずからの支配の正統性をどのように基礎づけるかをめぐって、彼らのあいだに強いコンセンサスがあったわけではない、ということである。そのことは、教養(知)と財産(富)の関係をめぐってすら支配階層の内部にさまざまな立場があったことからわかるはずである。

次に、この時期の政治文化のあり方について、政治と社会の秩序に関してロザンヴァロンが提示した二つのモデルに則って考えてみよう。ロザンヴァロン自身は、その命名からも明らかなように、フランスではフランス・モデルが優越したと主張する。他方で、オズーフによる世論の分析が示唆するところによれば[オズーフ 1995:946–953]、フランス革命のさなかにはイギリス・モデルが出現し、フランス・モデルと対立しつつ併存したが、のちにナポレオンによって圧殺された。本節の結論は、両者と多少異なっている。国会審議における演説という、理論的な著述に比べれば具体性と日常性に富む言説を分析してみると、事態はそれほど明瞭ではないことがわかるからである。イギリス・モデルは第一帝制後まで存続し、七月王制期には、かなりの勢力を保ちつつ、フランス・モデルと併存していた。さらに推測するとすれば、第二共和制期の臨時政府は、イギリス・モデルの伝統のうえに普通選挙制度を導入したのかもしれない。

他方で、ロザンヴァロンにあっては明示されない、選挙制度のあり方と公共圏のあり方との関係については、両者のあいだには一定の相関があった。そうだとすれば、かつてハーバーマスが提示した「公共性の構造転換」のメカニズムと選挙制度の変遷とのあいだに関連はあるか否か、あるとすればどのようなものか、といった問題を動態的に考察する作業が、今後は必要であり、また可能であるように思われる。

おわりに

ギゾーの軌跡

　制限選挙制度支持派と普通選挙制度支持派の対立、さらには前者の内部における、知を強調する運動党と富を強調する抵抗党との対立、こういった対立の存在は、なにも七月革命直後に限られるものではない。選挙法が制定されてから七年後(一八三八年)には、はやくも選挙制度改革をめぐる論争が再燃する。その契機は、『ナシオナル』(*National*)紙を中心として始められた選挙制度改革運動である。この運動は国民衛兵(garde national)に選挙権を付与することを求めるものだったが、ひとつの議員提出法案に結実する。一八四二年二月、デュコによって提出された法案は、第二名簿掲載者に選挙権を付与することを定め、下院で激しい論議をひきおこすことになった。ただし、これを、単に選挙権を拡大するか否かをめぐる対立の所産とみなしてはならない。デュヴェルジエ・ド・オラヌ[Duvergier de Hauranne, P. 1841:491–492]はこの論争に参加し、知識人に選挙権を付与することを主張して改革を支持した。彼の主張の根拠は、知識人は富をもっているという点におかれていた。他方で、カルネは、社会のヒエラルヒーの原理としては、今後は富ではなく知を強化しなければならないと説いた[Carné 1837:660–662, 675–676]。富と知の対立は、ここにもまた存在していたのである。[19]

　このような富と知の対立を一身に体現する事例として、最後にギゾーの軌跡をたどっておきたい。七月王制を体現する政治家だった彼は、二月革命の栄光のかげで忘却の淵に沈み、復権するにはじつに一九七〇年代を待たなければならなかった。さて、彼が富と知の関係をどのように理解していたかについては、研究史上の対立が存在する。一方では、彼は富を支持していたという評価がある[Lerminier 1832:192–196/Starzinger 1991]。これは「ブルジョワジーの代弁者」という、かつての通説的なギゾー像とも整合している。他方では、彼は知を重視していたとする評価も存在する[Crossley 1993:73–

75]。この立場に立つバルベによれば、ギゾーはエリート主義的であり、利益政治に批判的だった[Barbé 1904:38–39, 123–129]。かくのごとき評価の対立を受けて、ギゾー復権の立役者であるロザンヴァロンでさえ、ギゾーのいう参政能力の具体的な内容は明確でないと評価せざるをえなかった[Rosanvallon 1985:Chapter 4][20]。以下では、この対立を念頭におきつつ、富と知の関係にかかわるかぎりで、ギゾーの選挙制度論を概観しよう。

政治的な発言を開始して以来、ギゾーは基本的に富と知の双方を支持しつづけた。まず、ほぼ一八三〇年代までは、参政要件としての重要性は両者のあいだで等しく、またその正統性としては知が強調された。たとえば、一八三七年、彼は、有権者の中核をなす「中間層」(classes moyennes)を「肉体労働をせず、給与生活者ではなく、自由と有閑をもち、時間と能力を公務に割くことができ、富のみならず知と独立性をもつ」者と定義している[Guizot 1863–64, Vol. 4:272]。「中間層」は、富と知の双方を所有していなければならなかった。彼は、知が必要であるという認識にもとづいて利益政治を批判し、エリートによる政治の実現を訴えることになる[Guizot 1863–64, Vol. 3:102–107/Guizot 1988:Chapters 7, 8]。

ところが、一八四〇年代から、彼の言動には変化がみられはじめる。参政要件としての富と知の比重は、徐々に前者に傾いてゆく。その頂点が「知的能力と政治的能力の違いは大きい。……知が参政要件となるためには、なんらかの条件を付すことが必要である。試験をし、社会秩序原理に対する忠誠を試さなければならない」と断言する、一八四七年三月二六日の下院演説だった。そしてまた、参政要件としての富の基盤をなす正統性としては、かつて強調された知よりも「社会秩序の利害にかかわる知」、すなわち利害関心が強調されるようになる。彼の提示する政治のイメージは、かつてのエリート政治から、特定の社会階層(中間層)による階級政治へと、大きく転換してゆく[Guizot 1863–64, Vol. 5:383–386]。このようなギゾーの立場の変化は、一八四〇年代までは、参政要件としては富と知、その正統性としては知を採用していたが、一八四〇年代からは、参政要件としては富、正統性としてはまず利害関心(次いで知)を採用するようになった、と要約できるだろう。

この変化は、単にギゾーが保守化したことを意味するのだろうか。この問題を論じることはわれわれの能力をこえるが、ここで若干の推測をしておこう［Guizot 1849:3–4, 16, 32–34/Simon 1885:21–26/Broglie 1991］。ギゾー本人の認識によれば、当時のフランスは、個人の自立と社会の均質性の低下という二つの事象によって特徴づけられる大きな社会変動のなかにあった。そして、この二つの事象は、かつてのギゾーの所説とのあいだに矛盾をはらむものだった。まず、個人が自立すれば、知を中間層の独占物にしようとする（「根拠のない主張」とメッテルニヒに揶揄《やゆ》された）試みは困難なものとなるだろう。次いで、社会の均質性が低下することは、エリート政治の基盤を掘りくずす。この類型の政治は、民衆の不満がたまり、爆発することがないような、ある程度均質な社会を前提としているからである。このような時代の変化に対して、かつてギゾーがもっていた選挙制度論はとても適応できそうもない。彼の変身は、あるいはこの事態に対応したものだったのかもしれない。

展　望

制限選挙制度を支持する勢力の内部対立は、ただし、決着をみることなく、一八四八年、普通選挙制度が導入されたことによって消滅する［Fouillée 1884:105–111］。普通選挙制度と、そこに託される社会や政治の秩序のイメージを構築するうえで、とくに問題となるのは、新たに選挙に参加する民衆に対する評価である。参政能力をもつとは限らない民衆をどのように取り扱えばよいかという問題をめぐって、普通選挙制度支持派の内部には、二つの立場が生まれた。第一の立場は「彼ら〔民衆――引用者〕の遅れを許し、彼らとともに足踏みし、あるいは後退することが必要である」［Huard 1991:90］というものである。イポリット・カルノーやガンベッタはこの立場に立ち、政治の水準を引き下げるべきことを求めた［Girard 1985:138］。この場合には、知を所有する必要はなくなり、有権者は利害関心をもてばよいことになる。そして、彼らによる政治とは、諸利害の調整という行為つまり利益政治である。

第二の立場は、民衆の教育が必要だというものである。二月革命によって普通選挙制度が実現された直後、著名な革命家ブランキは、選挙の実施を延期することを求めた。その理由は「民衆はなにも知らない。知らせることが必要だ」[Blanqui 1971:114]というものだった。彼は、民衆にも知が供給され、万人が知の所有者となること、つまり、政治の水準を引き下げることではなく、有権者の資質を引き上げることを求めた。この場合、政治秩序のイメージは、万人が、みずからの知をもちいて、一般利害を充たすために理性的な判断をするというものになるだろう[Buonarroti 1957, Vol. 2:105/Blanqui 1971:111–113, 142, 152–154, 167–169, 185–190][21]。

最後に問われなければならないのは、普通選挙制度に対して、制限選挙制度を支持した諸勢力はどのように適応したか、という問題である。もちろんさまざまな適応が可能であり、また試みられたことだろう。知を重視した運動党は、民衆のあいだに教育が普及すれば、普通選挙制度と接点をもつことができたはずである。他方で、富を重視した抵抗党は、利害の充足を目的とした政治を志向する点で、普通選挙制度と接点をもっていた[22]。むろん、彼らの対応が選挙制度の次元にとどまる必要はない。シニアによれば、民衆を統治する方法としては、制限選挙制度のほかにも、パトロン・クライアント関係や軍事的弾圧があった[Senior 1993, Vol. 1:151–152]。二月革命を経て、その後の歴史はどの路線を歩んでゆくのだろうか[23]。

第二章

第二共和制期における選挙制度改革の論理

はじめに

一八四八年二月、フランスは三度目の革命の勃発と二度目の共和制の誕生とを目の当たりにした。周知のように、この「二月革命」をもたらしたのは、直接には、ルドリュ＝ロランやデュヴェルジエ・ド・オラヌ、さらにはバローを中心とする選挙制度改革運動だった。それゆえ、革命の混乱のなかから成立した臨時政府は、ただちに（三月五日）二一歳以上の成人男子を有権者とする普通選挙制度を採用した。この選挙制度は、大多数のフランス人にとって青天の霹靂《へきれき》とでもいうべきものだったが、当初は幅広い支持を享受した［Amman 1975/Balland 1963：73–74］。ところが、はやくもその二年後には、普通選挙制度は事実上放棄されてしまう。一八五〇年三月から四月にかけて実施された国会（Assemblée nationale législative）補欠選挙は、同時代人には、共和派、とくにその左派と社会主義諸派の連合体である山岳派の勝利として認識された。ここに「社会秩序の危機」をみてとった支配階層、すなわち政治的次元では秩序党（parti de l'Ordre）、社会的次元では名望家は、共和派の支持者から選挙権を剝奪することを意図するに至った。[1] 一八五〇年五月三一日、国会は新しい選挙法（以後「新選挙法」と呼称する）を可決し、多くの有権者から選挙権を剝奪した。同法は、普通選挙制度の導入をもって始まった第二共和制の路線が、それによって生じた社会秩序の危機を媒介として、大きく変化したことを体現していた。[2] この時代のフランスでは、選挙制度が革命を引き起こし、逆にまた後者が前者のあり方を規定するという現象がしばしばみられたのである。

それでは、新選挙法はなにを意図し、また、いかなる理念を反映していたのだろうか。そして、その背景には、いかなる危機があったのだろうか。われわれは、次の三点を検討することにより、これらの設問に回答を試みたい。第一に、選挙権の剝奪はいかなる論理にもとづいていたか。第二に、名望家は、選挙権の剝奪という措置を、いかなる論理によって正当化したか。第三に、同法が施行されるなかで、当初の目的はどこまで実現されたか。

分析の対象としては、おもに、国会における同法案の審議を採用する。ただし、各地の情勢やローカルな名望家の意向に接近するべく、国立中央文書館所蔵の内務省文書および司法省文書その他の手稿資料も補完的に利用することにする。[3]

なお、この新選挙法に対しては、成立翌年のクーデタによって廃止されてしまうこともあってか、十分な関心が寄せられてきたとはいいがたい。これまでの通説は、共和派の支持者から選挙権を剝奪することが意図されていた点を強調するが、次の二つの問題に応えていない点で、われわれの課題にとっては不十分なものである。第一に、共和派の支持者とはいったいだれであり、またいかなる属性をもっていたか。通説は、彼らに対して、都市労働者やさまよう人々といった属性を与えているが、それ以上の具体的なイメージを明らかにすることはない。[4] 第二に、彼らを排除するために、同法は選挙に参加するために必要な要件を定めるが、その要件が採用された理由はなにか。たとえば、ロザンヴァロンは、間接選挙制度や制限選挙制度などの方法が憲法で禁じられていたため、秩序党はやむなくそれ以外の手段を利用した、と述べている[Rosanvallon 1992:304]。たしかに、彼の判断を裏づける証言には事欠かない。[5] ただし、同法が社会秩序の危機に対する対応の所産であるとすれば、われわれは、ロザンヴァロンの判断をこえて、そこにはらまれた、あるべき社会秩序、社会、あるいは政治のイメージに接近できるはずだし、また接近するべきだろう。本章でわれわれが試みたいのは、この作業である。

1 新選挙法の制定プロセス

前史

まず新選挙法案の前史を概観しておこう。ラファエルによれば、一八五〇年三月の補欠選挙の結果に衝撃を受けた秩序党指導部が同月一七日に集合し、選挙制度の改正を議論したことが、すべての出発点をなした[Raphaël 1909–10, Part 1: 282]。ただしこの会合では意見がまとまらず、結局国会がこの問題に取り組まざるをえなくなったのは、直接には、四月にはいって二つの議員提案がなされたからだった。このうち、フランダンたちの提出になる法案は投票の義務化を定めるものだったが、人々の関心を引いたのは正統王朝派ド・レピスナスの提出した法案である。そこでは、前者と同様に投票が義務とされたほか、同一市町村内に二年間居住していることを、選挙権を行使するための要件とすることが定められていた。同案は意見調整に手間取っていた秩序党および政府の着目するところとなり、院内第九委員会のみならず、政府の任命した院外委員会にも付託されることになった。後者は同案を一部修正し、五月八日内務大臣バローシュはこの修正案を政府案(以下「法案」と呼称する)として国会に提出し、院内委員会に付託した[バローシュ、五月八日]。

法案は全一一条からなるが、その主眼は以下の三点にあった。第一に、選挙権を行使するための要件として、同一小郡内に三年間連続して居住していることを採用する(第二条)。第二に、居住要件を充たしていることを証明する手段として、個人税納税者名簿に掲載されていることを採用する(第三条第一項)。第三に、家長や戸主と同居しているために個人税の納税を免除されている子弟、労働者、および召使については、居住要件を充足していることを証明する手段として、同居している家長や戸主の申立てを採用する(第三条第二項)。

秩序党および政府がこのような法案を提出するに至った背景には、通説が述べるとおり、普通選挙制度が共和派(とくに山岳派)を利しているという判断があった。普通選挙制度の導入は、立法過程に財産のない人々が参加するという事態をもたらした。そして、このことが経済活動の停滞をもたらし、もろもろの生産者の生活を悪化させている[サン、五月二八日/バローシュ、五月八日][6]。新しく選挙権を与えられた民衆を、みずからが志向する社会秩序に統合することに失敗しているのではないか——秩序党や政府を構成する名望家は、このような危機感をもっていた。

むろん、二月革命以後の歴史の流れのなかで、名望家が好む社会秩序に対する民衆の統合を普通選挙制度と両立させようとする試みがなかったわけではない。たとえば、革命直後の時期にヘゲモニーを掌握した穏健共和派は、民衆を政治的に教育することによって、この課題に応えようと試みた[7]。ただしこの(広義の)教育の成果があったかどうかは疑問である。第二共和制期に、とくに農村部の民衆の政治的覚醒がみられたかどうかについては、前述したとおり歴史学者のあいだで通称「政治化」論争が続いているが[Berenson 1987/McPhee 1992]、じつは、当時の名望家のあいだでも見解が分かれていた[8]。すなわち、一定の地域的な偏差を含みながらも、民衆のイメージは「啓蒙されている、あるいはされつつある」というものと「無知である」というものに分裂していた[9]。現状認識をめぐるこの動揺を反映してか、知識の供給(あるいは供給制限)のみによって民衆を統合することについては、名望家のあいだにコンセンサスは成立しなかった[10]。民衆の統合を普通選挙制度と両立させることは、当時の名望家にとって一つのアポリアだったといえる。そのうえで、民衆の統合によって既存の社会秩序を維持することを望むのであれば、普通選挙制度を放棄せざるをえなくなるのは、いわば当然の理だった。

本節では、前述した法案の三つの主眼ごとに、次の三つの問題に応えることを念頭におきつつ、国会における法案審議を分析する。第一に、民衆の現状はいかなるものであり、また問題はどこにあるとされたか。第二に、それに対してはいかなる対策を、いかなる目的のためにとるべきであるとされたか。第三に、その結果生じる社会秩序はいかなるものであるべきとされたか。

「さまよう民衆」という恐怖

それまで選挙制度を規定していたのは、一八四九年三月一五日に制定された選挙法である。政府および秩序党にとって、同法の最大の難点は、居住要件が六カ月と短く、その結果「さまよう」民衆に選挙権が認められていることにあった［フォシエ、五月二五日］。居住要件の厳格化によって選挙権を剝奪されるべきとされたのは彼らさまよう人々であり、定住している民衆は批判の対象から除かれていた。[11] 地元の感情に疎く、地元の利害に無関心な浮動層に選挙権が与えられ、しかしながら多数を占めて選挙の結果を左右することが問題だったのである［バローシュ、五月八日］。このような判断が秩序党全体のコンセンサスを得た結果、院内第九委員会や院内委員会の報告には、定住する人々のみが「秩序に対する愛着」をもっている、有権者が「遊牧民的な存在」になってはならない、といった台詞がちりばめられた［院内第九委員会報告者フォルトリエ、五月六日／フォシエ、五月一八日］。

また秩序党を構成する諸派も、異口同音にさまよう民衆に対する批判を展開し、この点では足並みをそろえた。「浮浪者やさまよう人々は市民ではない」とするベシャール（正統王朝派）、「転居をくりかえす人々には道徳的価値がない」と批判するティエール（オルレアン派）、「定住する市民がさまよう有権者に……とってかわらなければならない」と述べるモンタランベール（カトリック支持派）、さらには「有権者が地元に根を下ろす……必要がある」と判断する内務大臣（ボナパルト派）など、彼ら所説のあいだに、さまよう民衆に対する態度の違いをみいだすことは困難である［ベシャール、五月二二日／ティエール、五月二四日／モンタランベール、五月二二日／バローシュ、五月二三日］。[12]

さまよう民衆がもつ問題点は、名望家にとっては、親族や隣人ととりかわす日常的な人間関係が希薄なものとなり、そのことによって投票行動が自律化する点にあった。そもそも彼らは、規律化されていない存在である。このような人々が自律的に投票する場合、道徳を考慮するという保証はないし、それどころか往々にして選挙結果は「社会のヒエラルヒーや規律を破壊する」事態をもたらすことだろう［バローシュ、五月八日／ベシャール、五月二二日］[13]。それゆえ投票は「家族のなかで、知人の眼前で、あるいはまたあらゆる人間関係のただなかで」なされなければならないとされた［フォシェ、五月二五日］[14]。

ここで問題とされている民衆の自律的な行動については、当時秩序党の指導者のひとりだったブローイが興味深い解釈を提示している［Broglie 1848: 640-641］。彼は民衆（彼は「労働者」と呼称している）を、無知で政治的に無関心な人々と、政治的な関心がある人々という二つの類型に区分する。ただし、ブローイにとっては、どちらの類型も不安の種だった。第一の類型の人々は、政治活動家たちによって操作されやすいとみなされた。実際、フランス各地では、彼らを対象とした共和派（とくに山岳派）のプロパガンダが展開されていた。たとえばブルゴーニュ地方では、山岳派はおもに「無知な人々」をとりこもうとしていた[15]。第二の類型の人々は、結局はバリケードに走ってしまうと考えられた。たとえばスダン（アルデンヌ県）の織物工について、メッツ検事長は、彼らは知性が高いため、みずからの利害を理解したうえで行動し、結果としてルイ＝ナポレオン・ボナパルト政権を批判するに至っている、と報告した[16]。名望家は、民衆に自律的な行動を認めてしまうと、彼らが政治的な関心をもっていようがもっていまいが、いずれにせよ既存の社会秩序に敵対的な態度をとるのではないか、と危惧していた。それゆえ、彼らにとって、民衆の行動の自律化につながる流動化を阻止するか、それが不可能であればさまよう民衆が政治を左右する事態を阻止することは、まさに緊急の課題だった。

このような名望家の不安の背景には、各地で民衆の政治的な行動が自律化するという事態が一定程度進行しつつある、という現状認識があった。ここでいう政治的行動の自律化とは、単に「政治的なるもの」にかかわることにとどまるものではない。一部の民衆は、みずからの利害を追求するにあたって選挙をはじめとする政治制度が有益であることを理解しはじめていた。たとえば各地では、住民が、ローカルな問題を解決するために「自発的に」市村会を改選するという行動を選択する事態がみられた[17]。ラ・ガルド＝フレネ(ヴァール県)にいたっては、女性に政治参加を認めるという「公衆道徳に対する打撃」が試みられ、同地の治安判事の怒りをかった[18]。さらに、二月革命の結果として普通選挙制度が導入されるや、立候補者は民衆の意向を考慮にいれざるをえなくなった。共同地の処理といったローカルな問題が選挙の争点になり、あるいは再選を考える市村長が「人気や影響力を失うことを恐れ、住民の言いなりになる」という状況が、一部で出現していた[19]。さまよう民衆に対する名望家の不安には、一定の根拠があったというべきだろう。

新選挙法案第二条は、このような憂慮すべき事態に対する対策として構想され、提示された。居住要件を厳格化することには、二つの目的が託されていた。第一は、さまよう民衆を政治空間から排除することである。第二は、彼らの定住を促進することである。本法のおかげで「彼らを家に帰す」ことができれば、国会は思わぬ成果を挙げることになるだろう、というわけである[フォシエ、五月二五日]。そして、民衆が定住することの利点は、いうまでもなく、名望家をはじめとする人々の影響のもとで投票するようになることに求められる[Broglie 1849:690]。名望家は、民衆の政治行動の自律性を弱体化させることを期待しつつ、三年の居住要件を求めたのだった。

ただし、ここでは、民衆に影響力を行使するのはだれかという問題が考慮されなければならない。国会審議の過程では、この立場にあるべき人々に対して、さまざまな属性が与えられた。それらは、大別して、家族や近親者、近隣住民、友人、そして社会的上位者という四つの類型に分類できる[20]。これらのうち前三者は水平的な影響力行使というイメージを、後一者は垂直的な影響力行使というイメージを、おのおの抱かせる。

このうち社会的上位者から民衆に対する垂直的な影響力行使についての言及は、居住要件にかかわる審議でほとんどみられなかったので、法案第三条第二項に即して、のちに検討する。

水平的な影響力行使に関しては、その背景に二つの異なる社会像が想定されていたことが留意されなければならない。

まず正統王朝派であるが、彼らは有機体的な社会像をもち、そのうえに水平的な影響力が行使されるというイメージを抱いていた。この社会は「家族や市町村が義務と利害によって相互に結びつく」ことによって形成され、そこでは個人的な利害よりも共通の利害のほうが重視される［ベシャール、五月二二日］[21]。次にオルレアン派(Orléanistes)であるが、彼ら、とりわけ啓蒙主義的な部分は、平等な個人同士がとりむすぶネットワークとして社会をイメージしていた。民衆を定住させれば、彼らは他の有権者と議論を闘わせ、啓蒙しあい、良識を育むことだろう、というのである［ヴァティメニル、五月二七日］。正統王朝派とオルレアン派は、さまよう民衆に対する危機感にもとづいてコンセンサスを形成しつつ、社会像という根底的な次元で対立していた。ここにおいて両派は同床異夢の関係にあったのであり、両者の相違は国会審議の最後になって明るみにでることになる。

貧民の排除

いまや、選挙権を行使しようと望むのであれば、みずからがさまよっていないこと、すなわち同一小郡内に三年間連続して居住していることの証明が必要となった。内務大臣による法案趣旨説明によれば、独立した家計を営んでいる者については、この証明は個人税納税者名簿に掲載されていることによってなされることが、法案第三条第一項で規定されていた［バローシュ、五月八日］。それでは、この条項によって選挙さらには政治空間から排除されるべきとされたのはいかなる人々だったのだろうか。また、排除はいかなる理由にもとづいていたのだろうか。

この条項では、二つの範疇に属する人々を政治空間から排除することが意図されていた。まず排除されるべきとされたのは、救貧の対象である「貧民」である。個人税の徴収を定めた一八三二年四月二一日法は、貧民を除き、すべての成人青年男子世帯主が個人税納税者名簿に掲載されるべきことを定めていた。したがって、法文上からすると、貧民は、たとえ定住していても選挙権は行使できない（逆に、貧民以外であれば、定住さえしていれば選挙権を行使できるはずである）。

この、貧民を政治空間から排除するという措置は、政治参加には自律性すなわち独立性が必要であるが、彼らはそれをもっていない、という理由によって正当化された。そもそもフランスで普通選挙制度の議論が始まったのはフランス革命期であるが、この時期にあっても、女性や召使など自律性がないとみなされた人々に選挙権を与えることは問題にならなかった［Sewell 1994］。この精神は、半世紀以上のちの名望家に継承された。貧民は「投票をおこなう市民が保持していなければならない尊厳と独立性」や「真理を分別するために必要な自由精神」をもっていないとみなされたのである［ベリエ、五月二二日］[22]。

ただし、政治空間から排除されるべき存在とされたのは、彼ら貧民だけではなかった。ある議員の試算によれば、一八四九年選挙法下の有権者が約九九四万人なのに対して、個人税納税者は約五四〇万人だった。したがって、差引き約四五四万人の有権者が個人税を支払っておらず、そのかなりの部分が選挙権を奪われることになるだろう。しかし「フランスに四〇〇万人もの浮浪者が存在するなどということが信じられようか」［ロード、五月二八日］[23]。じつは、個人税額の算出や免税の認定をおこなう際の基準は、市村が決定できることになっていた［サン゠ロム、五月二七日］。そのため、貧民でなくても「貧しい」と認定された人々は、個人税の納税が免除され、したがって選挙権を剝奪される可能性があった。彼ら貧しい民衆に対する秩序党の評価は、富の欠如は政治参加を拒否する理由になりうるという、否定的なものだった。政治に参加するためには一定の条件を充たすことが必要であるからには、富のない人々に選挙権を与えてはならない［フォシェ、五月二五日／ベリエ、五月二八日］。ここにいたって、固有の意味での貧民のみならず、ひろく貧しい民衆は、政治空間から排除されかねなくなる。[24]

それでは、秩序党にとって、貧しさのなにが問題だったのか。そしてまた、貧しい民衆を政治空間から排除したのちに成立する社会とはいかなるものか。こういった点については、残念ながら国会審議のなかで言及されることはなかった。われわれは、貧しさを批判し、富の所有を重視する所説の代表的な事例として、ティエールの著書『所有』を、いわば代理指標として検討するにとどまらざるをえない[Thiers 1848][25]。彼は二月革命に精神的な衝撃を受け、一八四八年夏になって、ようやく政界に復帰した。同年九月に著されたこのパンフレットは「社会主義者」たちの所説に反駁することを目的とし、名望家を中心に多くの読者を獲得した[Guiral 1986:244-247]。さらに文部省は官費で同書を買い上げ、各地の教育関係機関に配布した。同書は秩序党および政府の一種のマニフェストであり、代理指標として分析するにはふさわしいと思われる。

同書は、第一の公理として「所有は労働の成果である」という所説を措定し、ここから議論を始める。所有は人間の本能であり、貧富の格差は肯定される。このような所説は、それこそロック以来たえまなく論じられてきたものであるが、ティエールの独自性はその先にある。すなわち彼は、すでに形成された所有と、これから形成されるべき所有を明確に区別し、前者のみを肯定するのである。社団的で身分制的な社会が解体されたのちに出現する社会では社会的上昇が認められなければならないということは、ティエールも認めるところだった。ただし、彼が肯定するのはすでになされた上昇に限られ、民衆が今後なしうる上昇が積極的に評価されることはない。民衆のあいだには不満が生まれるだろうが、それを解消する任務は宗教に委ねられる[26]。貧困は個人的な怠惰から生じ、社会的に批判されるべき存在とみなされる。ティエール、さらには名望家が新選挙法案第三条第一項に託した社会像は、所有する富の量にもとづくヒエラルヒーと、しかしながら他方で社会的上昇は妨げ、既存のヒエラルヒーを再生産するためのメカニズムをそなえた社会、というものだった[27]。

それでは富の問題について、新選挙法案に関する国会審議のなかで十分な言及がされなかった理由はなにか。それは、秩序党の内部に、貧困の評価をめぐって対立が存在したからだった(後述)。この点においてもまた同党は、そのただなかに同床異夢の関係をかかえこんでいたのである。

名望家の支配、民衆の自律

個人税に関する一八三二年四月二一日法が納税者として想定していたのは、世帯主に限られていた。そのため、家長や雇用主と同居する子弟、労働者、そして召使については、たとえ三年以上同一の小郡内に居住していても、個人税納税者名簿には掲載されず、その結果として選挙権を行使できない恐れがあった。

国会審議においては、このうちとくに労働者の取扱いが問題となった。院内委員会は、前述したとおり、第三条第二項において、雇用主と同居する労働者については、居住要件を充たしていることを証明する手段として雇用主の申立てを採用し、さらに雇用主に悪意がある場合を想定して、治安判事に上訴する機会を労働者に与えた［フォシェ、五月一八日］。ただし、この雇用主の申立てという措置は、単に雇用主と同居している労働者の選挙権を救済するための手段としてのみ、いわば消極的に提案されたわけではない。その背景には、ここでも名望家の現状認識と、彼らが志向する社会像があった。

彼らが第三条第二項の必要性を論じるなかで問題視していたのは、ここでもまた労働者をはじめとする民衆が自律化しつつあるという状況だった。労働者と雇用主、召使と主人、子弟と家長、あるいは兵と将校のあいだに「フランス社会におけるあらゆるヒエラルヒーや規律を破壊しようとする、かの誤った平等」が普及しつつあることに対して、彼らは危惧の念をもっていた［ベシャール、五月二二日］[28]。

この危機感は、ある程度は実態を反映したものだった。民衆の政治的覚醒が既存の社会秩序を揺るがしつつあるという事態が、一部で生じていたからである。その一例として、ブリウド（オート゠ロワール県）の事例を挙げておこう。一八四九年五月の国会議員選挙にあたって、同地では『ブリウド農民からオート゠ロワール県農民諸氏へ』と題する小パンフレットが発行され、話題となった。五人の自称ブドウ栽培農民の手になるこのパンフレットは「聖職者、村のブルジョワ、都市のお偉方」ではなく、自分たちのなかから代表を選ぼうと呼びかける。民衆は有権者の圧倒的多数（「一一分の一〇〕)を占めているのだから、団結して投票すれば、望むような選挙結果を得られるだろう、というのである。[29] 政治参加を契機として、名望家に対する従属を打破しようとする意図が、ここには明瞭に表現されている。各地の状況をパリの名望家以上に体感せざるをえないローカルな名望家のあいだには、このような事態を反映して、不安が広がっていった。もはや名望家は民衆に対して行動を強制できなくなっているのではないかという不安である。[30]

新選挙法案第三条第二項はこの事態、すなわち民衆の自律への対(抗)策として、換言すれば名望家に対する民衆の従属の紐帯を再強化する手段として、当初から構想されていた。そのことは、すでに国会審議が始まる以前から、同条項に対して、雇用主に対する労働者の従属をもたらすという批判が寄せられていたことからも明らかである〔フォシエ、五月一八日〕。この規定に対しては、共和派から厳しい批判が寄せられた。これでは労働者が雇用主に選挙権を乞うという事態が生じる、前者は後者に従順に従属しなければならなくなる、というのである〔ファーヴル、五月二九日〕。[31] これに対してティエールは、このような従属関係はすでに存在し、民衆の投票行動に影響を与えているではないかと述べ、一種の居直りを示した〔ティエール、五月二四日〕。雇用主による申立てという手段が労働者の従属を強化するという可能性を、彼ら秩序党とて否定はできなかった。というよりも、これこそまさに彼らが同条項に望んだことだったというべきだろう。

ここで再強化されることが目された従属の紐帯とは、かのパトロン・クライアント関係にほかならない。[32] 名望家は、人々がパトロン・クライアント関係によって有機的に結合される社会秩序を志向していた。それゆえ、彼らが支配的地位にあるパトロン・クライアント関係に服さない人々に対しては、これを批判し攻撃しなければならなかったのである〔ベシャール、五月二二日〕〔Simoni 1979/Aminzade 1977〕。制限選挙王制期はパトロン・クライアント関係の時代であり、それは政治行動においても重要な要因として機能していた。[33] 二月革命を経ても、この事態が急激に変化したわけではない。一八四八年四月、普通選挙制度にもとづいて国会議員選挙が実施された際は、新しく有権者となった民衆に対してパトロン・クライアント関係にもとづく投票誘導が行使されるという現象が、とくに農村部各地でみられた。たとえばサン＝

スヴェル(アンドル県)投票所では、有権者たち約千人を前にして二人の名望家が登壇し、投票を指令するという光景がみられた。[34] ミルクール(ヴォージュ県)では、富や土地や雇用機会供給を独占するひとにぎりの名望家に民衆が従属しており、そのため前者は住民の八〇%の投票を左右できたと報告されている。[35] その一方で民衆の側をみると、名望家のパターナルな行動がみずからの利益ともなる場合は、それを受容する傾向にあった。[36] パトロン・クライアント関係が機能するかぎりにおいて、名望家は普通選挙制度を受容しえたし、受容する意思があった。一部民衆の政治的覚醒によってパトロン・クライアント関係が動揺しはじめたことは、名望家にとって、支配階層としての地位そのものにかかわる大問題だった。新選挙法案には、社会秩序の基盤としてパトロン・クライアント関係を再強化するという課題までもが負わされていたのである。

先に法案第二条を検討したときは、名望家が志向する垂直的な影響力行使の具体的なイメージは、十分に明らかとはならなかった。第三条第二項を検討した今となって、ようやくわれわれは次のように結論できる。彼らが志向する垂直的な影響力行使とは、パトロン・クライアント関係だった。そして、それは、民衆の自律と相対立するものとして認識されていた。[37]

ここで、本節でおこなった分析の結果を、パトロン・クライアント関係と富の関係という観点からまとめておこう。名望家は、新選挙法案に対して、「民衆」を政治領域から排除しようとする意図をこめていた。ここでいう民衆とは、貧しくかつさまようという性格をもち、それゆえ批判的に評価されるべき存在である。このような名望家の意図の背景には、有機的でパターナルな人間関係にもとづく支配のメカニズムをそなえ、また富の所有量によって各自の位置が決定されるような社会に対する選好と、それが民衆の自律化によって脅かされつつあることに対する危機感があった。

ただし、名望家は、この危機感にもとづいて一致団結していたにすぎず、個々の政策的論点の次元では、さまざまな見解の相違を内部にはらんでいた。この相違の根底には、じつは(ベリエら一部を除く)正統王朝派と(ベリエら一部正統王朝派を含む)オルレアン派のあいだで、志向する社会像が微妙に異なる、という事情があった。

この、社会像に関する両者の相違は、国会審議の最終盤になって、具体的な対立として発現する。政治空間から排除されるべき民衆が貧しくかつさまよう存在であれば、問題はないだろう。しかし、貧しいが定住している人々、あるいはさまよってはいるが貧しくはない人々については、いかに対処するべきか。これが問題となったのである。

正統王朝派がおもに問題としたのは、居住要件の証明方法を定めた第三条である。彼らはいくつかの修正案を提出するが、その根底には、貧しいが定住している民衆に対する肯定的な評価があった。審議が進んで第三条の逐条審議が始まるや否や立ちあがり、同条を批判する長弁舌をふるったのは、共和派ではなく正統王朝派の議員ロードだった。彼は、新選挙法には大筋で賛同すると述べつつも、第三条には反対の立場を表明した[ロード、五月二八日]。すなわち、同条は「豊かでない者は疑わしく、また排除されるべき存在である」と仮定している。しかし定住している民衆、とくに農村部民衆は、基本的に名望家を支持しており、彼らから選挙権を剝奪することにメリットはない。個人税を支払っていない現有権者のなかに数多くの定住者がいるからには、第三条は再検討されるべきだ、というのである。

同様の立場から提出された修正案としては、タンギーの手になるものを挙げておこう。そこでは、個人税納税者名簿に掲載されていない人々(固有の意味における貧民を含む)であっても、三年間定住していれば選挙権が与えられる、と定められていた[タンギー、五月二九日][38]。この修正案は、院内委員会の支持を得られなかったため提案者みずから撤回してしまうが、ラ・ロシュジャクランが多少の修正を加えて再提案する(否決)など、定住民衆を支持する正統王朝派の抵抗は、審議の最後まで続けられた[ラ・ロシュジャクラン、五月二九日][39]。

彼ら正統王朝派にとって民衆が問題となるのは、貧しい場合ではなく、さまよう場合だった。彼らにとって重要だったのは、富の所有量にもとづくヒエラルヒーではなく、むしろ有機的でパターナルな人間関係にもとづく支配のメカニズムを維持することだったからである。富とパトロン・クライアント関係は、かならずしも調和的に併存するわけではない。そして両者が矛盾する場合は、正統王朝派は後者を選好する。むろん、貧しい者は、基本的にヒエラルヒーの下位に位置づけられる。ただし、彼らに価値がないわけではなく、またその存在は社会秩序の維持にとって必要なものだった。

他方でオルレアン派は、民衆の浮動性ではなく、むしろ貧困を問題とした。民衆に対する名望家のパターナルな支配を維持できるか否かは、貧者に対する富者の優越、換言すればプルートクラシー(富者による支配)の維持という課題に比較すれば、大した問題ではなかった。この課題を実現するには、定住の如何にかかわらず、貧しい民衆をすべて政治空間から排除することが必要であると考えられた。[40] そして、タンギーやラ・ロシュジャクランなど正統王朝派議員が提出した修正案がことごとく斥けられたことからもわかるとおり、秩序党内の多数を占めたのはオルレアン派だった。

ただし、彼らの多くはもの言わぬ存在であり、国会審議の過程で立場を明確に表明することは稀だった。その例外的な事例として、院内委員会報告者であり、新選挙法案の成立プロセスを主導したフォシェの発言を挙げておこう〔フォシェ、五月三〇日〕。雇用主と同居していない労働者に対しても第三条第二項の規定を適用し、定住民衆が政治に参加する可能性を少しでもひろく残そうとするロリナ(共和派)修正案に対して、フォシェは、すべての労働者に対して第三条第二項を適用すれば、それは「封建的な派閥を復活させる」ことにつながり、「一部の大地主が不当にも「わたしの農民たち」と語る権利を行使しているのと同じように、工場主に対しても「わたしの労働者たち」と語る権利を認めることになってしまう」と述べて反対した。彼は、パトロン・クライアント関係の強化には賛成しがたいという立場を表明したのである。

新選挙法案には、プルートクラシーへの志向とパトロン・クライアント関係への志向とが、微妙な矛盾をみせつつ併存していた。一八五〇年五月三一日、法案は可決され、即日施行された。しかし、新しい選挙法が実際に施行されるなかで、両者の矛盾は顕在化してゆくことになる。

2　新選挙法の理論的基礎

共和派の選挙制度論

政府は、新選挙法案を国会に提出する際の趣旨説明のなかで、法案の目的は「憲法の序文が宣言した神聖な諸原則」を擁護することにあると言明した〔バローシュ、五月八日〕。すなわち政府、さらには秩序党は、憲法を修正する意志がないことを表明した。しかし、憲法は普通選挙制度を採用している。そうだとすれば、普通選挙制度を維持したままで、さまよう貧しい民衆を政治空間から排除しなければならない。普通選挙制度の維持を民衆の排除と両立させるという課題を、彼らはいかなる選挙制度理論にもとづいて達成しようとしたのだろうか。

まず、比較の対象として、民衆の排除に反対した共和派の選挙制度理論を検討しておこう。彼らの理論的な基礎は、政治参加は基本的な権利であるということ、すなわち、いわゆる選挙権利説だった。個人の主権の総和から国全体の一般的主権が生じるからには、選挙権は個人の尊厳の一部でなければならない、というのである〔フロット、五月一八日／デュプラ、五月二一日〕。そして、彼らが選挙権利説を採用した背景には、単に法理論的な確信のみならず、彼らなりの現状認識があった。彼らは、すでに民衆は政治的に覚醒しつつあり、この時点にあっては普通選挙制度を行使するに十分な能力を身につけていると判断していた。民衆はいまや「みずからの主人」なのだから、選挙権を得られない理由はないはずだというのである〔ラグランジュ、五月二一日〕。

ただし、さまよう人々に対する選挙権付与の是非については、一見相対立する二つの立場が、共和派の内部に併存していた。もっとも両者は選挙権利説を基本的に受容しており、この相違はニュアンスの違いといった程度のものである。

第一の立場は、最広義の選挙権利説とでも呼ぶべきものである。それによれば、権利の行使にあたっては、いかなる条件も付されてはならない。貧民、乞食、さらには浮浪者にも権利はあり、したがって彼らの政治参加は認められなければならない［ミシェル、五月八日／ユゴー、五月一八日］。居住要件についても、当然ながら存在そのものが否定されることになる。

第二の立場は、なんらかの居住要件は必要であると考え、選挙権がある程度制約されることを認めるものである。とはいえ、それは、さまよう民衆に対する警戒感からでたものではない。居住条件は、転居によって複数の補欠選挙に投票しようとするといった不正を防止し、また有権者の身元を確認するための手段として認められるにすぎない［グレヴィ、五月二五日］。

いずれの立場に立つにせよ、共和派は、有権者の属性にかかわらず選挙は権利でなければならないと主張した[41]。したがって、秩序党は、民衆の排除を意図するのであれば、この選挙権利説を批判しなければならないだろう。

秩序党の選挙制度論

われわれにとって残念なことに、秩序党の選挙制度理論が国会審議のなかで十全に展開されることはなかった。わずかに、正統王朝派の選挙制度理論についてはベシャール、オルレアン派のそれについてはロトゥールが、多少の言及をしているにすぎない［ベシャール、五月二二日／ロトゥール、五月二一日］。ここからわかるかぎりでは、両派はともに選挙が権利であること自体は認めつつ、その条件のもとで選挙権を制約しようと試みた。すなわちベシャールは、投票は権利であり、それを否定することは「税制の正統性を揺るがす」ことを認めたうえで、しかし選挙権の行使は公民権の享受を前提とすると主張した。そして、公民権の条件として居住要件を採用することは可能であり、のみならず必要でさえあるとした。ロトゥールもまた、投票が権利であることは認めつつ、絶対的な権利などというものはないと断言した。時代のニーズを充たすためには変化も必要であり、しょせん「普通選挙制度とて……時の流れと既成事実の産物にすぎない」というのである。

ここで選挙法の改正をめぐる流れを再度みると、ここまでわれわれが論じてきたのとは異なる場面において、投票は権利か否かが問題としてうかびあがっていたことがわかる。すなわち、投票の義務化をめぐる論争である。以下では、前記の設問に回答することに資するべく、この論争を簡略に検討する。

まず、この論争の経緯を概観しておこう。前述したように、居住要件を焦点とする新選挙法案を政府が提出したことの直接の契機は二つの議員法案が提出されたことだったが、両者はともに投票を義務化する条項を含んでいた。そこでは、棄権率の低下を促すべく、理由なく棄権した有権者に対しては罰金を科すとされていた[フォルトリエ、五月六日][42]。両者を付託された院内第九委員会はこの条項を支持したが、政府案を付託された院内委員会は、大量に出現すると予想される棄権者をすべて罰することは現実には困難であると判断した。その結果、選挙義務化条項は、国会審議にかけられないことになった[フォシエ、五月一八日]。この判断に納得しない議員法案提案者の一人ド・レスピナスは、審議の最終盤になって、投票を義務化する追加条項を提案した[ド・レスピナス、五月三一日]。しかし国会は、はやく法案を可決してしまいたかったためか、大した審議をすることもなく彼の提案を否決し、投票が義務となることはなかった。

国会で十分に論じられることはなかったという意味で、この論争は、論争の名にも値しない、単なるひとつのエピソードと映るかもしれない。しかしながら、じつは、政府は一時真剣に投票の義務化を検討していた。新選挙法案の審議が中盤にさしかかった五月一五日、内務大臣は県知事に対して機密通達を発し、この問題に対する意見を大至急寄せるよう求めた。内務大臣の主要な意図は、投票の義務化が採用された場合、各地でこの措置が秩序党を利するか否かを知ることにあった[Galos 1849:459–460/Montégut 1849:851–853]。ただし、各地の県知事から寄せられた報告には、しばしば彼らの選挙観が表明されている。また報告を作成するにあたり、県知事は、周囲の名望家から意見を聴取することが多かった。それゆえ、これら報告には各地の名望家の選挙観が表現されているると考えてよい。以下ではこれら報告を分析し、彼らが投票をいかなるものとみなしていたかに接近する。

資料となる県知事報告の状況を確認すると[43]、セーヌ県を含めて一二の県および地域については報告が残っていない。報告が残存している県については、投票の義務化に対して、「どちらかといえば」を含めて賛成が三五県、「どちらかといえば」を含めて反対が四〇県であり、賛否が拮抗している。ただしこれら報告の多くは、それまで棄権してきた有権者は秩序党を支持するか、義務化は人々を苛立たせて共和派支持者を増やすことにならないか、といった純粋に政治的な観点からなされ、選挙観は表明していない。選挙観、とくに本節の課題である投票と権利のかかわりに触れているものは二〇県分にとどまる。

これら二〇県分の報告について、投票は権利であるとするもの〈第一類型〉、投票は権利でありかつ義務であるとするもの〈第二類型〉、投票は義務であるとするもの〈第三類型〉の三類型に区分すると、第一類型が六県〈ジュール、ジュラ、ランド、パ゠ド゠カレ、バス゠ピレネー、ソーヌ゠エ゠ロワール〉、第二類型が六県〈オード、コート゠デュ゠ノール〈現在はコート゠ダルモール〉、ドルドーニュ、オート゠ソーヌ、ロ、ヴィエンヌ〉、第三類型が八県〈アルデンヌ、クルーズ、ロワール゠アンフェリユール〈現在はロワール゠アトランティック〉、メーヌ゠エ゠ロワール、オート゠マルヌ、マイエンヌ、ノール、オワズ〉となる[44]。

ここからは、次の二点が読み取れる。第一に、投票は権利であるとする選挙権利説は、かならずしもひろく受容されていたわけではない。投票を義務あるいは公務とみなす考え方は、普通選挙制度が導入されたのちも、各地のローカルな名望家のあいだに残存していた[45]。第二に、この考え方は、普通選挙制度の導入によって強化されることすらあった。たとえば、ロワール゠アンフェリユール県知事は、普通選挙制度下では有権者は公務をはたしていると述べた。オワズ県知事によれば、投票を義務化することは、普通選挙制度を導入することの論理的な帰結だった[46]。

普通選挙制度の導入は、名望家にあっては、投票を権利とみなす考え方を弱体化させ、投票は権利ではなく、選挙は義務または公務であるとみなす、いわゆる選挙公務説を、まさに逆説的に復権させた[47]。選挙公務説は、投票の義務化したがって最大限までの選挙権の拡張と、選挙権の制限という、一見相対立する方策を共存させうるものだった。この理論的な基盤に立つことにより、はじめて、普通選挙制度の維持をとなえながらも選挙権を制限することが可能になったのである。

おわりに

新選挙法の実施プロセス

一八五〇年五月三一日。一〇日間の審議を経て、新選挙法案は国会を通過した。ここでは、以下の三つの観点から、同法の実施プロセスを検討する。第一に、この事態に対して、各地のローカルな名望家はどう反応したか。第二に、各地の民衆はどう反応したか。第三に、同法は期待された効果を挙げたか。

第一の観点であるが、名望家のあいだには、同法に対してかなりの不満が生じた。この点で示唆的なのは、同法の可決を受けて各地の県会が採択した意見書である。[48] 採択された意見書は一六件であるが、このうち同法を全面的に支持するものが五件に対して、すでにこの時点で修正を要求するものは一一件にのぼった。地域的にみると、修正を求める意見書が提出された県は、おもに西部および南東部に位置していた。これら地域は基本的に正統王朝派の地盤だったことを考慮すると、ここからは、同法に対する正統王朝派の不満は高かったことが推測できる。[49]

さらに各地の名望家の反応を知るうえで重要な資料としては、七月二三日に発された内務大臣通達に対する各県知事の回答がある。この通達は、新選挙法が各県でいかに運用されているかについて県知事の報告を求めるものだったが、回答からは、各地で二つの状況が生じていたことがわかる。

第一に、新しい有権者のみを掲載した有権者名簿は地方行政当局が作成するものとされていたが、それを担う名望家は、選挙権をなるべくひろく、場合によっては法に反してまで認める傾向にあった。たとえばカステルノダリー(オード県)では、成人男子フランス国民はすべて有権者と認定された[50]。この傾向の原因としては、共和派からの圧力、「普通選挙制度から制限選挙制度への移行」をスムーズにおこないたいとする意図、あるいは選挙権を民衆から剝奪することによって彼らを敵に回すのではないかという恐れが挙げられている[51]。

第二に、新選挙法第三条第二項の規定によって、同居している子弟、召使、あるいは労働者がいる場合、彼らが選挙権を行使できるようにするために申立てをするものとされた家長や雇用主は、基本的にこの義務に無関心だった[52]。ただし、西部では、例外的にかなり強い関心がみられた。これは、みずからのクライアントを失うことに対する正統王朝派の危機感のなせる業といえるだろう[53]。

新選挙法に対する各地のローカルな名望家の反応をまとめると、彼らの関心は基本的に低かった[54]。不満があるとしても、それは、民衆の不満が爆発することを恐れたからだった。ただし、一部地域の正統王朝派には、クライアントたる貧しいが定住する民衆が選挙権を失い、そのことがみずからの支配的な地位を弱体化させることに対する危機感があった。

それでは、民衆の不満は爆発したのだろうか。ここで、われわれは第二の観点の領域にはいる。この問題については、検察および地方行政当局の報告を資料として利用しつつ検討することにする。ただし、間接的かつバイアスがかかっているという資料の性格を反映して、以下の分析は不十分なものにとどまる。

これら資料から判断するかぎりでは、新選挙法によって選挙権を剝奪される恐れがある民衆の反応は、さほど活発なものではなかった。

法案が提出されるや否や、共和派は、可決に反対する国会請願書に署名を集める運動を各地で開始した。法案成立時までに寄せられた署名は、約五二万七〇〇〇筆である[Raphaël 1909-10, Part 2:44][55]。この数を多いとみるか少ないとみるかは意見の分かれるところだろうが、署名者の地域的あるいは社会職業的な分布には一定の偏差があった。すなわち、その中心は都市部の「労働者」であり、農村部で運動が活発化することは稀だった。フランシュ゠コンテ地方では、署名運動が広まったのはモンベリヤール(ドゥー県)のみであり、とりわけ農村部にはまったく痕跡を残さなかった[56]。ブルターニュ地方では、運動が一定の広がりをみせたのはモルビアン県都ヴァンヌにとどまり、それ以外の地域では「冷たく迎えられた」[57]。北部地方では、各地で署名活動がおこなわれたが、ある程度まとまった数の署名が集まったのはサン゠カンタン(エーヌ県)だけだった[58]。さらにまた全国各地で、署名の大義名分を偽って伝えられた、あるいは名を騙られたなど、署名に不正があるという訴えが検察に寄せられた[59]。むろんこれら証言については、証言者(検察、地方行政当局)の性格上、署名運動の規模を小さくみせようとする意図が働いている。そのことを割り引いたうえで、それでも新選挙法に対する農村部民衆の無関心は印象的である。

次に、検察や地方行政当局から政府に寄せられた報告のなかに、民衆の選挙観を探ってみよう。報告によれば、民衆のほとんどは新選挙法に無関心だった[60]。この態度のおもな理由は、そもそも彼らは政治全般に無関心であることに求められた[61]。とくに農村部民衆については、新選挙法に無関心であるという評価は、ほぼすべての報告が異口同音に述べるところのものだった[62]。また西部地方では、選挙権の行使は新たな担税につながるのではないかという不安が広まり、政治や選挙に対する民衆の忌避を助長した[63]。これに対して都市部の民衆に対しては、相対立する評価が与えられた。すなわち、政治や選挙に対する無関心が報告される地域もあれば、ブザンソン(ドゥー県)、モンベリヤール、あるいはスダン(アルデンヌ県)など、新選挙法やそれによる選挙権剝奪に対して不満が表明されている地域もあった[64]。まとめると、これら一部の都市部民衆を除き、とくに農村部では、民衆は投票を不可譲の権利だとは考えていなかった。

それでは、彼らにとって投票とはなんだったのだろうか。この設問に答えるにあたっては、前述した投票義務化に関する県知事報告が示唆的である。そこでは、一部の地域についてではあるが、民衆が投票を一種の義務と考えていることが証言されている。それは「負担、厄介物」(ニエーヴル県)、「一種の賦役(corvée)」(パ゠ド゠カレ県)、あるいは「税金」(クルーズ県)なのである。[65] むろんすべての民衆が投票を義務とみなしていたわけではないだろうが、それにしてもこのような心性は、名望家の内部に存続していた選挙公務説と共鳴し、選挙権の剥奪を理論的に正当化することに貢献したように思われる。

それでは、新選挙法は予期された効果を挙げたのだろうか。以下では数量的、政治的、社会的という三つの次元に分けて、新選挙法の効果を検証する。

まず数量的な効果であるが、同法によって約三〇〇万人、それまでの有権者の約三〇%が選挙権を失った[Merriman 1978:135–136/Balland 1963:158–159]。また、それまでの有権者に占める選挙権被剥奪者の割合(以下「剥奪率」と呼称する)は、農村部よりも都市部で高かった。各地から寄せられた報告によれば、農村部の剥奪率は二〇から三〇%程度が多いのに対して、都市部のそれは五〇%から、場合によっては七五%にのぼった。[66]

次に政治的な効果であるが、新選挙法は、たしかに秩序党を利する方向に作用した。同法が廃止されるまでに、同法に則って実施された県会議員選挙の結果をみると、当選者は秩序党六一人に対して共和派九人であり、同法が共和派支持者に打撃を与えたことがわかる。[67] ブルゴーニュ地方では、選挙権を剥奪された有権者の九〇%は共和派の支持者だった。ロワール県知事によれば、県内における剥奪率は秩序党支持者一に対して共和派支持者二の割合だった。[68] また、新選挙法制定後の風向きをみて、共和派支持者が秩序党に乗り換えるという行動もみられるようになった。[69]

ただし、農村部を中心として、秩序党支持者が一定の打撃を受けたこともまた事実である。とくにブルターニュ地方の農村部では、秩序党支持者が大量に選挙権を剥奪されるという事態が生じた。[70] 一部の正統王朝派が危惧していた事態が、まさに生じたのである。

最後に社会的な効果であるが、新選挙法は名望家が志向する方向に社会秩序が再編されることに貢献したか否かという点については、確たることはいえない。貢献した側面と貢献しなかった側面の双方があったからである。前者の例としては、「農業労働者が地主に対して傲慢に振る舞わなくなった」など、支配の契機を含む人的ネットワークの強化がもたらされる場合があった。[71] 後者の例としては、選挙権を剝奪された人々が不満を抱き、共和派のプロパガンダもあって、実力で投票しようと計画している、という事例がしばしば報告されている。[72] あるいはまた、選挙権を失いはしなかったが、新選挙法に対する抗議の意思表示として棄権するという事例もみられた。[73] ただし、もっとも重大なのは、民衆の不満が現存の社会秩序そのものに向かう傾向を促進してしまうという事態が生じたことだった。たとえば、フランシュ＝コンテ地方では、新選挙法をひとつの契機として、民衆の不満は政治体制にかかわるものから社会秩序にかかわるもの、具体的には「金持ちに対する闘争、……上層階級に対する下層階級の憎悪と嫉妬」へと性格をかえはじめた。[74] これは、同法の社会的な目的に反する帰結である。

新選挙法は秩序党に有利に機能したが、名望家がそこにこめた現存社会秩序の維持さらには再強化という期待がすべてかなえられることはなかった。さらにまた、政治空間から排除された民衆が、それをもってすべての政治的な行動から手を引き、あるいは引かざるをえなくなったというわけでもない。逆に、ローカルな事件がナショナルな政治の用語で語られ、民衆の政治的覚醒が進むという傾向が強化される場合もあった。[75] 社会的な次元でみると、新選挙法に対する評価は曖昧なものにとどまらざるをえない。

展　望

新選挙法が制定されたことの背景には、富も知も不要な普通選挙制度の導入をひとつの契機として、既存の社会秩序が、少なくとも部分的に動揺しはじめたことがある。新選挙法は、この事態への対応策として構想された。さまよう貧しい民衆を政治空間から排除することによって、プルートクラシーとパトロン・クライアント関係からなる社会秩序を安定化し、さらに可能であれば再強化することがめざされたのである[76]。

普通選挙制度を否定するかのごとき同法が無事に成立し、施行されたことの背景には、投票は義務であって不可譲の権利ではないとする選挙観を名望家の大部分と民衆の一部が共有していたという事実があった。ただし同法は、その深奥に矛盾をはらんでいた。同法の制定を推進したのは秩序党であるが、同党を構成する正統王朝派とオルレアン派は、相異なり、場合によっては相対立する社会のイメージを抱いていた。両者はさまよう貧しい民衆を主敵と定めることによって、どうにか妥協にたどりついたのである。

新選挙法は、秩序党の梃入れには成功するものの、社会秩序にかかわる目標は完全にはたすことなく、一八五一年一二月二日のクーデタによって廃止される。同法を歴史による検証に委ねるには、あまりにも時間が足りなかったといえるだろう。

普通選挙制度による大統領選挙で圧勝したルイ＝ナポレオン・ボナパルトによるクーデタは、普通選挙制度を復活させた。ただし、だからといって、この選挙制度と既存の社会秩序との矛盾がなくなったわけではない。ボナパルト政権は官選候補制度を採用し、この矛盾を解決しようと試みる[77]。この制度は、一見、それまでの名望家による私的なパトロン・クライアント関係にかえて、地方行政当局による公的なパトロン・クライアント関係の公式化による強化によって、先の矛盾は解決されたのだろうか。官選候補の選出過程を考えれば、事態はそれほど単純ではないことがわかる。選出されるべきは、私的なパトロン・クライアント関係の担い手か、富の所有者か、それとも以前からのボナパルト支持派(ボナパルト派)か。あるいは、また民衆のあいだにおける評判は考慮しなくてよいか否か[79]——こういった山なす問題に対して、はたしてボナパルトたちはいかなる解法を提示したのだろうか[Garrigou 1992:163, 213, 226]。

第三章

官選候補制度再考

はじめに

問題関心

本章の目的は、一八五二年に実施された立法院議員選挙における官選候補の社会職業的な属性を、とりわけそのイメージについて検討することにより、きたる第二帝制期に政治的支配階層たるべきことが期待されていた人々がいかなる存在だったかを明らかにすることにある。

それにしても、なぜ官選候補なのか。まずはこの点について説明を加えるなかで、本章の問題関心を明らかにしておきたい。

一八五一年一二月二日。大統領ルイ゠ナポレオン・ボナパルトはクーデタを決行し、国務院と国会を解散する政令を発した。翌年一月一四日、新しい憲法が制定され、解散された国会にかわる機関として、上院(Sénat)と立法院(Corps législatif)がおかれた。このうち、下院に相当する立法院の議員は、二一歳以上の成人男子を有権者とする普通選挙によって選ばれるとされた。その最初の選挙は、同年二月二九日から三月一日にかけて実施されることになった。

新憲法によれば、立法院は、大統領に対する建白権もなく、大臣に対する問責権もなく、議員立法権もなく、政府が提出する(予算法案を含む)法案を審議および採決するだけの、いわば最小限の立法権を残された機関にすぎなかった。それにもかかわらず、立法院議員選挙は、ボナパルト、新しい政府、そしてボナパルトを支持するボナパルト派にとって、きわめて重大な意味をもっていた。それは、一二月二日に出された大統領宣言にあるとおり、クーデタが「わたしが認める唯一の主権者たる人民」[Anceau 2008:188]の名のもとになされたからである。クーデタは、いわば〈一八五〇年五月三一日選挙法によって多くの人民から選挙権を剝奪した国会に巣くう旧き支配階層に対して、普通選挙によって選出された大統領ボナパルトが人民を代表して抵抗する〉というストーリーによって正当化されていた。ボナパルトは、普通選挙制度を復活させるためにクーデタに訴えた「人民の味方」として表象され、また自己を表象したのである。それゆえ、もしも普通選挙によって多数の野党すなわち旧き支配階層が立法院議員に当選してしまったら、クーデタは大義名分を失い、ボナパルトたちは窮地に追い込まれることになるだろう。

かくのごとき事態を避けるためには、いかなる手段がもちいられるべきであり、またもちいられうるのだろうか。先述したストーリーからして、人民の自由な意思表示にもとづく議会制度を廃止して独裁を敷くことは不可能である。また、選挙権の付与になんらかの要件を課すことは、これまた不可能である。それでは、いかなる手段が残っているのか。かくして着目されることになったのが官選候補制度(candidature officielle)、すなわち「国家のエージェントが、有権者に対して特定の候補者を推薦する」[Voilliot 2005:10]制度である。これであれば、人民の自由な意思表示と、参政要件を(正確には、性別と年齢以外には)付さない普通選挙制度のあいだに、矛盾は生じないとみなされたのである。

同制度のもとでは、政府(場合によっては国王、大統領、皇帝などの国家元首)が、当選させるべき候補者を指定する。公務員に対しては、さまざまな方策をもちいて当該候補者すなわち官選候補(candidat officiel)の選挙運動を支援し、当選を実現するべきことが、各種の行政当局、とりわけ内務大臣、県知事、郡長(すなわち副知事)、場合によっては治安判事、市村長を経由する一般行政当局ルートをつうじて、各地の末端に至るまで求められる。[1] そして、官選候補の当落が、今度は、当該選挙区の各種公務員の評価に反映されることになる。[2]

かくして、官選候補としていかなる人物を指名するか、あるいは官選候補の当選(それも圧勝)をいかに実現するかという問題は、体制の根幹にかかわる緊要なものと位置づけられた。われわれが官選候補に着目し、分析の対象とするのは、そのためである。

それでは、きたる帝制のもとで政治的支配階層の一翼を担う存在とされた官選候補は、いかなる社会職業的属性をもつべきものとされたのだろうか。

一八五二年一月八日、内務大臣モルニーは各県知事にあてた通達のなかで、官選候補制度を採用する意思を表明し、官選候補たりうる人材のリストを作成することを命じた。

立法院の機能は、政府の主要な関心事のひとつである。政府の意向としては、立法院議員とは、公衆から尊敬を得ており、情念にもとづく騒々しい党派抗争よりも国土の諸利害に関心をもち、みずからの利益をかえりみない人物、勤労階級の困窮に同情心をもち、みずからの財産を寛大にもちいることによってしかるべき影響力と敬意をかちえている人物たるべきである。貴殿の県内における地主や大実業家(industriel)のなかで、これら条件を最大限充たしているのはだれであるか、確認されたい。政府が、もっとも好ましいと判断した候補者を有権者の選択に供するとともに、正当なる影響力によって支持することを可能とすべく、貴殿の評価を当方に知らされたい。[3]

この通達を受けて、ほとんどの県知事は、県庁所在地以外の郡については郡長に、県庁所在地がある郡については(郡長がおかれていないため)各小郡の治安判事、主要都市の市長、検事長や大学区長といった公務員やローカルな名望家に対して、官選候補適格者を推薦するよう依頼した。彼らは、おのおの適格者リストを作成し、県知事に送付した。県知事は、ほとんどの場合地元の事情に疎いこともあり、これら報告を(県によって多少の違いはあるが)尊重しつつ県単位の官選候補適格者リストを作成し、内務大臣に報告した。内務省は、これらリストを集約して内閣に提示した。集約されたリストに対して、大臣、各種有力者、さらには大統領の次元で修正が加えられ、官選候補が決定された。[4]

さて、この通達にまずみてとるべきは、官選候補は、第二共和制末期の国会で「情念にもとづく騒々しい党派抗争」をくりひろげていた議員たちではなく、むしろ政治経験のない新人であることが望ましいと考えられていたことである。また、モルニーが列挙する「これら条件」を充たす人々といえば、それは名望家だろう。ボナパルト派政府にとっての課題は、各地の名望家のなかに、新しき政治的支配階層をみいだしうるか否かにあった。[5] 実際、政府は、この課題をはたすべく、さまざまな措置をとった。たとえば、ジラールによれば、立法院の議員定数は二六一という少数にとどめられたが、その背景には、選挙区を大きくすることによって既存の政治的支配階層の影響力を削ごうとする意図があった[Girard 1993:171]。

それでは、これら政策により、新たな政治的支配階層メンバーの発掘という課題は達成されたのだろうか。これまでの研究が明らかにしてきたところからすると、答は「否」である。第二帝制やボナパルトをめぐる先行研究は、新人を発掘あるいは発見しようとする政府の意図が存在したことは認めつつも、その意図はほとんど実現しなかったと評価する点で、ほぼ一致している[Anceau 2002:83–84/Anceau 2008:201/Aprile 2000:276–277/Bruyère-Ostells 2004:58–59/Girard 1993:173/Plessis 1979:52, 76/Price 2001:99–101]。すなわち、モルニーが列挙した条件を充たす名望家は、そのほとんどがすでになんらかのかたちで政治にかかわり、かの「情念にもとづく騒々しい党派抗争」に関与してきた正統王朝派、オルレアン派、あるいは共和派に属する旧き政治的支配階層であり、県知事が内務大臣の命令に応えることは不可能か、少なくとも困難だった。[6] その結果、ナショナルな政治的支配階層の属性は、クーデタ前後で、さほど大きな変化を経験しなかった、というのである。

ただし、われわれは、新人を発掘しようとする政府の意図が存在したことを軽視してはならないと考える。すなわち、モルニー通達における望ましい官選候補の定義たる「公衆から尊敬を得ており、情念にもとづく騒々しい党派抗争よりも国土の諸利害に関心をもち、みずからの利益をかえりみない人物、勤労階級の困窮に同情心をもち、みずからの財産を寛大にもちいることによってしかるべき影響力と敬意をかちえている人物たる……地主や大実業家」とは、たしかに「名望家」と要約できるかもしれないが、それにしても、さまざまな社会職業的属性を含みうる、あまりにも曖昧な存在である。それゆえ、第二帝制期における政治的支配階層の特質に接近したいのであれば、ボナパルト派政府がいかなる名望家を選好していたか、彼らはあるべき政治的支配階層をいかにイメージしていたか、といった問いに答えることが必要だろう。われわれが本章でめざすのは、この残された問題を、官選候補の社会職業的属性のイメージ分析という方法をもちいて分析することである。

先行研究の批判的検討

官選候補の社会職業的属性については、すでにいくつかの先行研究が存在する。このうち第二帝制期の官選候補については、先駆的なロールの博士候補資格論文[Rohr 1963]が出現したあと、しばらく研究が途絶えていたが、ようやく世紀転換期になってラグエイトが博士論文[Lagoueyte 1991]のテーマにとりあげ、学術的な研究の対象となった。この論文は公刊されていないが、当該テーマに関する決定的な業績とみなされている。また、今世紀にはいり、ヴォワリオは、第二帝制期を含めて一九世紀における官選候補制度の歴史を論じる包括的な著書[Voilliot 2005]を公刊した。[7] 両者は、第二帝制期の官選候補制度の総体を実証的に明らかにし、今日における通説の位置を占めている。このうち一八五二年立法院議員選挙における官選候補の社会職業的属性については、ラグエイトが当選した官選候補について、ヴォワリオが県知事報告における官選候補適格者とそこから選出された官選候補について、おのおの人数や比率を計算している。

しかしながら、ラグエイトとヴォワリオの研究は、いくつかの問題をかかえている。本章では、とりあえず二つの点を挙げておこう。なお、両者のうち第一の点はさほど重要なものではなく、第二の点は比較的重要である。

第一の問題は、資料の利用法にかかわるものである。これら二つの研究はおのおの資料の取扱いについて問題をかかえており、その結果としてアーギュメントの信頼性に疑問が残る。

まずラグエイトの研究については、一八五二年立法院議員選挙における官選候補の特質を分析するにあたり、モルニー通達に対する県知事からの回答をすべて参照していないという欠点がある。この事態は、第二帝制期における官選候補制度の総体を分析対象とする彼にとっては瑣末な問題かもしれないが、彼がもちいた資料のカバレッジとアーギュメントの正確さに疑念を抱かしめうる。少なくとも、一八五二年立法院議員選挙を対象とする本章にとっては、彼の結論を参照できないという意味で、好ましくない。

すなわち、これら回答を含んだ県知事報告は、大部分は国立中央文書館の「選挙関連事項」と題された資料(請求番号はF1cII 98から103まで)に、一部は「選挙と公衆心理」(同F1cIII)に、おのおの収められている。ところが、ラグエイトは前者のみを参照し、後者を参照していない。[8] さらにまた、前者に所収されている県知事報告は、われわれが調査したところでは五九県について存在する(後述)のに対し、ラグエイトの言及には五四県分[Lagoueyte 1991:110]、五六県分[Lagoueyte 1991:annex 64–67]、または五七県分[Lagoueyte 1991:216]と、ぶれがみられる。

次にヴォワリオの研究については、第一に資料について不明な点が多い、第二に資料から得られたデータの処理が粗雑である、という欠点がある。

第一の欠点については、たとえば、彼は県知事報告から、官選候補適格者について五九〇人、官選候補について一五七人を抽出してリストを作成し、両者の社会職業的属性を比較している[Voilliot 2005:153]。この作業自体は興味深く重要にして、われわれの課題にとって示唆的なものであるが、しかし、彼らがどの県の官選候補(あるいは適格者)か、このリストはいくつの県にかかわるものか、そこでもちいられている社会経済的属性はいかなる基準で区別され利用されているか、といった重要な情報が言及されていない。それゆえ、このリストの正統性について議論することは不可能である。

第二の欠点については、たとえば、官選候補適格者のリストにおいて、総数は「五〇〇人」、そこにおける商工業者（金融業者を含む）の比率は「三〇・四〇％」となっているが、あきらかにこれは「五九〇人」および「一〇・四％」の間違いである。もちろん、これだけであれば、単純な計算または表記ミスとしてすませることもできるだろう。しかし、彼は、かくして官選候補適格者における商工業者の比率として導出した「三〇・四〇％」を、官選候補における商工業者の比率たる「二四・八四％」と比較し、そこから官選候補適格者からの官選候補の「選抜は……経済活動（商工業者――引用者）の比率低下に貢献した」［Voilliot 2005:151］と結論するに至る。いうまでもなく、正しい数値にもとづけば、評価は逆になるはずである。[9]

さて、先行研究の第二の問題は、社会職業的属性の分析によって政治的支配階層の特質に接近することの是非にかかわるものである。特定の集団の社会職業的属性を検討するに際してもっとも適した手法はプロソポグラフィ分析であるが、官選候補にプロソポグラフィ分析を適用した研究は、現在のところ存在しない。[10]ただし、さいわいなことに、官選候補と重複するところの多い立法院議員について、アンソーが浩瀚《こうかん》な博士論文で詳細なプロソポグラフィ分析を加えているので、これにもとづいて議論を進める［Anceau 2000］。

アンソーは、社会職業的属性を、肉体労働者や賃金生活者（労働者、農民、初等教員、職人など）からなる第一セクター、小規模財産所有者（商人、下級公務員など）からなる第二セクター、中間層（中間職公務員、中高等教員、聖職者、医師、自由専門職、将位以外の将校、技師など）からなる第三セクター、幹部国家公務員（司法官、将位の将校、政治家など）からなる第四セクター、そして生産手段所有者（地主、金利生活者、大商人、工場主、金融業者など）からなる第五セクターに区分する［Anceau 2000:139］。そのうえで、初当選時についてみると、立法院議員の社会経済的属性の比率は、第三セクターと第四セクターが約四分の一、第五セクターが約半分となっていると結論づけている［Anceau 2000:294］。彼の分析は、膨大な資料にもとづいた、詳細にして信用に足るものである。ただし、そこでもちいられているアプローチに着目すると、二つの疑問がわく。

第一の疑問は、複数の属性をもった事例をどう評価するべきか、すなわち複数の職業や地位を兼務している場合、それを単一の属性に縮約してよいか、縮約してよいとすれば、いかなる手続きをもちいるべきか、というものである。たとえば、弁護士（第三セクター）にして地主（第五セクター）にして文筆家（第三セクター）である議員は、いかなる基準にもとづき、いかに区分されるべきなのだろうか。[11]

ここで、ひろく一九世紀の支配階層を対象とする研究に目をむけると、かつての総論的な研究［Agulhon et als. 1986:21/Girard et als. 1976:14, 17–18/Wright et als. 1975:192–193］においても、近年急速に進行しつつあるプロソポグラフィックな研究［Mayeur, ed. 2001:19/Mayeur et als. 2003:48, 72］においても、ほとんどの場合、複数の職業に従事する事例はどれかひとつの社会職業的属性に縮約されたうえで分類されているが、その際にもちいられる基準は明示されていない、ということがわかる。この手続きに対する疑念はすでに提示されているし［Tudesq 1967:111, 114］、財産規模など別の指標をもちいて社会職業的属性にもとづく分類を相対化する試みもなされているが［Agulhon et als. 1986:41］、彼らの懸念が十分に共有されているとはいいがたい［Sawicki 1999:137］。サヴィキによれば、その背景には、一九世紀フランス社会は「地位と職業が一致していない」［Sawicki 1999:140］社会であり、そのような社会における社会職業的属性を正確にコード化して分類することは難しい、という事情がある。

このような研究の現状のなかで、アンソーは、単一の属性に縮約するという通説的なスタンスは堅持しつつ、その際の基準として「選挙時に最大の収入を得ていた職業」［Anceau 2000:293］を採用することを明示している。これはきわめて明確な基準であるが、それがもっとも適切か否かを検討することは必要だろう。

第二の疑問は、第一の疑問より重要であるが、政治的支配階層の特質を、社会職業的属性から演繹することは適切か否か、というものである。政治的支配階層とは、みずからが提示するガバナンスの正統性を他者から承認された人々と定義しうる。このように政治的支配階層の基準を「ガバナンスの正統性に対する承認の存在」におき、彼らの特質に接近しようとするのであれば、この承認の存否にとって、候補者や政治家など、ガバナンスのあり方を提示する主体の社会職業的属性がどれほどの意味をもつか、という問題を、まずもって検討しなければならない。

さらにいえば、政治的支配階層が政治的被支配階層たる民衆から支持を調達するに際して、彼らの社会職業的属性はどれほどの意味をもつか、という問題がある。具体的な例に即していえば、第二共和制期のことになるが、一八四八年四月、かのトクヴィルがマンシュ県で国会議員選挙に立候補して当選したとき、彼は弁護士（アンソーの区分では第三セクター）にして地主（第五セクター）にして文筆家（第三セクター）だったが、これらのなかではどれが、どの程度、彼の当選に貢献したのか、ということである。この問いに答えるのが相当に難しいことは、すぐにわかるだろう。政治的支配階層の社会職業的属性は、たしかに彼らが提示するガバナンスの正統性に対する民衆の承認の存否や程度に対して影響を与えるかもしれないが、しかし影響のメカニズムは単純なものではないはずである。

われわれは、このメカニズムのあり方を考えるに際して、実態とイメージを区別するという手続きが有効であると考える。政治的支配階層は、選挙に立候補し、みずからの正統性に対して民衆から承認をとりつけることによって当選しなければ、政治的支配階層たりえない。民衆は、承認あるいは支持を与えるに際して、政治的支配階層の社会職業的属性、彼らが提示するガバナンスのあり方、各候補の当選から得られうる利得など、さまざまなものを考慮するだろう。ここで重要なのは、その際に考慮されるのは、おもに、それらの実態ではなくイメージである、ということである。

このことの意義を理解するべく、まず比較事例として、資本家や地主など経済的支配階層の特質を考えてみよう。経済的支配階層は、労働者や小作農など経済的被支配階層（以下「被用者」と呼称する）に対して権力を行使することによって支配するという特質をもつが、そこでも、政治的支配階層に似て、彼らの正統性に対して被用者が承認を与えるというプロセスが介在する。このプロセスは、通常、雇用契約や小作契約というかたちをとる。被用者は、経済的支配階層の社会職業的属性、彼らが提示する労働条件、あるいは彼らに雇用されることから得られうる利益といった条件を考慮して契約を結ぶ。ただし、そこで考慮の対象となるのは、経営規模はどれくらいか、工場の一日あたり労働時間は何時間か、収穫した作物を販売して得られた粗利から小作料を支払って手元に残る純利はいくらかなど、これら条件の(契約前は想定にすぎないものもあるかもしれないが、あくまでも)実態である。

これに対して、民衆が政治的支配階層の正統性に承認を与え、投票する際に考慮するのは、候補者の社会職業的属性や、提示されるガバナンスのあり方や、投票から得られる予想利得といった条件のイメージであり、実態ではない。これら条件は、いったん民衆によってイメージされ、そのうえでイメージとして投票行動に影響を与えるのである。たとえば、地主である候補者が票を得るか否かは、実態として地主であるがゆえに承認されるか否かというプロセスを経て決定されるのではなく、民衆が「地主」なる社会職業的属性にもつイメージというフィルターを媒介したうえで、地主のイメージに対する承認の有無によって規定される。ガバナンスのあり方にせよ、予想利得にせよ、他の条件についても同じことがいえる。政治とは、つよくイメージに媒介され、イメージをめぐるゲームという色彩が強い営みだからである。そのことは、政治家や政党の行動においてイメージ戦略が重視され、また実際に重要であることを想起すれば、容易に想像できるだろう。

本章が着目する政治的支配階層の社会職業的属性に話を戻せば、彼らの特質を把握するには、彼らが実態としていかなる属性をもっていたかではなく、彼らがいかなる属性をもっているとイメージされたかを捉えるほうが重要であり有意義なのである。

課題と方法

第二帝制期の官選候補、さらにはひろく一九世紀中葉の政治的支配階層に関する先行研究は、このようにさまざまな問題点をはらんでいる。このことを考慮し、本章は、一八五二年立法院議員選挙に際して、中央政府、地方行政当局(県知事、郡長)、および民衆が、官選候補についていかなるイメージをもっていたかを明らかにすることにより、当時の政治的支配階層の特質に接近することを課題とする。

ただし、官選候補のイメージそのものを提示する資料は、文学作品などを除けば、多くはないうえ、質的にもそろっていない。そのため、この点に直接アプローチすることはきわめて困難であり、間接的な方策をとらざるをえない。この種の方策としてはさまざまなものが援用しうるだろうが、われわれは、記述は実態を正確に反映するものではなく、そこには記述主体が記述客体に対してもっているイメージが介在する、と考える。[12] そのうえで、複数の記述をつきあわせ、あるいは記述と実態を比較することにより、両者のあいだに存在するギャップを確定することができれば、そこから記述客体に付与されたイメージを読み取ることができると判断する。

このようなアプローチを採用する場合、容易に予想されうる疑問は、「記述主体は、したがってイメージする主体はだれか」というものである。本章についていえば、一八五二年立法院議員選挙における官選候補にイメージを付与する主体、すなわちわれわれが接近したい対象は、中央政府、地方行政当局、そして有権者たる民衆である。ちなみに、このうちもっとも重要なのは、当然ながら民衆である。政治的支配階層のステイタスは、彼らが与える承認にもとづいているからである。しかしながら、民衆の手になる記述は、当時の識字率その他を想起すればすぐに理解できるとおり、これまた少ない。圧倒的に多く、また質的にそろっていて定量的な分析に適しているのは、政治的支配階層、とりわけ政府、なかでも各種行政当局者の手になるものである。われわれは、ここでもまた、やむをえず間接的な方策を考案しなければならない。

こういった点を考慮し、本章は次のような方法をもちいる。

第1節では、中央政府および県知事がもっていたイメージに接近するべく、一八五二年一月八日付け内務大臣通達に応えて書かれた県知事報告を再検討する。具体的には、県知事が提示した官選候補適格者の社会職業的属性を再集計し、その比率を再計算することにより、県知事が保持していたイメージに接近する。また、この比率を、実際に選出された官選候補のものと比較し、選出主体たる中央政府がいかなる属性を重視していたかを明らかにする。これにより、同時に、官選候補適格者および官選候補の社会職業的属性に関する主要な先行研究たるヴォワリオやラグエイトの所説の当否を検証する。[13]

県知事報告については、フランス本土八七県中、エーヌ、オード、シャラント＝アンフェリユール（現在はシャラント＝マリティーム）、クルーズ、ドルドーニュ、ドローム、ユール、ジュラ、ロワレ、ロ＝エ＝ガロンヌ、マンシュ、ムーズ、ピュイ＝ド＝ドーム、ローヌ、サルト、およびセーヌの各県（合計で一六県）を除いた七一県分が残存している。[14]なお、このうち「公衆心理と選挙」に所蔵されているのは、アリエジュ、カルヴァドス、シェール、コレーズ、コルス、ドゥー、ガール、ジロンド、マイエンヌ、ムルト（現在はムルト＝エ＝モーゼル）、モルビアン、およびノールの合計一二県である。

第2節では、地方行政当局のうち県知事と郡長、および民衆がもっていた政治的支配階層のイメージに対して、官選候補の実態と記述のギャップを把握するという方法をもちいて接近する。その際、われわれは〈行政当局は、中央政府から末端すなわちローカルなものになればなるほど民衆に近く、したがって彼らの判断、意向、意思を理解し、官選候補にもつイメージを捉えやすくなる〉と考える。このように仮定すると、実態と中央政府の手になる記述とのあいだのギャップ、中央政府による記述と地方行政当局による記述のあいだのギャップ、さらには両ギャップのあいだのギャップを測定する、という方策をもちいることにより、地方行政当局や民衆がもつ官選候補のイメージに接近することが期待できる。

具体的には、官選候補の選出プロセスを考慮し、実態、県次元の記述、そして県内（郡、小郡、市村）次元の記述という三つの次元のデータを利用して分析を進める。

このうち第一の次元については、これまで言及したロール、ラグエイト、ヴォワリオをはじめとする先行研究がデータを提示しているほか、立法院議員についてアンソーが編纂した決定版というべき事典が、いわばデータベースとして援用できる［Anceau 1999］[15]。

第二の次元については、コーパス（資料群）として、先述した国立中央文書館所蔵県知事報告を利用する。同報告書の利用法については、第1節で詳述する。

第三の次元については、コーパスとして、郡長が作成して県知事に送付した官選候補適格者報告をもちいる。これら報告のうち残存しているものは各地の県文書館に所蔵されているが、本章では広域西部地方（Grand Ouest）を地理的な分析対象とする。

このように対象を設定した結果として、この第三の次元については、資料的なカバレッジについて二つの限界が生じる。

第一に、広域西部地方とは、オート＝ノルマンディ（構成する県は、セーヌ＝アンフェリユール〈現在はセーヌ＝マリティーム〉、ユール）、バス＝ノルマンディ（カルヴァドス、マンシュ、オルヌ）、ブルターニュ（イル＝エ＝ヴィレヌ、コート＝デュ＝ノール〈現在はコート＝ダルモール〉、モルビアン、フィニステール）、ペイ＝ド＝ラ・ロワール（ロワール＝アンフェリユール〈現在はロワール＝アトランティック〉、マイエンヌ、サルト、メーヌ＝エ＝ロワール、ヴァンデ）、サントル（アンドル＝エ＝ロワール、アンドル、シェール、ロワレ、ユール＝エ＝ロワール、ロワール＝エ＝シェール）、ポワトゥ＝シャラント（ヴィエンヌ、ドゥ＝セーヴル、シャラント、シャラント＝アンフェリユール）の六地域圏、二四県を指す通称である。本来であれば、実証の水準や精度を考えると、八七県すべての県文書館で資料をチェックすることが望ましいだろう。しかしながら、われわれの能力とリソースの限界から、広域西部地方のみを対象とするにとどまった。

第二に、郡長報告のみを対象とするのは、治安判事やローカルな名望家など、郡長以外の人々については、県知事が官選候補適格者の推薦を依頼したか否かが県によって異なり、彼らの手になる報告は、量的にも質的にも十分な比較検討に耐えないからである。これに比して郡長については、県知事は、どの県においても基本的に推薦を依頼する通達を彼らに出している。このことを反映して、郡長報告は定量的に分析しうるコーパスをなしている。ただし、郡長報告のみに対象を限定することは、県庁所在地がある郡（は、郡長すなわち副知事がおかれないので、それら）を検討の対象からはずすことを意味する。当時のフランスにおいて、ある程度の規模をもつ都市の多くは県庁所在地だったことを考慮すると、県内レベルのデータをもちいた分析から得られる結論は、農村的なバイアスがかかったものとなることが予想される。

さらに、資料的なカバレッジに関して、本章にはもうひとつ、すなわち第三の限界がある。二四県の郡長報告について、そのすべてが残存しているわけではないということである。われわれが当該県の県文書館で実施した調査によれば、残存している郡長報告は、地域圏ごとに、オート＝ノルマンディとサントルについてはゼロ、バス＝ノルマンディがヴィレ（カルヴァドス県）、ファレーズ（同）、リジユー（同）、バイユー（同）、ブルターニュがポンティヴィ（モルビアン県）、プロエルメル（同）、ロリアン（同）、ブレスト（フィニステール県）、シャトーラン（同）、モルレ（同）、カンペルレ（同）、ペイ＝ド＝ラ・ロワールがアンスニ（ロワール＝アンフェリユール県）、サヴネ（同）、シャトーブリアン（同）、マイエンヌ（マイエンヌ県）、サン＝カレ（サルト県）、ボジェ（メーヌ＝エ＝ロワール県）、ボープレオ（同）、フォントネ＝ル＝コント（ヴァンデ県）、ポワトゥ＝シャラントがモンモリヨン（ヴィエンヌ県）、パルトネ（ドゥ＝セーヴル県）、以上の計二一報である。[16] 二一というのは、対象となる県の数よりも少ないことから容易に理解できるとおり、大きくはない（というよりも、端的に極小とでも呼ぶべき)数である。しかし、それ以外の郡長報告が残存していない以上、われわれは、これら報告をコーパスとして分析することで、とりあえずは満足せざるをえない。

最後に、本章でもちいる社会職業的属性のあり方について、あらかじめ検討しておきたい。この点に関して考慮されなければならないのは、社会職業的属性をいかに区分するべきか、報告において複数の属性が言及されている場合にいかに処理するべきか、この二点である。

第一の点については、雇用関係における位置、携わっている産業の種別、この二つの次元に着目し、前者については「雇用されている、自営している、雇用している」の三つの区分、後者については「農業、商工業、その他」の三つの区分を、おのおの採用する。そのうえで、「雇用している×その他」は想像しがたいことを考慮すると、農業労働者または小作農、自作農、地主、被雇用者(工場労働者、徒弟など)、自営業者(各種職人、商人など)、商工業者、公務員(行政官、初等教員、判事や検事など司法官、軍人など)、自由専門職(公証人、中高等教員、弁護士、治安判事、医師、聖職者、文筆家など)という八つのカテゴリーが導出できる(表3-1)。また、本章は政治的支配階層の社会職業的属性のイメージを分析することを課題とするため、アンソーと異なって「政治家」は社会職業的属性とはみなさない。

二つの次元のうち、雇用関係における位置に着目したのは、経済的なステイタスは社会的な評価、ひいては政治的な影響力に反映する、と考えられるからである。また産業の種別に着目したのは、当時のフランスが工業化の過渡期にあり、それゆえ、いかなる職業に従事しているかが政治的支配階層のイメージに影響を与えていたのではないか、と推測するからである。

表3-1　社会職業的属性の区分

雇用関係における位置＼産業の種別	雇用されている	自営している	雇用している
農業	農業労働者または小作農	自作農	地主
商工業	被雇用者	自営業者	商工業者
その他	公務員	自由専門職	

これら社会職業的属性をカウントするにあたり、本章では「元将校」や「元銀行家」など元職は、現職と同列に取り扱う。社会職業的属性のイメージを検討する際には、その属性に言及されること自体に意味があると考えるからである。また、報告には「財産(propriété)をもっている」という表現が散見され、これはかなりの確率で対象者が地主であることを意味していると考えられるが、社会職業的属性をあらわしているとはみなさない。「地主」(propriétaire)という明確な属性がもちいられている場合も多いし、また、先述したとおり、社会職業的属性のイメージを問題にする場合には、地主であれば「地主」と言及されること自体に意味があると考えるからである。

第二の点については、本章では、複数の社会職業的属性に言及されている場合は、それらをすべて計上する。この一見奇異にみえる手続きを採用したことには、二つの理由がある。

まず、われわれの問題関心が、官選候補適格者の実態ではなくイメージにあることである。すなわち、本章の問題は「官選候補や適格者は、実態としていかなる社会職業的属性をもっていたか」ではなく「官選候補や適格者の社会職業的属性はいかにイメージされていたか」にある。それゆえイメージにアプローチする方策が必要となるが、本章では〈言及するという営為は関心があるという態度を反映し、関心があるという態度の背景にはイメージという認識がある〉と考え、それにもとづくと前述の手続きを採用することが適切であると判断する。

次に、複数の社会職業的属性をひとつに縮約する、すなわち複数のものからひとつを選出するに際しては、なんらかの基準をもちいることが必要であるが、現状では、この基準をめぐって研究者のあいだでコンセンサスが得られていないことである。それゆえ、縮約の過程には、恣意的な判断が混在せざるをえない。われわれは、そのことが含むマイナスは、すべてをカウントするという手続きが含むマイナスよりも大きいと判断する。

具体的な手続きとしては、たとえばトクヴィルが、実態としては「弁護士・地主・文筆家」だったのに対して(事実とは反するが)県知事報告において「地主・弁護士・政治家」と表現されていた場合は、県知事は彼を「地主・弁護士」

としてイメージしていたが「文筆家」としてはイメージしなかったと判断し、また本章では「政治家」を社会職業的な属性とみなさないので、「地主」および「自由専門職」におのおの「一」をカウントする。

分析の具体的な手続きとしては、官選候補の社会職業的属性について、その実態を、県次元の記述たる県知事報告、および郡次元の記述たる郡長報告と比較し、おのおののあいだに存在するギャップを導出する。さらに、これらギャップのあいだに存在する、いわばメタ次元のギャップを導出して比較する。こういった手続きをもちいて、地方行政当局、ひいては有権者たる民衆が、官選候補すなわち政治的支配階層に対して抱いていたイメージに対して、社会職業的な属性に限定されたものであり、また二重の意味で間接的にではあるが、接近を試みる。

1 県知事報告にみる官選候補再考

本節では、一八五二年立法院議員選挙における官選候補に関する県知事報告を分析することにより、中央政府および県知事がもっていた官選候補のイメージに接近する。それとともに、先行研究たるラグエイトやヴォワリオが導出した結論を再検討する。

はじめに、県知事報告の利用法について解説する。

コーパスおよびその利用法

本節では、資料が残存している七一県分の県知事報告をコーパスとして分析する。ただし、このコーパスは、報告者である県知事によって、精粗、回数、あるいは記述法など、内容がおおきく異なっている。われわれにとって理想的なのは、一月八日通達が求めた官選候補適格者のみが、彼らの社会職業的属性を明示したうえで一覧表として報告される、というものだろうが、実際には、そのような報告だけが存在しているわけではない。何度も報告を送って適格者を追加あるいは削除したり、立候補の意思がある人物名を列挙するが、彼らを適格者とみなしているか否かは明言しなかったりする事例が、少なからず散見される。

これら事態が生じた理由は、県知事がおかれていた当時の状況を考えれば、すぐに理解できる。県知事は、そもそも通達の設問の内容が厳密でないこと、県内の情報に疎いことから生じる情報量の不足、郡長や治安判事に問い合せる必要、情報伝達手段が十分整備されていないゆえの時間的余裕の欠如、立法院議員との兼任禁止職規定や議員の待遇が通達を受け取った時点で決まっていなかったこと、適格者と目していた人物が上院議員など兼任禁止職に抜擢されるなど突発的な事態、さらには適格者を選考しているさなかの一月二二日にオルレアン家の財産没収が決定されるといった重要な事件の続発など、さまざまな制約条件のなかで報告を作成しなければならなかったのである。

例としてアン県知事をみると、最初は立候補の意思がありそうな七人の氏名を挙げ(一月一八日)、適格者といえそうな五人の氏名を挙げ(一九日)、二通の報告を相次いで送って八人の氏名を挙げたうえでだれがよいか悩んでいると漏らし(二二日)、あたらしく二人が立候補したが両名とも適格者としてふさわしいと評価し(二月二日)、最終的に適格者を報告したのは六日、それも三つの小選挙区について一〇人もの名を連ねたものだった。これに対して内務大臣は、当初、県知事が挙げた適格者のうちから二人(ジョナジュ、ロルメ)と、それ以外の一人(ピケ)を官選候補としたが(七日)、すぐにそのうち二人(ジョナジュ、ピケ)について考えなおし、別の候補者二人(ボダン、モルネ)を加えた四人について再検討するべく再度県知事に見解を求め(八日)、彼の意見(ジョナジュとボダンを支持)を受けて(九日)、しかしそれを完全に尊重することなく、あらためてロルメ、ボダン、モルネの三人を官選候補とした(一二日)。ところが、県知事の報告によってモルネは立法院議員になる気がないことがわかったため(一六日)、内務大臣はあわてて官選候補をジョナジュに差し替えた(一八日)。かくして県知事が官選候補の名を告げるビラやポスターの作製にこぎつけたのは、投票日の一週間前のことだった。二月七日以降はテレグラフのやりとりが続くという、まことにドタバタとしかいいようのないプロセスであり、厳しい制約条件のなかで、郡長たちから情報を得つつ、政府に適切な報告をしなければならない県知事の苦労が垣間見える。[17]

かくして現出した非理想的な事例としては、まず、立候補の意思がありそうな人物に言及したうえで適格者を挙げるという報告が一二県ある（アン、ガール、イル＝エ＝ヴィレヌ、アンドル、オート＝ロワール、マルヌ、オート＝マルヌ、マイエンヌ、パ＝ド＝カレ、バス＝ピレネー、オート＝ピレネー、バ＝ラン）。これらについては、いうまでもなく、適格者として言及された人物のみをカウントする。

また、県知事が数度にわたって報告を送付し、新しい情報にもとづいて適格者を追加したり、兼任禁止職規定が明らかになったことにもとづいて削除したりしている事例がある。この場合は、原則として、最初に言及された人々をもっとも望ましいとみなしていたと考え、適格者に最初に言及した報告に掲載されている適格者のみをカウントする。ただし、県内の特定の地域（たいていは郡）について情報が不足しているためのちほど再報告するといった理由で、当初から複数回に分けて報告する予定であることが明言されている事例が五県ある（アルデンヌ、フィニステール、ジロンド、オワズ、ヴォージュ）。これらの事例については、例外的ではあるが、複数の報告に掲載されている適格者をすべてカウントする。

官選候補適格者の分析

七一県の県知事報告の分析にはいろう。まず、県知事が提示した官選候補適格者の社会職業的属性を集計および整理する。言及された適格者は合計で四五三人であり、県あたり平均で六人強が推薦されたことになる。社会職業的属性をみると、いかなる属性も言及されていない適格者が一三五人いるため、属性が把握できるのは三一八人（全体の七〇・一％）である。彼らに対して、社会職業的属性に関する言及が、延べ（すなわち、ひとりの適格者について複数の属性が言及されている場合は、おのおの「一」をカウントすると）三八九件ある。その内訳は表3-2のとおりである。

言及のほとんどすべては「地主」「商工業者」「公務員」および「自由専門職」という四つのカテゴリーに属している。これ以外は「被雇用者」一件のみである。

この唯一の例外事例たる「被雇用者」とは、イゼール県知事がグルノーブル郡の官選候補適格者として挙げた三人のうちのひとりアルノである。正確にいえば、県知事報告は彼を「グルノーブル市長、労働者、労働者の息子」にして「企業家」(entrepreneur)と表現しており、われわれの見地からいえば彼の社会職業的属性は「被雇用者」と「商工業者」の二つになる。労働者が県庁所在地の市長であるという現象は奇妙にみえるが、のちに県知事が作成した「イゼール県における立法院与党候補者一覧」によれば、アルノは「労働者の息子にしてみずからも労働者だったが、勤勉さと誠実さと知性をもちいて、名誉ある財産を築くに至った」人物だった。[18] アルノは最終的に官選候補に選ばれて当選し、立法院議員を二期一一年にわたって務めることになる。

これに対して農業労働者または小作農、自作農、商工業における自営業については、言及がない。このことは、言及が一件だけだった被雇用者も含めて、農商工業における自営業者や被雇用者は、県知事にとっては官選候補適格者たりがたい存在だったことを意味している。適格者にふさわしいステイタスを与えられるためには、雇用する立場にあるか、公務を担うか、あるいは専門的な知識をもっていなければならなかったのである。

個々の適格者について言及されている属性の数をみると、ひとつの属性のみに言及されているのが二五四人(比率は七九・八%)、二つの属性が五八人(一八・二%)、三つの属性が六人(一・八%)である。おのおのの内訳は表3-3のとおりである。

カテゴリーおのおのの内実を詳しくみてみよう。

地主については、約半数(五四件)が「豊かな」「大規模な」あるいは「重要な」といった形容詞をともなう、いわば「大地主」である。これに対して小規模であると形容されているのは一件のみにとどまっており、ここからは「大地主」に対して肯定的なイメージが付与されていたことが想定できる。

商工業者については、具体的な職名に関する延べ言及件数は、工業が三二件、商業が一七件、金融業が八件、鉄道業が二件、不明が二件（「資本家」と「経営者」が各一件）である。ここには工業兼銀行業が二件、工業兼商業が一件、おのおの含まれている。具体的な経営内容がわかる言及についてみると、先述した銀行業が最多で、次いで製鉄業が七件、ワイン製造販売業が四件、海運業者が三件と続く。[19]

表 3-2　官選候補適格者の社会職業的属性に関する言及件数

（カッコ内は比率：%）

雇用関係における位置 ＼ 産業の種別	雇用されている	自営している	雇用している
農　業	0	0	111（28.5）
商工業	1（0.2）	0	58（14.9）
その他	165（42.4）	54（13.8）	

表 3-3　官選候補適格者の社会職業的属性に関する言及パターン

（人数）

言及属性の数 ＼ 言及属性の種類	1	2	3
公務員	118		
地主	57		
商工業者	40		
自由専門職	39		
地主兼公務員		32	
地主兼商工業者		10	
地主兼自由専門職		6	
公務員兼自由専門職		6	
商工業者兼公務員		3	
商工業者兼被雇用者		1	
地主兼商工業者兼公務員			3
地主兼公務員兼自由専門職			3
合　　計	254	58	6

公務員については、具体的な職名に関する延べ言及件数は、行政官が六二件、将校が七四件、司法官が三一件である。ここには行政官兼将校が三件、行政官兼司法官が二件、おのおの含まれている。このうち行政官については、具体的な職名に関する延べ言及件数は七五件となるが、その内訳は、中央行政レベルが二三件、県(一般行政)レベルが二九件、郡レベルが一四件、市村レベルが二件、個別専門行政にかかわるものが七件となっている。言及回数が多い職名としては、中央行政レベルでは国務院各種委員(国務官、訴願審査官、聴聞官)が合計で一〇件、県レベルでは県知事が一八件、県参事官が六件、および県書記長が五件、郡レベルでは郡長が一四件である。それ以外の職名に対する言及は一または二件である。また司法官については、具体的な職名に関する言及は、職名不明の三件(「司法官」とのみ記載)を除くと、裁判官が二〇件、検察官が八件である。すなわち、行政官と異なり、複数の属性が言及されている事例はない。言及回数が多い職名としては、裁判所長官が一〇件(うち民事裁判所長官が五件)で際立っている。

自由専門職については、具体的な職名に関する延べ言及件数は、弁護士が二六件、代訴人が四件、公証人が一二件、文筆家(ジャーナリストを含む)が七件、医師が四件、大学教員など学術関係者が四件、宗教関係者(元枢機卿副官)が一件である。ここには弁護士兼文筆家が二件、弁護士兼代訴人が一件、公証人兼文筆家が一件、おのおの含まれている。言及回数が多い職名としては、職務内容が近い弁護士と代訴人を合計して三〇件、次いで公証人が一二件と、この二つが際立っている。

以上が集計および整理の結果である。この結果を分析すると、いかなる知見が得られるだろうか。

まず着目するべきは、社会職業的属性の一人あたり平均言及回数(一・一二)がほぼ一だということである。県知事は、報告を作成するにあたり、各官選候補適格者に対して、基本的には単一の属性を割り当てた。カテゴリーおのおのの内部における具体的な職名についても、平均言及回数は最大で一・二〇(行政官)であり、全体の平均言及回数とさほどかわらない。われわれは社会職業的属性や具体的な職名をカウントするにあたり、現職と元職を区別せず、ひとしなみに取り扱った。また、ラブルースいうところの経済的旧体制が存続している時代にあって、支配階層は、地主を兼業するか、あるいは職業歴の最後に地主となることが多かった。ここからは、官選候補適格者は「地主や大実業家」すなわち支配階層に属するべき存在であるだけに、複数の属性や職名がしばしば言及され、とりわけ「地主」との重複言及が頻出するのではないか、という予想が可能である。実際、地主に対する言及一一一件のうち、約半数（五四件）は他の属性との重複言及である。しかしながら、それにもかかわらず平均言及回数が一をおおきくこえないということは、この予想が十分な妥当性を欠くことを意味している。県知事は、内務大臣あて報告において官選候補適格者の属性や職名に言及するにあたり、どれかひとつを重視し、それのみを記載することが多かった。ここからは、記載された属性や職名は重要なものとしてイメージされていたことが推測できる。

それでは、重要性をもつとイメージされた各カテゴリーの言及比率はいかに評価されるべきだろうか。五つのカテゴリーのなかでは「公務員」がもっとも多いが、これは、一月八日通達が「地主や大実業家」を推薦することを求めていたことを考慮すると、一考に値する。すなわち、ここからは、当時のローカルな政治空間において「公務員」という属性が高い評価を与えられ、肯定的にイメージされていたことが想定できる。これに対して、地主の言及比率が三割弱というのは、当時の産業構造において農業が重要な位置を占めていたことを想起すると、予想外に低いといえるかもしれない。ただし、商工業者の言及比率は、地主のそれの半分程度である。このことを考慮にいれれば、県知事の次元において、農業は、従事者に対して、政治空間において高いステイタスを与える産業とみなされていたと評価できる。

官選候補の分析

ここでは県知事報告で言及された官選候補適格者のうち、実際に官選候補に選出された人々について県知事が言及した社会経済的属性を集計し、官選候補適格者のそれと比較分析する。

四五三人の適格者のうち、最終的に官選候補に選出されたのは、七一県中六五県について、合計で一三八人である。[20]ほぼ一〇人に三人(三〇・四%)が官選候補の地位を獲得したことになる。また、一八五二年立法院議員選挙において七一県に配分された議席数は二〇四だったので、当選者のほぼ三人に二人は県知事が作成した適格者リストに掲載されていたことになる。適格者リストの掲載者が選出された比率を「尊重率」と呼ぶとすれば、中央政府による尊重率は六七・六%となる。

社会職業的属性をみると、いかなる属性も言及されていない適格者が四四人いるため、属性が把握できるのは九四人(全体の六八・一%)である。彼らに対して、社会職業的属性に関する言及が、延べ一二〇件ある。その内訳は表3-4のとおりである。

個々の適格者について言及されている属性の数をみると、ひとつの属性のみに言及されている場合が七一件(七五・五%)、二つの属性の場合が二〇件(二一・二%)、三つの属性の場合が三件(三・一%)である。おのおのの内訳は表3-5のとおりである。

次に、これらデータを官選候補適格者のものと比較し、官選候補の選出プロセスにおける社会職業的属性の変化の存否をみてみよう。これにより、社会職業的属性のおのおのに対する中央政府の評価に接近を試みる。

まず指摘されるべきは、表3-2と表3-4を比較すると、公務員の比率が一〇ポイント以上下がり、これに対して商工業者と自由専門職の比率がおのおの五ポイント程度上がっていることである。これは、官選候補を選出する中央政府の次元では、前者の評価は低く、後二者の評価は高かったことを示唆している。これに対し、地主の比率はさほど変化していない。社会職業的属性としての地主に対する評価は、この比較から得られる知見のかぎりでは、中央政府においては中立的なものだったといえる。中央政府が望ましい官選候補すなわち政治的支配階層として想定していたのは「名望家」と総称される社会階層だったが、より詳細にみれば、名望家のなかでも、地主よりは、むしろ商工業や自由専門職に携わる人々だった。彼らこそ、新しい支配階層の中核をなすべき存在だったのである。

ただし、表3-3や表3-5からみてとれるように、当時の商工業者や自由専門職従事者は、かならずしもその属性だけをもって評価されたわけではない。彼らの三分の一程度は、公務員や地主という属性を併せもつ者として認識され、そのような存在として評価された。この「三分の一程度」という比率がいかなる意味をもち、またいかに評価できるかについては、資料上の制約からして、ここでは検討できない。しかしながら、彼らの存在は当時の名望家の過渡的な性格

表 3-4　官選候補の社会職業的属性に関する言及件数

（カッコ内は比率：%）

産業の種別＼雇用関係における位置	雇用されている	自営している	雇用している
農　業	0	0	36(30.0)
商工業	1(0.8)	0	26(21.6)
その他	35(29.1)	22(18.3)	

表 3-5　官選候補の社会職業的属性に関する言及パターン

（人数）

言及属性の種類＼言及属性の数	1	2	3
公務員	20		
地主	19		
商工業者	17		
自由専門職	15		
地主兼公務員		7	
地主兼商工業者		5	
地主兼自由専門職		2	
公務員兼自由専門職		2	
商工業者兼公務員		3	
商工業者兼被雇用者		1	
地主兼公務員兼自由専門職			3
合　　計	71	20	3

を表現していると推測しても誤りではないだろう。

分析結果

それでは、本節で得られた知見をもとにするとき、先行研究たるヴォワリオやラグエイトのアーギュメントはいかに再評価しうるだろうか。両者が提示しているデータをわれわれがもちいている社会職業的属性の区分に従って再構成し、そのうえでわれわれが得たデータと比較すると、表3-6のようになる［Voilliot 2005：153/Lagoueyte 1991：240］。

まず官選候補適格者については、ヴォワリオの提示したデータは、本節のものとおおきく異なっている。ヴォワリオがみずからの（ただし明記はされていない）基準に従ってひとつだけ選びだした官選候補適格者の社会職業的属性の比率を、われわれが算出した言及比率と比較すると、農業従事者が三〇ポイントほど高く、公務員が二〇ポイントほど、商工業者と自由専門職が五ポイントほど、おのおの低くなっている。同じ県知事報告をもちいながら、これほど異なった数値が算出されているのである。[21]

この相違は、おそらくは、コーパスの違いと、属性の算出方法の違いに帰せられる。

前者については、そもそも適格者の総数が、ヴォワリオでは五九〇人であるのに対して、われわれが対象としたのは四五三人（うち属性が把握できるのは三一八人）である。ここからは「県知事が報告した官選候補適格者」の定義が違うことが推測できる。適格者の人名リストがヴォワリオの著書には付されていないため、適格者の抽出にあたっていかなる定義がもちいられているかは不明であるが、われわれよりもコーパスが大きいことからして、最初に報告された適格者以外の、あとから追加された適格者もカウントされたことなどが想定できる。

後者については、われわれは適格者のイメージに接近するべく県知事の言及に着目したのに対して、ヴォワリオは（明記されていないので推測にとどまらざるをえないが）適格者の実態を確定しようとしたのではないかと考えられる。その

表3-6　官選候補・同適格者の社会職業的属性の比率　（単位：％）

		公務員	地　主	商工業者	自由専門職	被雇用者
官選候補適格者	ヴォワリオ	20.6	58.6	10.4	10.4	0
	本章	42.4	28.5	14.9	13.8	0.2
官選候補	ヴォワリオ	7.6	47.7	24.8	19.7	0
	ラグエイト	31.8	25.5	22.0	20.4	0
	本章	29.1	30.0	21.6	18.3	0.8

ことは、われわれは複数言及を延べ件数でカウントしたのに対して、彼は（これまた明記されていないので、いかなる基準にもとづいているかは不明であるが）適格者おのおのに対してひとつの社会職業的属性を対応させていることからも推測できる。

こういった点からして、本節で得られたデータをヴォワリオのものと単純に比較することはできない。換言すれば、両者の数値は異なっていて当然である。ただし、そのうえで、彼のデータ処理の粗雑さを考えれば、われわれがおこなった再検討には一定の意味があると判断しても間違いではないだろう。

次に、官選候補については、ヴォワリオとラグエイトの双方がデータを提示している[22]。まずもって興味深いのは、両者のデータのあいだに、とりわけ公務員と地主の比率について大きな違いが存在することである[23]。われわれのデータは、このうちラグエイトのものに近い。ちなみにラグエイトは、当選した官選候補二五四人すべてについて、県知事報告をもとに、足りない部分は各種資料をもちいて補足することにより、彼らの実態に接近しようとした。これに対してわれわれは、県知事報告のなかから選出された官選候補のうち社会職業的属性がわかる者九四人について、報告にある言及だけを分析することにより、実態というよりはむしろイメージに接近しようとした。これほど異なるアプローチをもちいながら、ほぼ同じ結論に達したことになる。

さらに、官選候補適格者と官選候補の比較から得られる知見について、ヴォワリオは、公務員、地主、商工業者が減り、自由専門職だけが増えていると結論している。前述したとおり、このうち商工業者の評価については計算ミスのなせる業なので除外するが、地主の増減については、われわれの評価とは異なっている。その理由は、ここでもヴォワリオのデータ処理の粗雑さを反映して、残念ながら不明である。

これら先行研究との異同を確認したうえで、官選候補適格者および官選候補の社会職業的属性に関する県知事の言及を対象とする分析から、当時の政治的支配階層に関していかなる知見が得られたかをまとめると、県知事と中央政府のあいだには、一定の見解の相違が存在していたことがわかる。

まず、県知事の次元では、なによりもまず公務員、次いで地主という属性をもつことが重視されていたと考えられる。属性に関する言及の七割以上が両者によって占められているからである。もっとも、言及の比率だけから判断することは、われわれにとっては十分な分析手続きであるとはいいがたいので、県知事の次元については、次節において、別の方法をもちいて再度接近を試みたい。

これに対して、中央政府によって選出された官選候補を、県知事が提示した適格者と比較すると、前者では公務員が占める比率が減り、商工業者と自由専門職が占める比率が増えることがわかる。このことは、中央政府においては、きたる帝制を支えるべき支配階層として、後二者の属性の持ち主が期待されていたことを意味している。

2　広域西部地方における官選候補のイメージ

郡長報告の分析

本節では、一八五二年立法院議員選挙における広域西部地方の官選候補について、先行研究で明らかになってきた実態、県知事報告から得られる県次元の記述、そして郡長が作成して県知事に送付した報告にみられる郡次元の記述という三つの次元のデータを比較対照し、これら実態や諸記述のあいだにみてとれるギャップから、彼らのイメージの特質に接近する。

まず、郡長報告の内容を整理集計し、その特質を概観しておこう。広域西部地方を構成する二四県について、残存しているのは一〇県にまたがる二一郡分の報告であり、そのなかで提示されている適格者は五七人である。したがって平均言及人数は二・七人となる。[24] 一月八日内務大臣通達も、それを受けて出された県知事通達のほとんども、提示するべき人数は指定していないから、このことは、県知事通達を受け取った郡長の頭にただちに浮かんだ適格者がほぼ二、三人だったことを示唆している。[25]

それでは、郡長の意見は、どの程度尊重されたのだろうか。まず県知事の対応をみると、郡長が提示した五七人のうち、内務大臣にあてた県知事報告が残っていないため判断ができないサルト県にかかわる一人を除いた五六人について、県知事も適格者と判断して内務大臣に報告したのは一六人である。それゆえ、郡長報告の掲載者が県知事の手になるリストに載った比率を「尊重率」と呼ぶとすれば、県知事による尊重率は二八・五％となる。

これら一六人のうち、実際に官選候補となったのは、延べ九人である。[26] したがって、県知事と中央政府の双方による尊重率は一六・〇％となる。

なお、このほか、郡長は適格者と判断したものの、県知事は適格者と判断せず、しかしながら最終的に中央政府によって官選候補とされた、という事例が三件ある。これを先の九人と合計すると中央政府単独による尊重率が計算できるが、この比率は（県知事の判断が不明のサルト県の事例も含めることがこの場合は可能なので、それも含めて計算すると）二一・〇％となる。さらに、郡単位でみると、郡長が提示した適格者のなかから官選候補が選出された事例は、郡長が適格者はいないと回答したアンスニ郡（ロワール＝アンフェリユール県）を除いた二〇郡について一三件にのぼり、中央政府による尊重率は六五％と高い。[27]

全体としてみると、郡長の意見は相当程度尊重されたと判断してよい。郡長、県知事、内務大臣をはじめとする中央政府の三者において、官選候補たるべき存在については、かなりの割合で暗黙のコンセンサスができあがっていたことが推測できる。

このような位置にあった郡長であるが、次いで、彼らが官選候補適格者の社会職業的属性をいかに提示したかを確認する。残念ながら、郡長報告において当該属性が明記されている事例は多くなく、全適格者五七人中の二二人について、言及された属性は延べ二五件にとどまる。

まず社会職業的属性の一人あたり平均言及回数であるが、これは、県知事報告の場合(一・二二)と同じく、ほぼ一(一・一三)である。[28]

次に社会職業的属性の具体的な内容であるが、前節と同じ九カテゴリーをもちいたうえで延べ件数をみると、全二五件中、公務員が九件(言及比率は三六%、うちともに公務員に属する元知事兼元将校が一件)、商工業者が七件(二八%、うちともに商工業者に属する商業兼詳細不明が一件)、地主が五件(二〇%)、自由専門職が四件(一六%)を占めている。

具体的な職名の次元をみると、公務員については、延べ言及件数は、将校が六件と多く、元知事が二件で続き、判事、森林保全官が各一件で、合計一〇件となる。商工業者については、述べ言及回数は、製糸工場経営(うち一人は亜麻織物工場経営を兼務)が二件、商業が二件、製鉄工場経営が一件、詳細不明が三件で、合計八件となる。自由専門職については、述べ言及件数は、医師が二件、助祭と公証人が各一件で、合計四件となる。

以上が、郡長報告に関する集計および整理の結果である。この結果を分析すると、次の二つの知見が得られる。まず、郡長報告においてもまた社会職業的属性の一人あたり平均言及回数がほぼ一であることからして、郡長は報告に記載した属性や職名を重要なものとみなしていたと推測できる。

次に、社会職業的属性の言及比率を県知事報告におけるものと比較すると、公務員と自由専門職が占める比率はさほど違わないのに対して、地主は一〇ポイント以上低く、逆に商工業者が一〇ポイント以上高くなっていることがわかる。

いうまでもなくコーパスがきわめて小さいため、ここから確定的な結論を導出することには慎重でなくてはならないが、県知事よりも郡長の次元で商工業者に対する言及が多いことからは、ローカルな政治空間、とりわけ民衆の次元では、商工業に従事する者のイメージが高かったか、あるいは高くなりつつあったことが推測できる。

「ギャップ」の把握

以上の整理集計結果をもとに、郡長報告で提示されている官選候補適格者、県知事報告が提示した適格者、そしてアンソーが作成した事典からわかる官選候補の実態の三者を、社会職業的属性について比較対照する。分析の対象となるのは、広域西部地方を構成する二四県のうち郡長報告がひとつでも存続している九県の官選候補二九人のなかで、落選した二人と、郡長も県知事も適格者とみなさなかったため推薦せず、したがってデータが残っていない六人を除く二一人である。また、報告で言及されている社会職業的属性のカテゴリーは、地主、商工業者、公務員、自由専門職の四つである。なお、もちいうるコーパスがかなり小さいといってよく、それゆえ定量的な分析はほとんど意味をもたないので、ここでは定質的な分析を中心に議論を進める。

二一人のうち、郡長は推薦したが県知事は推薦せず、しかし官選候補として選ばれたのが三人である。郡長報告が残存していないか、県庁所在地を含む郡のみを選挙区としたため(郡長がおかれず)郡長報告が存在しないか、あるいは郡長が推薦しなかったかの理由で、郡長の評価を目にできないが、県知事報告で適格者として挙げられているのが一一人である。そして、双方から適格者とみなされたのが七人である。合計して延べ人数を計算すると、郡長が推薦したのは一〇人、県知事が推薦したのは一八人となる。

このうち郡長が提示した適格者の社会職業的属性の記述と、彼らの実態を比較すると、八つのカテゴリーについて、実態として存在しながら郡長が言及していないのは、地主が一件、商工業者が一件、公務員が五件、自由専門職が四件である。この数字をみると、郡長は後二者のカテゴリーに言及しないことが多く、したがって強調しない傾向にあったと推測できる。県知事が提示した記述を実態と比較すると、同様の事例は地主が二件、商工業者が一件、公務員が二件、自由専門職が四件である。県知事においては、とりわけ自由専門職を強調しない傾向があったと推測できる。両者を合計すると、地主三件、商工業者二件、公務員七件、自由専門職八件となる。また、県知事報告や郡長報告には社会職業的属性をまったく記載しない事例もあるので、そのような事例を除き、知事報告や郡長報告がなんらかの属性に言及している事例のみをみると、言及されない属性は前者のみにみられ、地主が一件、公務員が一件、自由専門職が三件である。これら数値から判断するかぎり、実態と記述のギャップという観点からみると、県知事と郡長は、官選候補にとってもっとも好ましい社会職業的属性のイメージとして、県知事は地主と商工業者を、郡長は商工業者を、おのおの想定していた。彼らの判断は、一定の条件を充たした「県内における地主や大実業家」を推薦することを求める一月八日内務大臣通達の内容とも、ある程度適合的なものだった。

具体的な事例として、興味深いものを四件みておこう。メーヌ＝エ＝ロワール県第三選挙区の官選候補ルーヴェ（一八〇六年生まれ）は、法学士号を取得してパリで弁護士（自由専門職カテゴリー）として活動したが、やがて郷里であるソミュール（メーヌ＝エ＝ロワール県）に戻って銀行業（商工業者カテゴリー）に就いた[Anceau 1999:241-242]。一八五二年選挙の官選候補適格者を推薦するにあたり、ソミュール郡長の評価は報告が残っていないため不明であるが、県知事は「ソミュール市長、元国会議員、元県議、銀行家。ルーヴェ氏は大地主でもあり、八万から一〇万リーヴルの地代を得るだけの財産をもっています」云々と述べ、弁護士の職歴に触れることなく彼を官選候補に推薦した。[29]

ヴァンデ県第一選挙区の官選候補サント＝エルミヌ（一八〇九年生まれ）は、農業改良に関心をもつ地主（地主カテゴリー）にして、同時にヴァンデ県庁職員、アリエ県庁職員、ヴァンデ県書記長を歴任した行政官（公務員カテゴリー）であり、のちジャーナリスト（自由専門職カテゴリー）に転じていくつかの雑誌や新聞の編集者を務めた。二月革命後に行政官職に復帰し、クーデタ後はフィニステール県知事代理を務めていた〔Anceau 1999:327〕。彼については、県庁所在地を含むナポレオン＝ヴァンデ（現ロシュ＝シュール＝ヨン）郡を選挙区としたため郡長報告は存在しないが、県知事は「県参事官、書記長、ヴァンデ県農業諮問会議の会長、中西部会議の議長、ポワレ農業共進会の会長……であり、二万フランの地代を得ています」云々と述べ、ジャーナリストや弁護士の職歴に触れることなく官選候補に推薦した。[30]

ロワール＝アンフェリユール県第三選挙区の官選候補デマール（一八一一年生まれ）は、パリで法学士号を取得したのち郷里サヴネ（ロワール＝アンフェリユール県）に戻って弁護士（自由専門職カテゴリー）を開業し、さらに民事裁判所判事補（公務員カテゴリー）に就任した。一八五二年選挙の官選候補適格者を推薦するにあたり、サヴネ郡長は「最初に挙げられるべきは元国会議員デマール氏ですが、郡内における氏の×××〔判読不能——引用者〕と影響力については、知事もご存知のことと思い、再言しません」とだけ述べ、社会職業的属性には一切触れなかった。県知事は郡長の言を容れてデマールを適格者とし、内務大臣に「弁護士にして元国会議員デマール氏……は、財産はないが、一族は郡内で強い影響力を誇っています」云々と報告したが、判事補という職歴に言及することはなかった。[31]

モルビアン県第三選挙区の官選候補ナポレオン＝ド＝シャンパニ（一八〇六年生まれ）は、現職の内務大臣の子として生まれ、パリで法学士号を取得して弁護士（自由専門職カテゴリー）となったのち、モルビアン県にある所領に退いて農業経営と農業改良に専心した（地主カテゴリー）人物である〔Anceau 1999:116〕。彼は、官選候補適格者として、ポンティヴィとプロエルメル双方の郡長から推薦されたが、両者ともに報告のなかで彼の社会職業的属性に言及することはなかった。県知事は両者の意見を容れて彼を推薦したが、内務大臣あて報告のなかでは彼を「プロエルメル近郊の地主」と表現するにとどまり、弁護士の職歴には言及しなかった。[32]

最後に、実態と二つの記述という三つの次元のあいだに存在するギャップを析出することを試みたい。ただし、もちいうるコーパスが県知事と郡長の双方から適格者として推薦された七人と極小なので、確定的な結論を導出することは不可能といってよい。ここでは、広域西部地方以外の地域について今後同種の分析が進むことを期待しつつ、それに示唆を与えるようなポイントを可能なかぎり指摘することで満足せざるをえない。

七人のうち、郡長が社会職業的属性に言及しているのは二人、まったく言及していないのが五人である。このうち前者は、実態としては「商工業者兼公務員」および「商工業者」であるが、郡長の次元でも県知事の次元でも同様に記述されている。すなわち三つの次元のあいだにギャップはない[33]。

後者についてみると[34]、実態と郡長報告における記述とのギャップ、すなわち実態としては存在しているが郡長が言及しなかった属性の件数は、延べで地主と商工業者が各一件、公務員が三件、自由専門職が二件である。次に郡長報告と県知事報告における記述のギャップ、すなわち郡長は言及しなかったが県知事は言及している属性の件数をみると、地主と商工業者が各一件、公務員が三件である。したがって、実態と県知事報告における記述とのギャップ、すなわち実態としては存在しているが県知事が言及しなかった属性の件数は、延べで自由専門職が二件となる。ここからは、二一人全体をコーパスとした場合と同様に公務員と自由専門職の二カテゴリーに対する言及が少ないこと、ただし公務員については、県知事の次元で言及が復活している事例が(比較的)多いことがわかる。このことは、ローカルな次元、さらにいえばおそらくは民衆の次元では、公務員に区分される社会職業的属性のイメージは評価が低かったことを、かすかに示唆している。

官選候補適格者は、県知事や郡長の次元において、地主、商工業者、公務員、そして自由専門職という四つのカテゴリーで記述された。これらは、先行研究でいわれているとおり、政治的および社会的な支配階層たる名望家と呼ばれるにふさわしい社会職業的属性である。ただし、これら記述を彼らの実態と対照したり、県知事による記述を郡長の言及と比較したりするなど、より繊細に検討してみると、広域西部地方のみを対象としているという地域的な限界があり、コーパスが小さく、また〈言及するという営為は関心があるという態度を反映し、関心があるという態度の背景にはイメージという認識がある〉などさまざまな前提にもとづいて分析を進めてきたため、断定的なことはいえないが、四つのカテゴリーのあいだでイメージに関するステイタスの格差が存在することが推測できる。

すなわち、四つのカテゴリーのうち、商工業者はたかく評価された。地主に対する評価は、たかく評価する県知事と、評価が動揺する郡長のあいだで分かれた。そして、公務員に対する評価は県知事で高く、自由専門職に対する評価は県知事で低かった。

さらに、この動向から民衆の傾向を推測すれば、商工業者に対する評価は高く、地主に対する評価は低下しつつあったといえるのではないだろうか。

おわりに

クーデタによって成立したボナパルト派政府、さらには翌年に幕をあける第二帝制は、みずからの支柱たる政治的支配階層として「新人」をみいだしえたか――一九世紀フランス史研究がこの問いを重視してきたのは、それが第二帝制という体制や、さらにはこの時期の新しさ、換言すれば「近代性」の存否にかかわっているからだった。すなわち、第二帝制下では、産業革命や都市化など近代化が進んだのか、それとも農業や農村部や名望家が支配的な社会が維持されていたのか、ということである。この観点から、本章の結論をまとめておこう。

先行研究によれば、一八五二年選挙において県知事が提示した官選候補適格者の約六割は農業に従事していた。これに対して商工業に従事する人々は一割強であり、この点からすると、実態の次元においては、政治的支配階層は農業的な性格を色濃くもっていたといわなければならない。ボナパルト派政府は、クーデタの成功によって獲得した強大な権

表3-7　四つの「名望家」カテゴリーのイメージに対する評価

分析箇所	評価主体＼評価対象		地　主	商工業者	公務員	自由専門職
	評価主体	評価基準				
第1節	中央政府	ズレ(a)		○	×	○
第1節	県知事	言及比率		×	○	×
第2節	県知事	ズレ(b)	○	○		×
第2節	郡　長	言及比率	×	○		
第2節	郡　長	ズレ(b)		○	×	×
第2節	民　衆	ズレ(c)	×	○	×	

［註］1　「○」は肯定的な評価，「×」は否定的な評価である。
2　「ズレ(a)」は，県知事が提示した官選候補適格者と，中央政府が選出した官選候補とのあいだのズレである。
3　「ズレ(b)」は，「実態」と「言及」のあいだのズレである。
4　「ズレ(c)」は，「県知事の評価」と「郡長の評価」のあいだのズレから想定したものである。

力をもってしても、それまでの社会の構造をおおきくかえることはできなかった。

ただし、政治的支配階層にとって重要な「イメージ」の次元に目を移すと、この結論は多少の修正を要することがわかる。すなわち、彼らのイメージに対する評価を測定し、結果を簡略にまとめると、表3-7のようになる。

ここからわかるとおり、地主のイメージは県知事の次元を除いて高くないのに対し、商工業者はほぼ一貫してたかく評価されている。これは、やがてきたる第二帝制の近代的な性格を予兆しているように思われる。これに対して公務員と自由専門職の評価は動揺しているか、あるいは評価困難といわざるをえない。

このように、政治的支配階層を構成する四つのカテゴリーのイメージは、中央政府や県知事や郡長が目前にし、いまや十全な政治的アクターとなった民衆が活動するローカルな政治空間においては、一八五二年という時点において、すでに複雑に動揺しはじめていたのである。[35]

第四章

第二帝制期農村部におけるローカル・ガバナンスの展開

はじめに

問題関心

本章の課題は、第二帝制期フランス農村部を対象として、ローカルな政治空間をめぐるガバナンスのあり方がいかなる特徴をもっていたかを明らかにすることにある。すなわち、このガバナンスを「ローカル・ガバナンス」と呼ぶとすれば、さまざまなアクターが、みずからが活動する政治空間について、いかなるローカル・ガバナンスのあり方を志向していたか、みずからが提示するローカル・ガバナンスのモデルについていかなる正統性を主張していたか、そして、彼らステークホルダーたるアクターが戦略的に活動し交渉するなかで、各地においていかなるローカル・ガバナンスが実現していたかといった問題を検討する。

まず、このような課題を設定した背景にはいかなる問題関心があるか、いかなる方法をもちいて分析を進めるか、あるいはいかなる対象を採用するかといった点について、先行研究を評価しながら明らかにしておこう。

われわれが第二帝制期のローカルな政治空間、とりわけ農村部におけるガバナンスのあり方を問題にするのは、それが一九世紀フランス史をめぐる主要な論点のうちの三つ、すなわち政治的支配階層としての名望家の性格、農村部民衆の政治化の画期、そして第二帝制の性格をめぐって展開されてきた論争において、枢要の位置を占めているといってよいからである。ここでガバナンスとは序章で述べたごとく「政治空間をスムーズに機能させようとする営み」を意味するが、名望家は当時のフランス農村部においてローカル・ガバナンスを担う主体とみなされており、政治化とは名望家によるローカル・ガバナンスに対するいわば対抗ガバナンスを担う主体として民衆が登場するという現象と考えられ、また第二帝制はフランスの政治、経済、あるいは社会を近代化することを課題とし、それゆえ名望家を主体とする既存のガバナンス・モデルと微妙な関係をとりむすぶことになったことを想起すれば、ガバナンスという論点の重要性は明確だろう。

これら三つの論点のうち名望家の性格と民衆の政治化の画期については、先行研究に触れながら序章で述べたので、ここでは簡単に触れるにとどめたい。

まず前者については、名望家を「なんらかのリソースにもとづく影響力を行使しうる存在」と定義するアレヴィのアーギュメントは、当時のフランスの社会構造を理解するうえで有益である。そして、彼らの影響力はいかなるリソースにもとづいていたかという点については、「名望家」を分析概念として人口に膾炙《かいしゃ》させたテュデスク[Tudesq 1964]をはじめとして、これまでさまざまな論者が分析を加えており、すでに多くのことが明らかになっている。すなわち、名望家の特徴は、さまざまなリソースの所有者が混在して支配階層を構成している点に求められる。

そのことは認めたうえで、しかしながら、相異なるリソースの所有者のあいだの相違や対立、あるいはリソースのあり方の時系列的な変化などについて、その存否が検討されなければならない。たとえば、一九世紀中葉バス゠ノルマンディ地方マンシュ県の名望家を分析したギユマンによれば、地主を中核とする「富」の所有者と、自由専門職従事者や公務員をはじめとする「知」の所有者のあいだで、婚姻、教育、政治参加といった卓越化の戦略はおおきく異なっていた[Guillemin 1982]。あるいはまた、一九世紀の名望家を概観したヴィヴィエによれば、世紀後半の農村部における名望家のリソースの重心は、生まれや古典学的な知識から実践的な知識へと、徐々に移動していった[Vivier 2009:187–188, 204]。

さらにいえば、影響力が行使される対象は民衆であるが、民衆に対する影響力の行使が機能するためには、まずもって彼らが名望家の影響力を正統なものとして認知することが必要である。[1] そして、このプロセスにおいては、影響力の起源すなわち名望家がもつリソースの種類がいかなるものだったかという観点以上に、あるいは少なくともそれと同程度に、影響力が行使されるメカニズムはいかなるものだったかという観点が重要である。そうだとすれば、われわれは名望家の属性の分析にとどまることなく、彼らの影響力がそなえているとされた正統性のあり方と、それが行使される具体的なメカニズムの有効性を、民衆の動向を考慮にいれながら検討しなければならない。そして、名望家の影響力の行使の目的はみずからが支配する政治空間がスムーズに機能することであり、また影響力の正統性は同空間がスムーズに機能するかぎりにおいて認められる、という点を考慮するとき、まず検討されるべき対象として浮上してくるのは、われわれがいうローカル・ガバナンスのあり方だろう[ウェーバー 1970:第3章第1節][2]。

次に後者、すなわち民衆の政治化の画期については、きわめて雑駁にいって、それを第二共和制以前におく所説と第三共和制期におく所説のあいだで論争がある。その際、最大の争点は、ルイ＝ナポレオン・ボナパルトのクーデタに対する抵抗運動の性格をどう評価するかにあるが、われわれにとって興味深いのは、第二帝制期の農村部民衆をいかに理解するかという点もまた、両説のあいだで異なっていることである。すなわち、前者によれば、この時期の民衆はすでに政治化しており、抵抗運動の弾圧をはじめとする強権的な政府の態度を前に沈黙を余儀なくされていたにすぎない。事実、一八六〇年代になって政府が自由主義化し、さらに第三共和制が成立して弾圧の恐れが弱まるにつれて、彼らは政治的な行動を「再開」する。これに対して後者によれば、第二帝制期の民衆はまだ政治化しておらず、名望家に対して政治的に従属していた。そうだとすれば、とりわけ一八五〇年代に彼らが皇帝や政府に圧倒的な支持を与えたのも、農村部における名望家の多くが政府を支持していたことを考えれば、当然の成行きだった。

それでは、実際はどうだったのだろうか。この問いに答えることは、じつは意外と困難である。沈黙を余儀なくされていたにせよ、名望家に対して政治的に従属していたにせよ、民衆が皇帝の行幸に喝采し、あるいは各種選挙にあって官選候補をはじめとする与党の候補者に票を投じていたという事実はかわらないからである。民衆の行動、とりわけ投票や反乱といった政治行動を分析するというオーソドクスな方法では、第二帝制期、とりわけその前半期における彼らの政治化の存否や程度に接近することは困難である。

この問題の解決に資すると考えられる方策としては、政治化という概念そのものを拡延し、あるいは政治の概念そのものを修正することにより、「政治化したか否か」ではなく「いかなる形態の政治参加を選択しているか」を問うという方向に分析のスタンスを修正することがある。政治化をめぐる論争では、どの論者にあっても、政治化とは民衆が政治の価値を認識し、自律した政治的アクターとしての自己認識を獲得するという事態を意味し、そのメルクマールは名望家による支配からの解放である、と考えられてきた。しかしながら、政治の価値の認識と、名望家支配からの解放は、イコールではない。政治の価値を認識し、名望家に従属することを選択する、という選択もありうるからである。このような選択肢も包摂しつつ政治化の問題を検討するには、政治の価値の認識という「政治化」概念の基本的な定義は維持しつつ、それと密接に関連して理解されてきた「名望家支配からの解放」というメルクマールを放棄する必要がある。そして、このメルクマールは、政治を支配従属関係の観点からみるというスタンスと整合的であり、あるいはその産物だったといってよいから、結局は政治を捉えるスタンスそのものを修正しなければならないことになる。

この作業に取り組むにあたって示唆的なのは、ここでもまたガバナンスという概念である。すなわち「政治空間をスムーズに機能させようとする営み」を意味するガバナンスという観点から政治を捉えれば、名望家支配からの解放と同様に、名望家に対する従属もまた、政治的意思決定としてはひとつの合理的な選択とみなしうる。もしも名望家支配からの解放という事態がみられたとすれば，それは「政治化した」というよりは「政治的意思決定のあり方がかわった」とみなされるべきなのである。

さて第三の論点，すなわち第二帝制の性格をいかに理解するかについては，われわれは，とりわけその親民衆的性格の存否に焦点を絞ることにしたい。それは，第二帝制，帝制を率いたナポレオン三世(即位前はルイ＝ナポレオン・ボナパルト)，さらにはナポレオン(一世)からナポレオン三世に継受された政治思想を「ボナパルティスム」と呼ぶとすれば，このボナパルティスムにおいて，民衆はいかに評価されたか，あるいは彼らとの関係はいかなるものであり，いかなるものたるべきとされたかについては，十分な解明がなされているとはいいがたいからである。

既述したとおり，ボナパルトのクーデタを同時代人として経験したマルクスは，卓抜なルポルタージュ『ルイ・ボナパルトのブリュメール一八日』において，ボナパルティスムの本質を，ブルジョワジーとプロレタリアートという二つの階級の勢力均衡のうえに屹立するいわゆる「例外国家」に結晶することと，産業革命の進行によって没落しつつある「分割地農民」を代表することにみてとった[マルクス 1971]。第二帝制は，さまざまな社会階層を支持基盤にもつ政体として捉えられたのである。われわれの問題である親民衆的性格の存否についていえば，それは，一方で民衆を支持基盤とし，したがって民衆に対する一定の配慮を示すとともに，他方では名望家に依拠し，彼らの利害を充たすためには民衆の行動を弾圧することも辞さないという，両義的な評価を下しうる政体とみなされた。

このようなマルクスの評価は，基本的には，その後の歴史研究にも受け継がれてきた。ただし，この両義的性格がなにゆえもたらされたか，二つの側面の関係をいかに理解するべきか，といった問題をめぐっては，見解の相違や対立がみられる。前者については，かつてはマルクスの例外国家論を援用するアーギュメントがみられたが，近年では，先進国イギリスにキャッチアップするための「国民的統一」[Ménager 1988 : 8]志向の産物であるという評価が広まり，定着している。後者については，かつては，第二帝制を否定して成立した第三共和制をたかく評価する雰囲気のなかで，ボナパルティスムの反民主的、したがって反民衆的な性格を強調するスタンスが支配的だったが、近年では、その親民衆的な性格を再発見しようとする動きがみられる[Campbell 1978]。メナジェは親民衆的な性格をもつボナパルティスムを「民衆的ボナパルティスム」(bonapartisme populaire)と呼び、ボナパルティスムには民衆的ボナパルティスムと「名望家のボナパルティスム」という二つの潮流が並存していたことに注意を促している[Ménager 1988：7–8, 188–189, 365–366]。これに対してブリューシュは、二つの潮流の並存は認めつつ、また微妙な言回しをもちいてではあるが、民衆的ボナパルティスムこそが「純粋なボナパルティスム」[Bruche 1980：213]であると評価し、ボナパルティスムの親民衆的性格を一層強調する。さらにサーニュは、ボナパルトが『貧困の撲滅』(一八四四年)なる書を著していたことを重視し、彼を、民衆の境遇の改善を主張する「社会主義者」として描くに至っている[Sagne 2006]。近年の研究動向は、ボナパルティスムの親民衆的性格を強調する方向に向かっているのである。

この動向の妥当性を評価するには、第二帝制政府と民衆、とりわけその大多数を占めた農村部民衆の関係を具体的に明らかにする必要があるだろう。しかしながら、民衆の政治化の如何という問題についてさえ決着がついていないことを想起すれば容易に理解できるとおり、現状では、この作業は十分になされてきたとはいいがたい。[3]

この問題に取り組むに際しても、われわれは、ローカル・ガバナンスという観点を導入することが有効であると考える。そのうえで、ローカルな次元で政府を代表する地方行政当局、とりわけ県知事から市村長に至る一般行政当局がいかなるガバナンスを志向したか、あるいは地方行政当局と民衆のあいだでガバナンスのあり方をめぐる志向性はどの程度整合していたかといった問題を検討することにより、両者の関係、ひいては第二帝制やボナパルティスムの親民衆的性格の存否や程度に接近することを試みる。

方法

このような問題関心にもとづいてローカル・ガバナンスのあり方に接近するに際しては、いかなる方法を採用するべきだろうか。われわれは、市村会議員と市村長に着目し、彼らの行動に分析の焦点を据えることが有効であると考える。[4]この選択の背景には、次の二つの理由がある。

第一に、市村会議員すなわち議員や、市村長すなわち公務員は、ともに名望家の一部をなすとみなせるが、ただし他の名望家にはない特質をそなえているからである。たしかに、いわば「名望家の時代」だった一九世紀の農村部についていえば、議員職にも行政職にも就いていない名望家は多数存在した。七月王制期には、政府に協力することを肯じえない正統王朝派の名望家が「国内亡命」したし、第二帝制期には、公職就任に際して義務づけられた皇帝と政府に対する忠誠宣誓を拒否する正統王朝派やオルレアン派の名望家は珍しくなかった。

ただし、議員や公務員は、彼らと違って、市村を公的に代表し、あるいは市村内部で公的な権力を行使しうるという権能を有している。これら二つの権能により、彼らはガバナンスのあり方に対して大きな影響を与えうる。すなわち、前者の権能については、ローカルな政治空間、換言すれば「村の政治」(politique au village)と、中央政府やナショナルな政治をはじめとする「外部」の公式のパイプとして機能するがゆえに、外部からのインパクトによってローカル・ガバナンスがいかに変容するかは、彼らの選択や態度に左右される。[5]後者の権能については、第二帝制期の市村役場や市村会が利用しうるリソースは人的にも物的にもそれほど大きなものではなかったが、それでも、市村長は、いわば中央政府の代弁者として、田園監督官(garde champêtre)などを指揮しうる権限をもっていたし、市村会は、共同地の利用法の決定やインフラストラクチュアの整備など、住民にとって身近な問題を決定できた。

第二に、名望家が志向するガバナンスの正統性にはさまざまなものがあるはずであり、それらを区別して検討することが重要だからである。

ここで問題となるのは、ガバナンスの正統性はいかなる基準にもとづいて区別されるべきか、という点である。この問いに対する回答としては、社会職業的属性をはじめとしてさまざまなものが考えられるが、示唆的なのは、フランスにおける行政と政治、すなわち広義の支配のあり方について鋭敏で斬新な議論を展開してきたロザンヴァロンの指摘である。彼によれば、民主主義の正統性の根拠は選挙制度と行政制度に求められるが、両者は、歴史が進むにつれて、おのおの「世論と利害関係のシステムの影響のもとになされる主観的な選択」および「もっとも能力が高い者を客観的に選抜する登用」によって特徴づけられるようになってきた[Rosanvallon 2008:13–14]。そうだとすれば、両者が志向するガバナンスのあり方はおおきく異なることが予想される。

一九世紀のローカルな政治空間に即して換言すれば、そこにおけるガバナンスの特徴を捉えるには、名望家について、選挙にもとづく議員と、登用にもとづく公務員を区別して捉えることが可能にして有効であると思われる。そのうえで、もっともローカルな次元における議員は市村会議員であり、公務員の代表たる存在は市村長であることを考えあわせ、両者がいかなる特徴をもち、また第二帝制期においていかなる変遷を遂げてゆくかを分析する。[6]

とりわけわれわれが着目したいのは、市村会議員と市村長の関係のあり方である。すなわち、両者がいかなる関係をとりむすんでいたか、この関係は第二帝制をつうじていかに変化した(あるいは変化しなかった)か、地域間でいかなる相違が存在したか、これら変化や相違の背景にはなにがあったか、といった問題を考察の主要な対象とする。

この市村長と市村会議員の関係を考察するうえで示唆的なのは、一八六五年六月二八日、市村会議員選挙を目前にして、内務大臣ラ・ヴァレットが全国の県知事に発した通達である。[7] まもなく、フランスのすべての市村において、帝制再興以来三度目の市村会議員選挙が実施される。普通選挙制度が適用されるこの機会において、政府が望んでいるのは、万人の権利の尊重であり、適正な選挙である。県知事諸氏におかれて

表4-1　市村会議員および市村長の選出形態

政　体	復古王制	七月王制	第二共和制	第二帝制
根拠法制		1831年3月21日法	1848年7月3日政令	1852年7月7日法, 1855年5月5日法
市村会議員の選出	任命	制限選挙	男子普通選挙	男子普通選挙
市村長の選出	任命	任命	人口6000以上の市・県庁所在地・郡庁所在地は任命，それ以外は村会議員による選挙	任命
市村会議員でない市村長の可能性	なし	なし	なし	あり

も、この点に留意されたい。政府は、これまでの方針どおり、市村における日常生活が適切に発展することを望みつつ、選挙の結果を待って市村庁の組織を手がける予定である。政府は、憲法五七条が定めた必要なる権利〔市村会議員でない人物を市村長に任命する権利——引用者〕を手放すつもりはないが、同胞からの投票を得た市村会議員のなかから市村行政の長を任命できることを、正当にも期待するものである。

この通達の意義は、王政復古以降の市村長の選出の歴史を市村会との関係に着目しながら簡単に遡る（表4-1）とき、明らかである［Agulhon et als. 1986: 28-29］。

すなわち、市村会議員については、一八三一年に（制限）選挙制度が導入されて以降、基本的には市村住民である有権者が選出するという制度が維持された。また、市村長については、第二共和制期を除き、任命制が採用された。これら二つの点について、第二帝制はそれまでの制度を基本的に踏襲したと評価してよいだろう。これに対して、市村長を市村会議員以外から任命できるという制度は、ボナパルト派がクーデタによって実権を掌握してから新たに導入された、いわば新機軸だった。同派政府は、一八五二年七月七日法および一八五五年五月五日法により、それまで一貫して市村会議員のなかから任命または選出されるものと規定されていた市村長について、市村会の内外から皇帝または県知事によって任命され、任命後は自動的に市村会の議員にして議長になると定めたからである。

さらにいえば、第二帝制政府は、当初は、単に市村長は市村会議員以外から任命しうるというだけではなく、市村長は市村会議員選挙に立候補するべきではないとまで考えていた。内務大臣は、一八五五年の同選挙にあたって県知事に機密通達を発し、そのなかで「市村長は、自動的に市村会の構成員にして議長である。彼らの職務は法と皇帝から委ねられたものであり、選挙に委任を求める必要はない。……それゆえ、彼らに対して、選挙に立候補して選挙戦に個人的に関与することのないよう求められたい」と要請し、また一八六〇年の選挙に際しても「市村長は自動的に市村会構成員となることを考慮し、彼らに選挙に立候補しないよう求められたい」という通達を県知事に発した。[8] これを受け、各県の知事は、現職の市村長が市村会議員選挙に立候補しないよう、さまざまな方策をとった。[9]

以上からわかるとおり、一八六五年内務大臣通達は、ボナパルト派が導入し施行普及に尽力していた独自の制度をみずから否定し、それ以前の体制に回帰することを宣言した文書なのである。[10]

この方針転換は、ローカル・ガバナンスのあり方という観点からすると、重要な意味をもっている。選挙制にもとづく市村会議員のなかから市村長を任命するか否かは、任命制か選挙制かの違いの延長線上にある問題であり、それゆえ、市村長の地位の正統性や、彼らが志向し実施するガバナンスのあり方に対して、大きな影響を与えたことが予想されるからである。[11]

第二帝制政府が、当初は先例を踏襲せず市村会の外部から市村長を登用しうると定めたにもかかわらず、一八六五年という時点において方針を転換したことの背景にはなにがあったのだろうか。この点については、すでにハザリシンが示唆的な指摘をしている。彼によれば「地方政治制度は、普通選挙による正統化という原則と、政治的あるいは行政的な専断による統御の強制のあいだの矛盾のうえに成立していた。……市村長にとって、既存の登用制度のみにもとづいてみずからの権威を主張することは困難になってゆき、それゆえ〔市村会議員――引用者〕選挙に立候補することによって正統性を強化しようとする試みが増えてゆくことになる」[Hazareesingh 1998:52]。実際、一八六五年通達は「皇帝の希望は、市村長が、この〔当選と任命という──引用者〕二重の委任の権威とともに立ちあらわれることにある。市村長という民衆に近い公務員がもつ家父長的な性格には、この権威がもっともふさわしい」と続け、この方針変更が市村長の正統性や権威にかかわることを明らかにしていた。通達は、状況の変化に危機感をもった中央政府が、現状を追認するべく自発的に方針を転換したことの産物だったといってよい。

じつは、内務大臣通達にみられる方針転換の予兆は、一八六五年春の国会審議のなかで、すでにあらわれていた。すなわち同年二月、政府は県会および市村会の権限にかかわる法案を立法院に提出し、それを受けて地方自治制度のあり方が「分権化」(décentralisation)というキーワードのもとに大きな政治的論点となった。このような状況のもと、立法院は建白書(Adresse)案の審議を始めたが、その過程でシモンら反政府派の議員一八人から「はじめになされるべき改革として、市村長は、かつてのごとく市村会内部から選出されなければならない」という修正案が提出された(四月五日)[12]。修正案の審議に際して政府派の議員からは否定的な意見が続いたが、政府の立場を問われた国務大臣ルエルは「わたくしの考え、いやわたくしの信念は、政府は可能なかぎり市村会の内部に市村長を求めなければならないというものであります」と述べ、議場を騒然とさせた(四月六日)。この発言は、シモンらの修正案それ自体は二〇九対二六という圧倒的な差で否決されたことからもわかるとおり、反政府派からの圧力によるものとみなされるべきではない。それは、政府のイニシアティヴにもとづく自発的なものだった。

それでは、任命制にもとづくローカル・ガバナンスの正統性の低下とは、具体的にはいかなる現象としてあらわれていたのだろうか。ローカルな政治空間のアクターたる名望家や民衆は、各地でどのような行動をとっていたのだろうか。これら具体的な行動について、地域的な差異はあったのだろうか。方針転換の前と後で、市村長と市村会議員の関係は変化したのだろうか。変化があったとすれば、それはどのようなものだったのだろうか。それぞれの時点で、いかなるローカル・ガバナンスのあり方が想定されていたのだろうか――われわれは、一八六五年通達を糸口として、こういった問いに回答を試みる。

分析対象

市村長の登用のあり方を中心に、彼らと市村会議員の関係を分析することにより、ローカル・ガバナンスの特質に接近しようとするに際しては、いかなる分析対象を採用するべきだろうか。

ローカル・ガバナンスの単位はローカルな政治空間であるが、われわれの課題からすれば、それはほぼ市村と同義になる。それゆえ、市村に関する全数調査を実施できれば理想的だろうが、市村の数が約四万ということを考えると、これは現実的な対象設定とはいえない。われわれのリソースを考えると、実際には抽出調査で満足せざるをえないだろう。それでは、対象の抽出にあたって、いかなる方法を用いるべきだろうか。

まず抽出対象の単位であるが、中央政府の意向は、おもに県知事や郡長を経由して市村に伝達されたこと、市村長と市村会の関係をめぐるできごとが生じた場合は、ほぼかならず市村長や郡長が県知事に報告書を提出していること、そしてこれら資料は県文書館に所収されていることを考慮し、本章では「県」を採用する。

次に分析対象とする県の抽出手法であるが、まず、特定の一県や、隣接する複数の県から構成される特定の地域または地方を対象とするのではなく、なんらかの基準にもとづき、その基準からしてなるべく相異なる複数の県を選出し、それらを相互に比較対照するという、いわば「地域間比較」とでも呼ぶべきアプローチを採用する。[13] その背景には、このような手続きを踏むことにより、ローカル・ガバナンスのあり方が、各地でどのように異なっていたか、そしてこれら異同の背景にはなにがあったのか、といった問題を検討できるのではないか、という期待がある。[14]

地域間比較アプローチを採用する場合、最大の問題は、抽出基準としてなにを採用するかにある。基準の選択は、どの県が抽出されるかを規定することをつうじて、分析対象、われわれの場合でいえばローカル・ガバナンスの特性に対してどこまで接近できるかを左右するからである。

この点を検討するに際して示唆的なものとしては、ブルスタインの指摘がある。彼によれば、フランスにおける政治行動は地域ごとにおおきく異なるという特性(political regionalism)をもつが、この地域的相違の特性や原因については、これまで十分な分析がなされてきたとはいいがたい。すなわち、先行研究は、特定の県や地域をアドホックにとりあげて事例分析の対象としており、理論的基礎を欠いた説明にとどまっている。このような認識のうえに立って、彼は、われわれがいうところの地域間比較アプローチを採用するべきことを説き、抽出基準として、経済活動と財産所有のあり方を意味する「生産様式」を仮設する。そのうえで、フランス西部と南部を比較分析し、投票行動と生産様式が相関していることをみいだすことにより、生産様式が政治行動を規定するという結論に至っている[Brustein 1981:355-356, 366]。

われわれの関心対象は農村部であるから、彼がいう「生産様式」とは、ここでは土地制度を中心とする社会構造と換言してよいだろう。本章では、ブルスタインの指摘に示唆され、対象抽出の基準として社会構造を採用する。[15] したがって、なるべく相異なる社会構造が支配的である県を抽出することが必要になる。

以上の点を考慮し、われわれは、ブルターニュ地方に位置するイル゠エ゠ヴィレヌ、ブルゴーニュ地方に位置するコート゠ドール、ラングドック地方に属するエロー、という三つの県を分析対象とする。これら三県を抽出したのは、一九世紀において、これら三県が属する三つの地域が、のちに詳述する社会構造を含めて、さまざまな点で相互に異なっていたからである。[16] なお、対象の数を三つにしたのは、われわれの能力上の制約の帰結である。[17]

農村部の社会構造については、一八五二年および六二年に実施された農業調査を参照することにより、実態に接近することが可能である。前者の結果は『フランス統計』としてとりまとめられ、一八五八年および六〇年に刊行されているので、これを主要な資料としてもちいる[Ministre de l'agriculture, du commerce et des travaux publics 1858/1860]。[18] また、一八六一年から六五年にかけて工業調査が実施され、その結果がとりまとめられたものが一八七三年に『フランス統計』として刊行されているので、そこから得られるデータも補完的に用いる[Ministre de l'agriculture, du commerce et des travaux publics 1873][19]。

以下では、これら三県のおのおのについて、社会構造のあり方を(再)確認したうえで、県文書館に所収されている各種報告書などから市村長と市村会議員の関係の特徴を捉える。そのうえで、三県の状況を比較することにより、第二帝制期におけるローカル・ガバナンスのあり方の総体に接近する。

1 イル゠エ゠ヴィレヌ県の事例

社会構造

イル゠エ゠ヴィレヌ県は、フランス西部にあるブルターニュ地方の東部(オート゠ブルターニュ)に位置し、かつて高等法院がおかれたレンヌを県庁所在地とする県である。一八五一年の時点では、面積は約七〇〇〇平方キロメートル、人口は約六〇万、行政的には、六つの郡、三五〇の市村からなっていた。

第二帝制期における同県の社会構造や地方政治史については、ゴアルの浩瀚《こうかん》な未公刊博士論文が参照できる[Goallou 1970:8, 11–16, 30–32, 53–54, 62–65, 70]。彼によれば、第二帝制期において、労働人口は約四〇万、そのうち農業従事者が半分以上、商工業従事者が三割弱を、おのおの占めていた。農業については、県の面積の約六割が可耕地であり、そのうちほぼ三分の二が穀物栽培にあてられていた。しかしながら、耕地が細分化しているなどの理由から、農業生産性は低かった。商工業については、もっとも重要なのは麻布生産を中心とする繊維産業だったが、その中核をなす麻織物業は長期的な衰退過程にあった。その結果、一八四八年には成人男子の二%以下が地租の四割以上を担税しているのに対し、農民や労働者は困窮するという、二極化された社会構造がもたらされた。

一八五二年農業調査の結果を利用すると、同県の状況を全国平均と比較できる［Ministre de l'agriculture, du commerce et des travaux publics 1858/1860, Vol. 1:390–391, 406–407, Vol. 2:416–417］。地主、農業労働者との兼業を含む自作農、定額および分益小作農、他産業との兼業を含む農業労働者、以上の合計を「農業人口」と定義し、そこにおける各範疇の人数と比率（単位は％、小数点第二位で四捨五入）および農業部門における経営規模の比率を算出してみよう（表4–2、表4–3）[20]。

各範疇の比率についていうと、まず着目するべきは、全国平均と比して、所有する耕地が位置する郡内に居住していないいわゆる不在地主と、定額小作農の割合が高いことである[21]。このうち定額小作農の比率は全国平均の二倍強に達しており、定額小作関係が広範囲に普及していたことがわかる[22]。これに対して専業自作農の比率は、全国平均の半分程度にとどまっている。農村部の社会構造において、自作農は、地主と小作農や農業労働者のあいだに位置する中間層的な性格をもっているから、社会構造のヒエラルヒーが二極化していたとする先行研究の指摘は適切といえる。

次に興味深いのは、農業労働者を兼ね、日雇労働にいそしむ自作農が多いことである。このことは、同県の自作農の七割近くが、自分の所有地を耕作するだけでは生活できなかったことを意味している。ひいては、彼らの下位に位置する小作農や農業労働者の生活水準が低かったという先行研究の指摘が妥当であることも示唆している。これに対して専業農業労働者の比率は全国平均よりもかなり低いが、このことは、同県の農村部民衆が土地に執着していたことを推測させる。なお彼らの雇用主は、先述したとおり地主直営農場がほとんど存在しなかったことからして、自作農または小作農だったと考えられる。

経営規模の比率については、一〇ヘクタール以下の経営の比率が全国平均よりも高いのに対して、二〇ヘクタール以上の経営の比率はかなり低くなっている[23]。

まとめると、全国平均と比較した場合、イル＝エ＝ヴィレヌ県では、地主から定額小作契約にもとづいて借地した小作農が、農業労働者を雇用するなどして農産物生産にあたる定額小作経営が多かった。自作農は労働人口の三分の一を占め、決して少なくはなかったが、そのほとんどは農業労働者を兼業しており、専業自作農は少なかった。自小作農の経営規模は小さく、彼らに雇用される農業労働者も含めて、生活水準は低かった[24]。こういった人々を農村部における民衆と呼称するとすれば、彼ら貧しい民衆の対極に、ゴアルが指摘するような、地租の四割以上を担税する二%の人々、すなわち名望家と呼称しうる人々が存在した。両者のあいだには、社会経済的および心理的な次元において、大きな距離が存在していたはずである。

小作農			労働者
定額	分益	計	
696,865	352,316	1,049,181	3,714,215
6.3	3.2	9.4	33.4
31,050	3,557	34,607	57,478
15.2	1.7	16.9	28.1

市村長・助役および市村会議員の社会職業的属性

社会構造の特徴とローカル・ガバナンスのあり方は、リンクしているのだろうか。リンクしているとすれば、いかにリンクしているのだろうか。あるいはまた、このリンクは把握可能なものだろうか。はじめにこの問題を検討しておく必要があるだろう。

想定されるリンクとしてまず挙げられるべきは、市村長および彼らとともに市村行政を担う助役、そして市村会議員の社会職業的属性だろう。市村の社会構造の特徴は彼らの社会職業的属性に反映され、彼らの社会職業的属性は彼らの利害関係や利害関心、さらには政治的行動を左右し、彼らの行動は、彼らを主要なアクターとするローカル・ガバナンスのあり方を規定するのではないか、というわけである。

市村長や助役、市村会議員の属性を明らかにする手続きとして

表 4-2　イル゠エ゠ヴィレヌ県農業人口の各範疇

1852年		地主(居住地は郡単位)			自作農		
		不在	在郷	計	専業	労働者兼業	計
全国	人数	1,389,954	687,285	2,077,239	2,072,433	2,210,064	4,282,497
	比率	12.5	6.2	18.7	18.6	19.9	38.5
同県	人数	32,684	12,832	45,516	20,256	46,699	66,955
	比率	16.0	6.3	22.3	9.9	22.8	32.7

表 4-3　イル゠エ゠ヴィレヌ県の経営規模の比率　（単位：%）

1852年	5ha以下	5〜10ha	10〜20ha	20〜50ha	50〜100ha	100ha以上
全国	47	21	15	11	4	2
同県	51	25	16	7	1	0

は、まずはプロソポグラフィ分析が挙げられる。たいていの県においては、前者については任命リストが、後者については市村会議員選挙の当選者リストが、ともに県文書館に残されている。それらをもとにし、公文書、私文書、新聞など、各種の情報源を利用すれば、彼らの社会職業的な属性をかなりの精度で明らかにすることが可能である。しかしながら、イル゠エ゠ヴィレヌ県についていえば、たとえば第二帝制期の市村会議員の定員は、合計で五〇〇〇人弱に達する。このオーダーの社会集団についてプロソポグラフィ分析という手続きを施すことは膨大な作業量を要することが予想され、端的にいってわれわれの能力とリソースをこえている。

さいわいなことに、同県の市村会議員については、一八五五年選挙の結果を受けて作成された当選者一覧表が残存している。[25] 同表は、県内三五〇市村の当選者四六九四人について、氏名、職業、住所、年齢、および市村長や助役への登用の有無が記載されたものであり、これを定量的に処理すれば、市村会議員、さらにはその内部から登用された市村長や助役の社会職業的属性について、おおまかな傾向は把握できると思われる。

また、一八五五年というこの資料の対象は、市村長や助役と市村会議員の関係というわれわれの問題関心からしても、適切な時期である。一八五二年七月七日法成立直後の九月におこなわれた市村会議員選挙では、同法の趣旨が十分に周知されなかったためか、イル＝エ＝ヴィレヌ県では、三五〇市村において、三二二人の現職市村長が当選した。また、一八六五年選挙では、政府の方針転換を受けて、市村会内部から三三〇人の市村長が任命されたが、その多くは立候補して当選した現職の市村長だった[Goallou 1970:166-167, 599, 610]。これに対して一八五五年選挙にあたっては、県知事は市村長に対して立候補を避けるよう要請していた[26]。一八五五年は、市村長を市村会議員以外から登用せんとする政府の方針がもっとも明確に意識されていた時期に属するのである。実際、この年は、三五〇市村のうち一七二市村で市村長と助役がともに市村会の外部から登用されており、どちらかが市村会内部から登用された市村は一七八にとどまっている。

以下では、この一覧表に記載された「職業」をもちいて、市村会議員の社会職業的属性の特徴に接近する。属性の範疇区分については、これまでと同様、雇用関係における位置と、携わっている産業の種別という二つの次元に着目し、八つの範疇を設定する(表4-4)。

なお、職業の記載がない、あるいは当選から一覧表作成のあいだに死去したために氏名しか記載がないなどの理由で、社会職業的属性が不明の事例がある。本来であれば、他の資料をもちいて彼らの社会職業的属性を明らかにするべきところだが、不明者は一八〇人(全体の三・八%)であり、大体の傾向を知るうえでは彼らを除外しても影響はないと判断した。それゆえ、ここではすべて彼らを除外して検討を進める。また、地主を兼業していると記載されている事例が相当数みられるが、これらについては、当時のローカルな政治空間では「不労」であるか否かが重要な意味をもっていたというギユマンなどの指摘を考慮し、前章とは異なって、地主以外の職業に区分する[Guillemin 1982:35/Jones 1985:89]。そのため「農業×雇用主」に属するのは純粋な地主(不労地主)のみとなる。

この区分にもとづいて分類した市村会の議員の社会職業的属性について、人数と比率(小数点第二位で四捨五入)を算出する（表4－5）。

まず着目するべきは、地主と自作農だけで市村会議員の約八割を占めていることである。イル＝エ＝ヴィレヌ県が農業県だったことを念頭においても、この比率は圧倒的といってよい。とりわけ自作農については、地主と自作農の人口比率がほぼ二対三だったこと（表4－2）を想起すると、議員に占める比率の高さに驚かされる。自営業者が一割以上いることを考慮にいれても、同県における市村会は地主と自作農、とりわけ自作農の議会だったといってよい。

次に、市村長と助役の少なくともどちらか一方が議会内部から登用された市村を「内部登用市村」、彼らがともに外部から登用された市村を「外部登用市村」と呼ぶことにしたうえで、両市村のあいだになんらかの相違があったか否か

表4-4　社会職業的属性の区分

	被用者	自　営	雇用主
農　業	農業労働者 または小作農	自作農	純粋地主
商工業	被雇用者	自営業者	商工業者
その他	公務員	自由専門職	

表4-5　イル＝エ＝ヴィレヌ県の市村会議員の人数

（カッコ内は比率：%）

1855年	被用者	自　営	雇用主
農　業	51(1.1)	2,728(60.4)	869(19.3)
商工業	7(0.2)	525(11.6)	87(1.9)
その他	88(1.9)	159(3.5)	
合計(除不明)	4,514		
不明	180		

表4-6　イル＝エ＝ヴィレヌ県の外部登用市村における市村会議員の人数

（カッコ内は比率：%）

1855年	被用者	自　営	雇用主
農　業	27(1.1)	1,372(58.4)	420(17.9)
商工業	3(0.1)	302(12.8)	63(2.7)
その他	58(2.5)	106(4.5)	
合計(除不明)	2,351		
不明	71		

表4-7　イル＝エ＝ヴィレヌ県の内部登用市村における市村会議員の人数

（カッコ内は比率：%）

1855年	被用者	自　営	雇用主
農　業	24(1.1)	1,356(62.7)	449(20.8)
商工業	4(0.2)	223(10.3)	24(1.1)
その他	30(1.4)	53(2.5)	
合計(除不明)	2,163		
不明	109		

を検討するべく、両者おのおのについて、社会職業的属性ごとに分けた市村会議員の人数と比率を算出する（表4―6、表4―7）。

二つの表を比較すればわかるとおり、どちらにおいても地主と自作農の比率が圧倒的に高く、また自営業者が一割程度存在している。これらは一般的な特徴として先述したものと同様であり、一見したかぎりでは両者に共通している。

二種類の市村の異同をさらに検討するべく、ここで「選好度」という概念を導入する。選好度とは「母集団に占める当該カテゴリーの割合に対して、下位集団に占める当該カテゴリーの割合が何倍になるか」を意味する数値である。この数値が大きいほど、下位集団において当該カテゴリーが選好されている度合いは高くなる。下位集団において当該カテゴリーが選好されている割合は、母集団における割合と比して、選好度が一であれば同一であり、したがって選好の度合いは等しい。一より大きければ「より」大きく、すなわち「母集団におけるよりも」選好されている。一未満であれば「より」小さく、つまりは「母集団においてほど」選好されていない、ということになる。例として内部登用市村における地主を考えると、彼らの選好度は「内部登用市村における市村会議員に占める地主（社会職業的属性が不明な者を除く）の割合を、全市村の市村会議員（社会職業的属性が不明な者を除く）に占める地主の割合で割った数値」となり、この数値が大きいほど「内部登用市村では、全県と比して、地主が市村会議員として選好される度合いが高い」ことになる。[27]

このように選好度を定義したうえで、二種類の市村における社会職業的属性カテゴリーの選好度（小数点第二位で四捨五入）を算出する（表4―8、表4―9）。

ここにいたって、二種類の市村のあいだの相違が、かすかにではあるがあらわれてくる。外部登用市村では、商工業者、自営業者、自由専門職、公務員など、農業以外の社会職業的属性の多くについて、選好度が一をこえている。[28]これに対し、内部登用市村では、選好度が一をこえているのは地主だけである。とくに、商工業者、自由専門職、公務員についでは、選好度はかなり低くなっている。すなわち、外部登用市村では議員の社会職業的属性がバラエティに富んでいるのに対して、内部登用市村では市村会議員が農業に従事している割合が高い。ここからは〈自治体の規模が大きい、鉱山業や麻織物業など工業が盛んな地域に位置している、あるいは道路や運河や海港といった流通網に隣接しているなど、なんらかの理由で社会的分業が進んでいた外部登用市村〉と〈農業に特化した純農村的性格が強い内部登用市村〉が対立していたことが想定できる。

二種類の市村のうち、われわれの課題にとって興味深いのは内部登用市村である。これは当時の中央政府が推進していた外部登用という方針に反しており、この矛盾から中央政府や地方行政当局の意向が読み取れるのではないかと考えられるからである。

内部登用市村のうち、市村長と助役の双方が内部登用されたのは一一三市村、市村長だけが内部登用されたのは二六市村、助役だけは三九市村である。内部から登用された人数は、市村長が一三九人、助役が〈複数の助役をおく市村がある

表 4-8　イル＝エ＝ヴィレヌ県の外部登用市村の市村会議員における選好度

1855年	被用者	自　営	雇用主
農　業	1	1	0.9
商工業	0.5	1.1	1.4
その他	1.3	1.3	

表 4-9　イル＝エ＝ヴィレヌ県の内部登用市村の市村会議員における選好度

1855年	被用者	自　営	雇用主
農　業	1	1	1.1
商工業	1	0.9	0.6
その他	0.7	0.7	

表 4-10　イル＝エ＝ヴィレヌ県の市村長(市村会議員兼務)の人数　(カッコ内は比率：%)

1855年	被用者	自　営	雇用主
農　業	1(0.9)	54(48.6)	46(41.4)
商工業	0(0)	6(5.4)	1(0.9)
その他	0(0)	3(2.7)	
合計(除不明)	111		
不明	28		

表 4-11　イル＝エ＝ヴィレヌ県の助役(市村会議員兼務)の人数　(カッコ内は比率：%)

1855年	被用者	自　営	雇用主
農　業	1(0.7)	72(50.7)	42(29.6)
商工業	0(0)	19(13.4)	1(0.7)
その他	0(0)	7(4.9)	
合計(除不明)	142		
不明	20		

表4-12　イル＝エ＝ヴィレヌ県の内部登用市村の市村長における選好度

1855年	被用者	自　営	雇用主
農　業	0.8	0.8	2.0
商工業	0	0.5	0.8
その他	0	1.1	

表4-13　イル＝エ＝ヴィレヌ県の内部登用市村の助役における選好度

1855年	被用者	自　営	雇用主
農　業	0.6	0.8	1.4
商工業	0	1.3	0.6
その他	0	2.0	

ので）一六二人である。このうち社会職業的属性が判明しているのは、前者が一一一人（したがって不明は二八人）、後者が一四二人（不明は二〇人）である。彼らについて、社会職業的属性ごとに分けた人数と比率をみると、市村長については、地主と自作農で全体の九割を占め、圧倒的な割合で登用されていることが目につく。これに対して商工業者や自由専門職の割合は低い。助役については、地主と自作農が占める割合は八割近くと高いものの、市村長におけるほどではない。また、自営業者の割合は一五％近くに達し、それなりの人数が登用されているといってよい（表4-10、表4-11）。

母集団を内部登用市村の市村会議員、下位集団を市村長または助役とする選好度をみてみよう（表4-12、表4-13）[29]。市村長については、地主と自由専門職の選好度が高く、両者が相対的に選好されていたことがわかる。このうち自由専門職については、人数でみた割合は高くないが、これは登用の母体をなす市村会議員に占める割合が低いためである。これに対して自作農は、絶対数および全体に占める割合は大きかったものの、選好度が一未満だったことからわかるとおり、相対的には選好されなかった。自作農を職業とする市村長の割合が人数でみると五割近くに達していたのは、市村会議員において自作農が占める割合が高かったからにすぎない。また助役については、市村長と同様に地主と自由専門職が高いほか、自営業者で高いことが着目される。彼らが市村長としては選好されていないことを考えあわせると、自営業者という社会職業的属性には当該市村の「ナンバー・ツー」という地位が妥当であるという判断があったように考えられる[30]。

まとめると、市村長と助役の選好度からは、地主、自由専門職、そして助役についてのみ自営業者が、比較的多く登用されていたことがわかる。

市村会議員の人数比と市村長および助役の選好度とを考えあわせると、人数比も選好度も高い地主、人数比は高いが選好度は低い自作農、人数比は低いが選好度は高い自由専門職(および助役については自営業者)、という特徴がみいだせる。すなわち、純農村的な市村にあっては、地主や自作農が市村会議員の多数を占めたが、市村長および助役の任命権者は地主や自由専門職(および助役については自営業者)を選好した。ここからは、農村部における地主の圧倒的なプレゼンス、自由専門職や自営業者に対する政府の選好、そして彼らを登用することによって市村会と市村行政当局のバランスをとろうとする政府の意思が読み取れる。

一八五五年の市村会議員当選者一覧表にもとづいて市村長、助役、市村会議員の社会職業的属性を分析した結果をまとめておこう。市村会議員で最大の割合を誇ったのは自作農であり、次いで地主だった。市村長が議会外部から登用された市村と内部から登用された市村を比較すると、前者では農業以外に従事する社会職業的属性が相対的に多かったのに対して、後者では地主が相対的に多かったことから、内部登用は純農村地帯に位置する市村に多かったと推測できる。これら市村は政府の基本方針に反する事例であるが、そこにおける市村長と助役の社会職業的属性をみると、地主、自由専門職、および助役については自営業者が、相対的に多く登用されていた。ここからは、地主の地位の高さと、非農業部門から市村行政の責任者を登用しようとする政府の意図が感じとれる。第二帝制期のイル゠エ゠ヴィレヌ県では、多様な社会職業的属性をそなえた議員から構成される議会をもつ市村と、非農業部門からの登用を選好する政府に任命された市村長と助役が農業的な色彩の強い市村会と対峙する市村が並存していたのである。

市村行政当局と市村会の関係

これら市村において、市村行政当局、とりわけ市村長は、市村会議員たちといかなる関係をとりむすんでいたのだろうか。第三のアクターたる民衆は、そこにいかなる影響を与えたのだろうか。換言すると、市村長や市村会議員は、いかなるローカル・ガバナンスを志向し、実際に担い、あるいは担うことを期待されたのだろうか。それは、いかなる正統性にもとづき、いかなる理由にもとづいて受容されたのだろうか。

イル＝エ＝ヴィレヌ県では、一部の市村において、両者が対立し、郡長や県知事など上級行政当局もまきこんだ軋轢が生じるという光景がみられた。一八五三年三月、ケディアク(モンフォル郡)では、村会議員の多数派が審議を拒否し、議事が止まるという事態が生じた。彼らは「村会がなければ、村長や助役はなにもできないはずだ」と豪語し、あるいは村長の代理として村会の議長を務めた助役に対して「おまえに司会をする権利はない」と言い放った[31]。サン＝ブリアク(サン＝マロ郡)では、市長が住民を村役場に集め、小学校に関する請願書への署名を求めたが、後日になって、じつはそれは村会を批判する内容だったことが判明した。憤激した市会議員の多くは「こんな市長とは仕事をともにできない」と述べ、辞表を提出した[32]。

対立の原因については、政治党派や政治思想の違いにもとづくものはほとんど存在しない[33]。まずもって目につくのは、個人的な関係のこじれを原因とするものである。先述したケディアクの事態にしても、その契機は、モンフォル郡長いうところの「地域的な対立(rivalité de clocher)や飲み屋の影響」のもとに村会議員の一部が村長と個人的に対立したことにあった。とりわけ、第二帝制にはいって市村長が任命制になり、彼らが市村会の意向から独立して行動する余地が増すと、市村会議員は力関係のバランスがみずからの不利に傾くことを懸念し、市村長の行動を独断的として批判するようになった。サン＝ジョルジュ＝ド＝ランタンボ(フジェル郡)では、高齢の市長が業務の一部を息子に代行させたことに市会が反発した。アントラン(フジェル郡)では、市場用建物の購入の是非をめぐって市会と市長が対立したが、フジェル郡長にいわせると、これは口実にすぎず、問題は市長が次の選挙で市会議員の一新を狙っていると(市会から)みなされていることにあった[34]。

また、ローカルな政策をめぐる対立もみられた。この点に関して、対立の原因として言及されているもののうちもっとも目を引くのは、共同地の処分である。ここからは、当時の農村部において共同地がいかに重要な存在だったかがわかる。ギニャン(ルドン郡)では、教会を改修するための財源を共同地の売却に求める市長の提案を市会が否決し、ルドン郡長から「市会は公益よりも私益を重視している。……議員たちは共同地を無料で利用することから利益を得ている」と批判された。同様の事態は、メルネルやリユロン(ともにルドン郡)などでもみられる。[35]

両者の対立の処理については、郡長や県知事は、政治党派がかかわる場合を除き、基本的に調停を試みた。[36]ただし、調停がうまくゆかない場合は、市村長が辞めるか市村会議員が辞めるかのどちらかである。

このうち前者については、市村会との対立を理由として市村長が免職される事例はほとんどなく、たいていは市村長が自発的に辞意表明するというかたちをとった。メサク(ルドン郡)では、村長が、村会多数派と対立したあげく、一八五二年の村会議員選挙に立候補して落選した。彼は、この事態を「村長としてのわたしの行動やイニシアティヴは、もはや善行をなすだけの力を残さないだろう」と捉え、県知事に辞意を表明した。[37]

後者については、市村会議員が辞意を表明する場合と、上級行政当局が市会そのものを職務停止(場合によっては、そののちに解散)処分に付す場合があった。自発的辞意表明の例をみると、ルドンでは、市会議員選挙にあたって市長が他の有力者に諮ることなく市長派の候補者を選考したことに抗議して、多数の市会議員が辞意を表明した。[38]職務停止の例としては、リユロンの事態が目を引く。第二帝制初期、財政状況の悪化に直面した村長は、共同地を売却することによって財源を生み出そうと考え、同地を無断で利用していた住民を告発するとともに、売却を村会に提案した。彼の行動は住民、とりわけ共同地の利用を必要とする民衆の反発を招き、彼らの意向を汲んだ村会は、共同地は住民のものであるという理由で提案を否決した。村長は、村会は村行政を妨害しているとルドン郡長に報告し、村会は、住民の支持を得ていたにもかかわらず職務停止処分となった。[39]

市村長の辞意表明、市村会議員の辞意表明、あるいは市村会の職務停止がなされた理論的根拠については、残念ながら触れている資料は多くない。そのなかで示唆的なのは、先述したとおり村会多数派と対立し、辞意表明するに至ったメサク村長の言である。彼は、村会議員は「われわれは村長よりも権利がある。……われわれは同胞によって任命されたからだ。村長の権力は県知事から得たものらしいが、そんなもの、普通選挙制度の前では、なにほどのことがあろうか」という態度をとっているとみなし、これは当局に対する反逆にして憲法の精神に反するものだと批判した。[40] サン＝トゥリアル（モンフォル郡）村会は、一八六五年、県知事に対して、新しい村長は住民から敵意をもたれ、全村民と対立していると批判したうえで、批判の根拠を「われわれには、本村によって選ばれた代表であるという名誉がある」ことにおいた。[41] 彼らは、みずからの正統性が選挙によって表明された住民の意思にあることを理解していた。[42] 市村長の正統性は県知事、憲法、政府、あるいは皇帝からの委任にもとづくのに対して、市村会の正統性は選挙すなわち民意にもとづくのであり、両者の源泉は究極的には異なっている、と考えられていたのである。

もっとも、イル＝エ＝ヴィレヌ県では、市村長と市村会の関係は、基本的には良好なものであり、両者のあいだに対立が生じることは稀だった。市村長の立候補が容認あるいは奨励されていた一八五二年および六五年の市村会議員選挙では、前述したとおり、立候補した市村長の大部分が当選した。また、五五年および六〇年の選挙に際しては、市村長の立候補は望ましくないという政府の基本方針が周知されたにもかかわらず、相当数の市村長が立候補し、あるいは自派の候補者名簿を提示して選挙戦に介入した。[43] その結果、五五年選挙では、市村長派名簿に掲載された候補者はほとんど当選したし、六〇年選挙では、当選した市村会議員全四九六〇人中四七四九人が市村長派に属するという結果に終わった［Goallou 1970:265, 434］。

それでは、市村長や市村会議員はいかなる存在であるとみなされ、またいかなる存在たるべきとされたのだろうか。まずもって、彼らは他の住民に対して優越する存在、すなわち名望家でなければならなかった。この優越的な立場にもとづいて行使される力は当時「影響力」と呼ばれたが、市村長や市村会議員は民衆に対する影響力をそなえていなければならなかった。彼らの影響力はしばしば市村全体におよび、また、とりわけ各種選挙の結果によって強さを判断しうるとみなされた[44]。

問題は、彼らの影響力はいかなる性格をもっていたかという点にある。市村長や市村会議員はどのような影響力を行使するべきかという問題をもっとも真剣に考えていたのは県知事だった。市村長を推薦あるいは任命し、また市村会議員選挙に介入することにより、好ましい影響力をそなえた人物を県内の市村行政さらにはローカル・ガバナンスの担い手として登用することは、まさに彼らの主要任務の一環をなしていたからである。県知事にとって、市村長の影響力とは「家父長的で公正」(paternelle et équitable)なもの、具体的には「万人に対する厳格に公正な対応、困窮ゆえにわれわれの保護を求める人々に対する積極的な援助、権威の穏健な行使、万人との関係構築における親切心」によって「市民からの信頼を促す」類いのものでなければならなかった[45]。ここに登場する「家父長的」あるいは「信頼」という語は、後者に類似した含意をもつ「敬意」や「支持」といった語とともに、市村長や市村会議員の資質をあらわす際にしばしばもちいられた[46]。また、市村長の影響力は強力かつ持続的でなければならないが、それは「住民にとって、みずからの利益を擁護し権利を行使するために必要な唯一の仲介者は市村長である」からだった[47]。市村長は「仲介者」すなわち上級行政当局の代理人であり、そのかぎりで正統性を認められた。農村県であるイル゠エ゠ヴィレヌ県において、行政当局の重要な使命は福祉と進歩を農村部に普及させることであり、そのためには「当局と住民のコミュニケーションを妨げてきた障壁を取り払う」ことが必要だったが、そのパイプ役こそが市村長だった[48]。こういった歴代の県知事の言からは、望ましい影響力は、市村長や市村会議員から民衆に向けた一方向的なものではなく、一種双方向的な性格をもっていなければならないと考えられていたことがわかる。すなわち、市村長や市村会議員の影響力は、一方で民衆に優越しているという事実にもとづいて行使され、他方で民衆から信頼されているという事実によって正当化されるという、双方向的で循環的なメカニズムをそなえているべきものだった。

影響力が双方向性をもつということは、その一環をなす民衆からの信頼、敬意、支持が毀損されれば、影響力そのものもまた失われる危険があることを意味する。とりわけ市村長の場合、市村行政当局の決定が住民の不興をかった場合、それはただちに彼らの影響力の低下につながり、各種選挙における逆風などの事態をもたらした。イル゠エ゠ヴィレヌ県についてみると、このような事態をもたらした決定としては、共同地の処分にかかわるものが目立つ。コンブレサック（ルドン郡）では、一八六〇年村会議員選挙に際して、村長派が勝利したら共同地が売却されるだろうという噂が流れた。農村部で強大な影響力を誇る聖職者は村長派を支持したが、それにもかかわらず、結果は反村長派の圧勝だった。[49]

この双方向的な関係は、政治空間を共有しているという意識に支えられていた。この点で示唆的なのは、一八五二年、辞意表明したシャネ（レンヌ郡リフレ小郡）村長の後任をめぐって県知事から意見を求められた、同村在住の地主にしてリフレ小郡選出県会議員たるルファの返信である。[50] 彼は、有力な候補として名前が挙がっていたデーなる人物について「きわめて立派な人物」だとしながらも任命に反対したが、反対の根拠を「デー氏はシャネ村の子どもではありません。……村の出身者をさしおいて余所者が村長に任命されるとすれば、人々は不快になることでしょう」という点に求めた。市村長としてふさわしいのは「余所者」ではなく「村の出身者」だった。

このように、市村をはじめとする特定の空間の内外を峻別し、市村長や市村会議員としては「内部」に属する「われわれ」を選好して「外部」の存在たる「余所者」を忌避する心性は、当時のイル゠エ゠ヴィレヌ県の農村部でひろくみられた。第二帝制初期、ファン（レンヌ郡）では村会が村長と対立していたが、村外出身の村長の言によれば、それは「村会は、余所者は村長たりえないと考えている」からだった。[51]

それでは「われわれ」が位置するべき空間の範囲はいかなるものであり、人々の認識において「内部」と「外部」の境界はどこに引かれていたのだろうか。「われわれ」の一員となるためにもつべきとみなされた属性はいかなるものだったのだろうか。

前者の問題については、つねに「内部」イコール当該市村というわけではなかったことに留意するべきだろう。すなわち、この境界はかならずしも市村の行政的境界と一致していたわけではない。エルセ゠アン゠ラメ（ルドン郡）市会では、市中心部、テレー地区、ラ・フリュリエ地区のおのおのを選出母体とする議員のあいだで複雑な対立が潜在的に存在し、この対立が、市中心部を支持基盤とする市長との対立として現出した。モール（ルドン郡）でも市長と市会が対立を続けたが、その背景には、市長が支持基盤とするブヴェル地区と、市会議員の多数を輩出しているモール地区の対立があった。あるいはまた、これら多様な境界は、重層的に存在している場合もあった。先述したファン村会は、村の内外で「われわれ」と「余所者」を区別しつつも、同時に「村のはずれに居住する地主」は、村民であっても、村長の適任者とはみなさなかった。[52] 村長たるべき者は、村の中心部に居住しなければならなかったのである。

後者の問題については、基本的な属性は「居住していること」におかれた。ただし、被雇用や借地などの理由で余所者に従属しているとみなされた場合には、居住者であっても「われわれ」の一員としての資格に疑問符が付されることがあった。「われわれ」に属するとみなされるためには、土地を所有していることなど「外部」から独立して意思決定できる状況にあることが必要だったからである。先述したシャネの事例では、村長候補デーについて「住民にとっての問題は、氏が同村では定額小作農にすぎず、土地を所有していないことにあります」という評価がなされた。[53] ファン村会は、一八六六年、県知事に対して新しい村長を推薦するという挙にでたが、その際「外部の影響を受けざるをえない定額小作農」は村長として好ましくないと言明した。[54]

ただし、居住し、土地を所有し、独立して意思決定できれば十分というわけでもなかった。市村の次元からは外れるが、一八六七年県会議員選挙を前にして、ギシャン（ルドン郡）選挙区をなす同小郡内の市村長は集合して支持候補を選出したが、その際全会一致で「小郡にとっての余所者は、たとえ家族が権益をもっていても、土地をもっていても、支持できない」と宣言した。[55] 彼らによれば、生まれた場所もまた考慮にいれられるべきだった。市村長や市村会議員がそなえているべき「われわれ」のメンバーシップは、自律的な意思決定能力、居住、生まれなど、複数の要因が複雑に絡みあうなかで規定されたといってよい。

市村長や市村会議員が担い、志向し、あるいは彼らに期待されていたローカル・ガバナンスは、「内部」とイメージされる空間に属する「われわれ」という属性を共有することと、「われわれ」の内部においては民衆に対して優越的な立場を占め、その一方で民衆から信頼されているという双方向的な状況にあることにもとづいて影響力を行使する、というステイタスにもとづくものだった。ローカル・ガバナンスを担う主要アクターという彼らの立場は、属性の共有と地位の優越によって正当化された。これを「地位」にもとづくローカル・ガバナンスと呼ぶとすれば、イル＝エ＝ヴィレヌ県では「地位」にもとづくローカル・ガバナンスが支配的だったといってよい。それは、均質化と差異化、支配と服従、そして同意取付けと信頼といった複数のベクトルが、相対立し、あるいは並存するという微妙な関係をとりむすぶなかで展開し、あるいは展開するべきものだった。

それでは、このようなローカル・ガバナンスは、イル＝エ＝ヴィレヌ県の社会構造の特徴とリンクしていたのだろうか。リンクしていたとすれば、いかにリンクしていたのだろうか。先にわれわれは、多様な社会職業的属性をそなえた議員から構成される議会をもつ市村と、非農業部門からの登用を選好する政府に任命された市村長や助役が農業的な色彩の強い市村会に向かいあう市村という、二つの類型を析出したが、市村長と市村会の対立はどちらの類型にも生じた。[56]また、対立が両者の社会職業的属性に関連して生じたり言及されたりすることはなかった。市村長、助役、市村会議員の社会職業的属性の違いは、対立の有無に影響を与えなかったのである。社会構造の特徴とローカル・ガバナンスのあり方をリンクする要因として当該属性を想定したことは、適切ではなかったといわざるをえない。それゆえ、残された二県については、市村長、助役、市村会議員の社会職業的属性は分析しないことにする。[57]また、社会構造とローカル・ガバナンスのリンクの存否とあり方については、本章のおもなコーパスをなす県文書館所蔵資料の分析から導出できるかぎりで、章末において検討を試みる。

農業県であるイル゠エ゠ヴィレヌ県では、市村会議員と市村長（および助役）の座は、圧倒的な比率で、地主と自作農によって占められていた。政府は市村長を非農業部門から登用することを志向していたが、その実現は困難だった。一部の市村では、両者のあいだで、人間関係やローカルな政策をめぐる対立が生じた。そこに、両者が志向するガバナンスのあり方の差異を、かすかにではあるがみいだすことができる。市村長は、みずからが担うガバナンスの正統性を、最終的には皇帝に至る上位の権威や権力に帰していたのに対し、市村会議員は、みずからの正統性は民意に起因すると認識していた。

ただし、こういった対立がみられたのはごく一部の市村であり、ほとんどの市村では両者の関係は基本的に良好だった。彼らはともに、「内部」に属する「われわれ」のなかで優越的な位置を占めることから生じる影響力をもちいることにより、民衆から支持をとりつけ、またローカル・ガバナンスを主導する立場を認められていた。市村長と市村会議員は協力して、みずからが志向するローカル・ガバナンス、すなわち「地位」にもとづくガバナンスを展開していたのである。その意味では、イル゠エ゠ヴィレヌ県は典型的な名望家支配がみられた地域であると評価してよい。

しかしながら、ローカルな次元において名望家による支配が安定していたのであれば、なにゆえ政府は市村長の登用について方針を転換しなければならなかったのだろうか。同県の事例をみているかぎりでは、このような疑問が生じることは避けがたい。われわれは、ここで目を他の県に転じなければならない。

2　コート＝ドール県の事例

社会構造

コート＝ドール県は、フランス北東部にあるブルゴーニュ地方に位置し、かつてブルゴーニュ公国の首都であり、のちに高等法院がおかれたディジョンを県庁所在地とする県である。一八五一年の時点では、面積は九〇〇〇平方キロメートル弱、人口は約四〇万、行政的には、四つの郡、七二七の市村からなっていた。なお、市村の数が多いことから推測できるとおり小さな村が多かったことを反映して、一八五七年から六一年にかけて市村の吸収合併が進み、第二帝制末の市村の数は七一七に減っている。

一九世紀コート＝ドール県に関する研究は、思いのほか多くないのが現状である。さらにいえば、同県を含むブルゴーニュ地方に視野を広げても、同地方の歴史的な重要性と比べるとき、研究史の不十分さは明らかである。その唯一の例外といえるのは、世紀前半のコート＝ドール県とソーヌ＝エ＝ロワール県に関するレヴェックの博士論文[Lévêque 1983a/Lévêque 1983b]だろう。これは、特定の時空間について総体を描き出すというラブルース学派の方法論に忠実に従ったものであり、政治、経済、社会から文化に至るまでの諸側面が、ほぼすべてカバーされている。しかしながらレヴェックが対象とするのは七月王制成立から第二帝制成立までの時期であり、われわれの対象たる第二帝制期は論じられていない。第二帝制期については、現在までのところ、コート＝ドール県(さらにはブルゴーニュ地方)は包括的な歴史研究の対象になっていないといってよい。

一九世紀前半から中葉に至る同県の社会構造については、レヴェックの前記博士論文が詳細な見取り図を提示している。それによれば、同県は基本的に農業県とみなしうるが、シャティヨン郡とディジョン郡では製鉄業の発展がみられた。農業については、従事する人口のうち、地域によって異なるが三割から五割ほどが小規模な自作農であり、残りの大多数は定額小作農だった。後者は、自己が所有する土地を耕作するだけでは生活できない自作農が地主から借地して耕作する小規模な自小作兼業経営と、大規模で「資本主義的」とも呼びうる形態をとる一部の経営からなっていた。また、ディジョン郡南部からボーヌ郡にかけて広がるワイン醸造用ブドウ栽培地域では、例外的に分益小作経営がみられた[Lévêque 1983a:103, 107, 117, 194–201][58]。

それでは、第二帝制期における同県農村部の社会構造に接近するべく、一八五二年農業調査[Ministre de l'agriculture, du commerce et des travaux publics 1858/1860, Vol. 1:386–387, 402–403, Vol. 2:416–417]を検討する(表4–14、表4–15)。

農業人口に占める各範疇の比率を全国平均と比較すると、地主の比率が五ポイント以上高く、農業人口の四分の一以上を占めていることに気づく。小作農の比率はかわらないから、小作農一人あたりの地主数は、全国平均と比して大きい。これは、小作農が多くの地主から借地して経営していたことと、ひいては小作農の経営規模が大きかったことを示唆している[59]。

これに対して専業自作農の比率は全国平均と比して約一〇ポイント低く、前者の半分以下になっている。専業自作農のポイントの低下分は、大雑把にいえば、地主と定額小作農のポイントの増加分に充当されている。労働者兼業自作農の比率は全国平均とかわらないことから、同県では、自作農の多くは自分の所有地を耕作するだけでは生活できず、補助収入源として日雇い労働に依存せざるをえなかったと考えられる。

経営規模をみると、一〇ヘクタール以下の経営の比率が全国平均よりも低いのに対して、二〇ヘクタール以上の経営の比率はかなり高くなっている。コート=ドール県の農業経営の規模は全国平均と比して大きく、またヒエラルヒーの勾配は相対的にはゆるやかだったことがわかる。農業人口に占める各範疇の比率の特徴とあわせて考えると、平均経営規模が大きいという事態に貢献していた範疇は、なによりもまず小作農だった。同県では、比較的規模の大きな小作経営と、日雇い労働を兼業する自作経営が並存していた。さらに前者については、レヴェックの指摘を考慮にいれると、小規模な自小作兼業経営と大規模な小作経営が並存していた。

土地所有と農業経営のあり方をあわせてまとめると、同県の農村部では、地主と一部の小作農が名望家として頂点をなすとともに、その他の小作農、自作農、労働者兼業自作農、あるいは労働者が民衆として底辺を構成し、比較的ゆるやかなヒエラルヒーをもつ社会構造が成立していた。

小作農			労働者
定額	分益	計	
696,865	352,316	1,049,181	3,714,215
6.3	3.2	9.4	33.4
9,330	3,938	13,268	40,467
7.8	3.3	11.1	33.9

市村行政当局と市村会の関係

それでは、コート＝ドール県内の市村において、市村長、市村会議員、民衆は、いかなる関係をとりむすんでいたのだろうか。第二帝制期における同県の「村の政治」を論じた先行研究としてはレヴェックのすぐれた論文があるが、そこにおいて彼は「農村部民衆は、国政については皇帝に一任する準備があったが、身の回りのものごとを県知事が決めるのを見過ごす気はなかった」[Lévêque 2006 : 292]と述べ、市村長を市村会の外部から登用しようとする試みは概して反発を呼んだことを指摘している。問題は、彼の所説はどこまで一般化できるか、反発が遍在していたとして、それはいかなる形態をとったか、そして、反発の背後にはあるべきローカル・ガバナンスがイメージされていたことがみてとれるが、それはいかなるものだったか、である。

表 4-14　コート＝ドール県農業人口の各範疇

1852年		地主(居住地は郡単位)			自　作　農		
		不　在	在　郷	計	専　業	労働者兼業	計
全国	人数	1,389,954	687,285	2,077,239	2,072,433	2,210,064	4,282,497
	比率	12.5	6.2	18.7	18.6	19.9	38.5
同県	人数	19,633	11,567	31,200	10,439	24,166	34,605
	比率	16.4	9.7	26.1	8.7	20.2	28.9

表 4-15　コート＝ドール県の経営規模の比率　（単位：％）

1852年	5ha以下	5〜10ha	10〜20ha	20〜50ha	50〜100ha	100ha以上
全　国	47	21	15	11	4	2
同　県	40	20	16	15	7	2

この時期の同県農村部をみてまず目につくのは、ローカルな「村の政治」がきわめて活発に展開されていたことである。例として市村会議員選挙をみると、一八五五年選挙に際して、ボーヌ郡では、一九二村のうち三四で村長派が敗北し、スミュール郡では、当選者中、市村長派は五二二人だったのに対して、反市村長派は二六八人(残りは中間派)を占めた。一八六〇年選挙に際しては、市村長派が全県のうち五二三市村で勝利したのに対して反市村長派は四五市村で勝利し、一五七市村で善戦した。一八六五年選挙に際しては、ボーヌ郡で三五人の市村長が落選した。[60] ほとんどの市村会議員選挙が平穏裡になされたイル゠エ゠ヴィレヌ県と比較するとき、両県の違いは明らかだろう。

ただし、市村会議員選挙における市村長派と反市村長派の選挙戦をはじめとする「村の政治」において、対立の原因がナショナルな政治党派や政治路線の違いにあることは稀だった。たしかに、一八六〇年選挙において社会主義派が選挙戦に参入し、数名の当選者を出したサン゠ジャン゠ド゠ロヌ(ボーヌ郡)や、極端王党派の大地主ブルトニエル男爵がボナパルト派の村長と対立し、そのせいで村会が真二つに分かれて機能不全に陥るという構図が続いたブルトニエル(ディジョン郡)など、ナショナルな政治的対立がローカルな政治空間にもちこまれた事例は、存在しないわけではない。[61] ただし、ほとんどの「村の政治」は、パーソナルな、あるいはローカルな争点をめぐるものだった。一八六〇年選挙について、ボーヌ郡長は「かなり多くの市村で反市村長派の候補者が当選したが、この事態は、自己愛、個人的な対立、あるいは利害関係の産物である。各地において、これら候補者は政治色があるとみなされているが、それは間違いである」と総括しているが、彼の判断を支持する証言には事欠かない。[62]

このうちパーソナルな争点をめぐる事例は、市村長、市村会議員、あるいはそれ以外の有力者の人格にかかわるものと、彼らのあいだの個人的な対立関係にもとづくものに区別できる。

前者については、もっとも多いのは、市村長が恣意的な権力行使に走り、市村会や、さらには住民と対立した事例である。ヴェロヌ(ディジョン郡)では、村長が自分の友人である初等教員の給与を勝手に引き上げたり困窮者救援金を独断で配分したりして村会と対立し、さらには民衆にも愛想をつかされるに至った。[63] エセ(ボーヌ郡)では、村長が村民でない実兄に村内の共同地利用権を与えようとしたため、憤慨した村会議員六人は県知事に対して辞意を表明した。[64] ジェルラン(ボーヌ郡)では、村長が村会の議場で中傷的な発言をくりかえして村会議員の自由な発言を妨げ、村会は「まるでキャバレーのようだ」と評されるがごとき状態をもたらした。[65] こういった事態を前にして、ボーヌ郡長は「農村部では、多くの市村長が私益のために職権を乱用している」ことを嘆かざるをえなかった。[66]

後者については、ローカルな政治におけるアクターのあいだに、さまざまな対立軸が存在し、あるいは形成された。対立を主導したのは各種の名望家であり、彼らがいかなる地位に就いていたかによって、対立は、市村長対市村会、市村長対助役、市村長対前市村長、あるいは市村会対地元有力者など、さまざまな形態をとった。そして、これら対立が重層的に並存する場合もあれば、ある対立が別の対立の姿をとって発現する場合もあった。コルゴロワン(ボーヌ郡)では、一八六五年の村会議員選挙に際して、新しい村長が村会の外部から登用された。この事態に不満をもった村会議員は村行政当局に対決する姿勢をとるとともに、全員一致で県知事に抗議文を提出し、さらに村長と助役は直接選挙で選ばれるべきことを村会で決議するに至った。一見すると村長と村会の対立にみえるこの事態は、じつは、新しい村長の後見人的存在である下院議員マレー゠モンジュと、再選されなかった前村長バルブロが個人的に対立を続けてきたことの産物だった。[67] クシェ（ディジョン郡）では、第二帝制成立後、村会で三つの党派が相対立し、選挙のたびに「混乱、対立、相互憎悪」を引きおこすという光景がみられた。もっとも三者はすべて帝制政府を支持しており、これは単に、現村長支持、前村長支持、前助役支持という違いの産物にすぎなかった。[68] シャンバン（シャティヨン郡）では、一八六〇年、村長に対する激しいネガティヴ・キャンペーンが展開された。その中心人物は元村長にして前村役場書記官だったが、彼が村長を攻撃した理由は、みずからの書記官職を世襲させようとして村長に断られたことと、甥が薪木窃盗罪で村長に訴えられたことという、きわめてパーソナルなものだった。[69] ブーズ（ボーヌ郡）では、一八五五年、クリミア戦争におけるセヴァストーポリ攻防戦勝利の報が届いた際に村長が勝利を寿ぐ聖歌「テ・デウム」をうたわなかったとして、村会議員一〇人中八人が抗議の辞意表明をするという事態が生じた。テ・デウムをうたうことは政府の指示だったから、これは反政府派の村長と政府派の村会との対立の産物にみえる。ところが、報告を受けた県知事は、村長を解職するのではなく村会を解散し、再選挙によって民意を問うことを命じた。それは、テ・デウム云々は口実にすぎず、事態の背景にあるのは村内の有力者二人のパーソナルな対立にすぎないことを知ったからだった。[70]

次にローカルな争点をめぐる対立については、イル゠エ゠ヴィレヌ県では共同地の利用や処理が争点となることが多かったのに対して、コート゠ドール県ではさまざまな問題が対立の争点となった。そのなかで比較的多かったものとしては、初等教育をめぐる諸問題がある。一八五五年、スール（ボーヌ郡）では、キリスト教兄弟団による初等学校の開設を認めるか否かが市会議員選挙の争点となり、開設許可を主張する市長派は大敗した。マレ゠シュル゠ティル（ディジョン郡）では、村会が教育の全面無償化を要求し、村長と対立した。マンレ（ボーヌ郡）では、女子初等学校をめぐり、村長と村会が長いあいだ対立を続けた。すなわち、一八五四年、修道女たちが女子初等学校を開設したため、村長は村費から補助金を出すことを村会に提案した。ところが村会は「女子はほとんど学校にゆかない」ので「女子教育は重要でない」という理由から提案を否決し、さらに同校が私的な寄付を受けるのを禁止し(一八五七年)、同校の校舎建設を拒否する(一八六一年)など、一貫して同校を敵視する姿勢をとった。この混乱は、リエルネ小郡担当治安判事が村会を支持したのに対し、ボーヌ郡長は村長を支持するなど、上級行政当局にも波及することになった。[71]

その他の争点としては、市村の財源をいかに調達および利用するかをめぐるものが目をひく。フラムラン(ディジョン郡)では、村長と(村会のかわりに設置された)村行政委員会が共同地に生える樹木を伐採および売却して代金を村財政に繰り入れようとし、住民、とりわけ貧困な民衆の反発を招いた。クレリ(ディジョン郡)では、選挙に際して夫役の免除を公約して当選した村会議員たちが、公約の実現を求め、財政難の到来を懸念する村長と対立した。パニ゠ル゠シャトー(ボーヌ郡)では、消防ポンプ三台の購入を求める村会と、三台は必要ないと主張する村長が対立し、後者の辞意表明によって決着した。[72]

それでは、コート゠ドール県の政治空間では、市村長と市村会はいかなる関係をとりむすんでいたのだろうか。両者はいかなるローカル・ガバナンスを志向し、それらをいかに正当化していたのだろうか。そして、同県におけるローカル・ガバナンスの展開は、いかなる特徴をもっていたのだろうか。

まず着目するべきは、市村会議員の集団的辞意表明(démission collective)という現象が各地でみられたという事態である。これは、たとえばイル゠エ゠ヴィレヌ県ではあまりみられなかったものであり、その多発はコート゠ドール県の特徴といってよい。

集団的辞意表明の理由は、ほとんどの場合、市村長とのパーソナルあるいはローカルな対立にあった。[73] また、その目的については、もっとも多かったのは，市村長の決定の取消しや彼らの免職を上級行政当局に求めるための取引材料とすることだった。

このうちパーソナルな対立をみると、ソリュ(スミュール郡)では、一八六五年、市会議員八人が、市道の改修に関する市長の決定を不服として集団で辞意表明した。ただし、スミュール郡長によれば、市道云々は口実であり、辞意表明の真の目的は人望のない市長に辞意表明を強いることにあった[74]。イジエ(ディジョン郡)では、一八五四年、村長が村会に無断で田園監督官を交代させたとして、村会議員八人が集団で辞意表明した。県知事は辞意を容れたが、混乱は収まらず、一八六〇年には、五人の村会議員が、村長を免職しなければわれわれが集団で辞意表明すると申し出た。彼らによれば、村長は、従兄弟に村有林の薪木を売却しては代金を着服したり、村有地における狩猟権の競売に際して圧力をかけたりするなど、露骨な職権乱用を続けていたからである[75]。

次にローカルな争点をめぐる対立をみると、ルシャトレ(ボーヌ郡)では、村長が道路補修官のポストを設置することを提案したのに対し、村会は村財政の赤字を理由に反対した。ところが村長は独断で同職を設置するという策にでたため、村会は抗議の意思を示すために集団で辞意表明した[76]。ブヌーヴル(シャティヨン郡)では、共同放牧に新しいルールを導入するか否かをめぐり、村長と村会が対立した。すなわち村会は、共同放牧を利用できる家畜の頭数を、各世帯が共同放牧に供しうる土地の面積に比例させることを提案したのに対し、村長は、村会にいわせれば「これはみずからの損になる」と考えて提案を却下した。村会議員の大多数は辞意を表明し、県知事に対して、村長を免職しなければ辞意を取り消さないと迫った[77]。クテルノン(ディジョン郡)では、一八五四年、村会議員の大多数が勝手に村会を開催し、村長の行動を独断と批判したうえで、辞意を表明した。調査を県知事から依頼されたディジョン東小郡担当治安判事によれば、その原因は、村内にある製糖工場に排水の処理を求める村会の提案を村長が却下したことにあった。じつは村長は同工場に勤務する労働者であり、治安判事いわく「製糖工場の利益に反する決定は却下せざるをえない」立場にあった。治安判事は村会と村行政当局をともに刷新するべきことを上申し、県知事は村会の解散と村長の免職を決定した[78]。

もちろん辞意表明の時点で、彼らの隠れたる意向が容れられるか否かは未定であり、これは一種の賭けだった。実際、県知事が彼らの辞意を容れ、あるいは市村会の職務停止や議会解散を決定した場合は少なくない。市村会議員にとって、集団的辞意表明は、みずからの地位を賭けた諸刃の剣のような選択だった。

ただし、県知事が市村長の側に立つ可能性を市村会議員が考えていなかったかといえば、そうではない。多くの場合、彼らにとって、それは織り込みずみの事態だった。集団で辞意を表明した市村会議員の念頭には、辞意がとおったとしても、補欠選挙か次回の選挙に出馬して当選すればよい、という計算があった。すなわち、市村会議員の辞職は、辞意表明が県知事によって認められることによって成立するが、辞職によって議員の数が定数の三分の二以下になると、ただちに補欠選挙が実施されることになっていた。そして、辞職した議員についても、補欠選挙に立候補することが認められていた。また、もしも県知事が辞職を認めず、それにもかかわらず市村会議員の多数が辞意を撤回しない場合、市村会は機能不全に陥ることが予想されるので、県知事は市村会を職務停止または解散し、県知事の任命になる行政委員会に業務を移管することができた。ただし、行政委員会の任期は、次の定例の市村会議員選挙までとされていた。同選挙は五年おきだったから、この場合であっても、数年待てば議員として返り咲く可能性があったわけである。

実際、エシ(スミュール郡)では、一八五四年、司祭館を新築する財源を捻出するために共同地を売却するという村長の提案をめぐって村会が真二つに割れた。結局、村会は五対四で提案を否決したが、村長は村会の意向を無視して司祭館の新築を進めた。村会多数派のうち四人の議員は、これを不服として集団で辞意表明し、補欠選挙にもちこむや、再度立候補して全員が当選し、村長に辞意表明を強いた。[79] エポワス(スミュール郡)では、田園監督官の人選をめぐって村会と村長が対立していたが、世論の支持を感じた村会は「みずからの行動を住民の投票に委ねる好機」たる補欠選挙に訴えるべく集団で辞意表明した。彼らは大差で再選され、村長が任命した田園監督官を更迭することに成功した。[80] その他、リュフェ゠レ゠ボーヌ(ボーヌ郡)では助役の人事をめぐって同様の事態が生じるなど、村会議員が集団的辞意表明、再選挙、再当選という戦略をもちいた事例には事欠かない。[81]

集団的辞意表明に訴えるという市村会議員の行動の背景には、多くの市村において有権者が彼らを支持しているという状況があった。ラベルジュモン＝レ＝オソヌ（ディジョン郡）では、村長が女子初等学校の校舎建設を提案したのに対し、村会は五対五に割れた。この結果を受けて村長は建設を決定したが、反対派の議員五人は集団で辞意表明し、選挙にもちこんで村長と助役を含む他の五人を落選させようと試みた。それは「彼らは、このままだと共同地でとれる薪木の価格が高騰してしまうと主張し、ひろく支持を得ている」からだった。[82] ジェルランでは初等学校校舎の賃貸をめぐる村長との対立から、ヴィロット＝シュル＝ウルス（シャティヨン郡）では村政のすべてをめぐって、マルシリ＝オニ（ボーヌ郡）では村長の職権乱用に抗議して、おのおの村会議員全員が集団で辞意表明した。辞表を受理するか否かの決断を迫られた県知事や、県知事から意見を求められた郡長の念頭にまず浮かぶのは「新たに選挙をしたら、また同じ人物が当選してしまうだろう」ということだった。[83]

市村会議員もまた、民衆をはじめとする有権者が自分たちを支持していることを十分に認識し、ときには公的に表明していた。ベール＝ル＝シャテル（ディジョン郡）では、村会が、新しい教会の建設を進める村長と対立し、四人の議員が集団で辞意表明した。辞表は受理されて補欠選挙がおこなわれたが、当選したのは辞任した四人だった。四人は、村長に対して「多数の有権者がわれわれのところにやってきて、われわれを当選させ、新教会建設計画を阻止しなければならないと訴えた。上級行政当局も、この計画に協力することはないはずである。村長と助役は、あたらしく計画反対派の村会議員のなかから指名されるべきである」と宣言し、村長に辞任を強いた。[84] 助役人事をめぐって村長と対立したリュフェ＝レ＝ボーヌ村会議員は有権者に対して声明を発表し、そのなかで、みずからの行動を「有権者の選択を反映すること」や「有権者の権利を尊重すること」にもとづくという理由で正当化した。[85]

このように、コート＝ドール県では、市村会議員と有権者したがってその大多数を占める民衆が、市村行政当局など各種行政当局と対立するという構図が各地でみられた。その際、市村会議員がみずからの立場を正当化するためにもちいたのは、選挙で当選したからには、有権者をはじめとし、民衆を中核とする住民を代表している、という論理だった。彼らは、住民の利害を代弁し、その対価として住民に支持され、それによってガバナンスを担うことを正当化された存在だった。[86] 彼らが市村長との対立において優位に立ったことからは、この「代表性」にもとづくローカル・ガバナンスとでも呼ぶべきものが、県内各地でひろく受容されていたことがわかる。これは、市村長をはじめとする行政当局が、原則として任命制にもとづく自己の地位を正当化する論理とは相異なり、場合によっては相対立するものだった。

もちろん後者の論理を支持する言説がまったくみられなかったというわけではない。たとえば、市村の組織を定める一八五五年五月五日法が制定される前後の時期には、市村の次元におけるローカル・ガバナンスに対する関心が高まった。そのなかで、シャティヨン郡では、郡長が、市村会議員選挙はパーソナルな対立を生みやすいから、市村会議員を任命制にするべきである、とする報告書を郡会に提出した。これに対し、みずからも普通選挙によって選ばれたはずの郡会議員たちは、市村会議員は私益や党派精神といった基準にもとづいて選出されており、これでは彼らの能力は判断できないとして、郡長に同調した。[87] イス゠シュル゠ティル小郡担当治安判事代理は、農村部では住民の権利行使意識が低いため、小規模な自治体における村会議員選挙では投票率が低い傾向にあるとして、選挙制度の採用は望ましくないと県知事に上申した。[88] 県知事もまた、行政当局が市村会議員を任命するべきであり、また住民もそれを望んでいると主張した。その理由は、農村部では、一八三一年、市村会議員の登用に選挙制が導入されるや否や、陰謀と憎悪が支配するようになり、一八四八年には普通選挙制度が導入されるも、人々は無関心で棄権が多い、というものだった。[89]

しかしながら、こういった主張は一部のものであり、「代表性」にもとづくローカル・ガバナンスは正当なものだという認識は、各地で（積極的か消極的かは別として）受容され、浸透していた[Dimech 1995: 119–124]。市村会議員選挙において与党が敗北したり、みずから立候補して落選したりした市村長や助役は、しばしば辞意を表明した。少なくとも一八六五年まで市村長は市村会の外部から登用されるべきであるとされていたことを思いおこせば、彼らの辞意表明は義務ではなく自発的なものであり、したがって背景にローカル・ガバナンスのあり方に関する認識があったことは明らかだろう。ロンシャン(ディジョン郡)助役は、一八五二年の市村会議員選挙に立候補したが落選したため、「有権者は、わたしが村会議員としては、ましてや助役としてはふさわしくないと判断した」と述べて辞意を表明したのだった。[90]

この認識のうえに、一部では、市村長を市村会議員のなかから登用するべきであるという主張があらわれた。ヴァランジュ(ディジョン郡)では、村会議員の多数派が村長と対立していたが、彼らは住民の大多数の支持を得ていると自称し、一八六一年、村会議員の内部から村長を登用するべきことを県知事に要求した。彼らにとって、みずから、すなわち村会議員とは「住民から全面的に信用されている」存在だったからである。[91]

もちろん、どこの市村でも、住民の内部には財産においても社会職業的属性についても多種多様な社会集団が混在していたから、すべての利害を市村会が代弁していたと考えることには無理があるだろう。シャトーヌフ(ボーヌ郡)では、一八五二年の村会議員選挙に際して村長が自派の候補者リストを作成したが、その際に彼が苦心したのは地主(propriétaires)と自作農(cultivateurs)のバランスをとることだった。彼は、両者がおのおの「独自の利害を有する」ことを考慮し、両者同数からなるリストを作成した。ところが、選挙は地主に有利な結果となり、自作農たちの不満を招いた。彼らは(なぜか)村長は貧農(manouvriers)の利害に配慮しすぎているという批判を展開しはじめ、事態を憂慮したプイイ＝アン＝オソワ小郡担当治安判事は村長に辞意表明を勧めるに至った。[92]

とりわけ市村予算の使途がローカルな争点として現出する場合には、市村会がすべての住民の利害を代弁することは不可能だった。たとえば、第二帝制期には無償で貧困層を診察する「小郡医師」(médecin cantonal)制度が導入されたが、同医師は市村が公費で雇用するものとされたため、コート＝ドール県では導入は遅々として進まなかった。シャティヨン郡長によれば、この制度は農村部の民衆にとって有益であるが、導入に市村会の同意を得ることは困難だった。市村会議員の大多数は富裕層であり、彼らはメリットがないのに支出を負担させられる立場にあったからである。また、ボーヌ郡内の各地では、同制度導入の費用を共同地の処分によって賄うか否かが問題となり、共同地放牧から利益を得ているため処分に反対する家畜所有者と、家畜を所有していないため共同地を処分して小郡医師を雇用することを求める貧困層が対立するという光景がみられた。市村会は、通常は前者を支持する立場で行動した。[93]

ただし、これらは例外的な事例であり、市村会は「住民の一般利益」を代弁するという言説が、市村会は特定の社会集団の利害に沿って行動するという現実よりも優位に立つのが常だった。[94]

市村会に対する民衆の支持は、単に彼らの無知や市村会議員によるパトロン・クライアント関係によるものだったわけではない［Vaquez 1997:115–118］。この事態は、むしろ、彼らの政治的選択を反映していたとみなされるべきである［Goujon 1993:314］。一八五二年、ルセ＝シュル＝ウルス小郡では、市村会議員選挙を前にして、多くの市村長は市村長派候補者の当選を不安視していたが、治安判事によれば、それは「候補者について官選リストを提示することは……有権者の自尊心を傷つけ、彼らの反発を生むのではないか」という懸念のなせる業だった。[95] 一八六〇年の市村会議員選挙においては、スミュール郡では、市村長の大多数は政府の意向を容れて立候補を見送ったが、それにもかかわらず彼らの大部分が当選した。それは、彼らが有権者の共感を得ていたからだった。[96]

コート＝ドール県農村部では、地主と一部の小作農が名望家として頂点をなす、相対的にゆるやかなヒエラルヒーをもつ社会構造が成立していた。また、ディジョン郡とシャティヨン郡では、製鉄業や機械製造業などの工業の発展がみられた。

こういった社会経済的特性を反映してか、第二帝制期の同県では、活発な「村の政治」が展開された。その中核をなしたのは、パーソナルあるいはローカルな争点をめぐる市村行政当局と市村会議員の対立である。市村長と市村会議員はともに「余所者」ではないから、問題は両者が提示し、あるいは体現するローカル・ガバナンスの是非にあった。このうち市村会議員は、民衆をはじめとする住民の利害を代弁する存在を自任し、「代表性」によってみずからの地位を正当化した。彼らは、この「代表性」にもとづくローカル・ガバナンスを体現し、志向していたのである。

市村行政当局との対立に決着をつけるに際して、市村会はしばしば集団的辞意表明、再選挙、再当選による立場の強化という特徴的な戦略をとった。そして、民衆をはじめとする住民はこの戦略を支持し、結果として市村会が優位に立つ傾向を生んだ。この事態は「代表性」にもとづくローカル・ガバナンスが人口に膾炙していたことを意味している。

それでは、南フランスに位置し、イル゠エ゠ヴィレヌおよびコート゠ドールの二県と異なる社会構造をそなえていることが予想できるエロー県では、いかなるローカル・ガバナンスが志向され、また現出していたのだろうか。

3　エロー県の事例

社会構造

エロー県は南フランスにあるラングドック地方の地中海沿岸部(バ゠ラングドック)に位置し、かつて地方三部会と地方長官府がおかれたモンペリエを県庁所在地とする県である。第二帝制成立の時点では、面積は約六〇〇〇平方キロメートル、人口は約三九万(一八四六年)、行政的には、四つの郡、三三〇の市村からなっていた。なお、第二帝制期をつうじて市村の再編がおこなわれ、その過程で新しい市村が四つ生まれている。

第二帝制期における同県の社会構造や地方政治史については、一九世紀のモンペリエ司教区に関する研究の決定版というべきショルヴィの浩瀚かつ包括的な未公刊博士論文と、一九世紀後半の同県における政治史を政治学の立場から分析したドランデュの未公刊博士論文が参照できる[Cholvy 1973:740–766, 1028, 1552, 1563/Dorandeu 1992:28–29]。それらによると、

小作農			労働者
定額	分益	計	
696,865	352,316	1,049,181	3,714,215
6.3	3.2	9.4	33.4
1,343	674	2,017	65,985
1.0	0.5	1.5	49.1

一九世紀中葉の同県では、ほぼロデヴ郡とサン＝ポン郡からなる北部の山間部と、ほぼモンペリエ郡とベジエ郡からなる南部の沿岸部のあいだで、社会構造がおおきく異なるという現象がみられた。

すなわち、前者では、旧体制期には軍を主要な顧客とする織布業が都市部を中心に広まったものの、一九世紀にはいると機械の導入を中心とする工業化の波に乗り遅れて衰退しはじめ、地域経済全体の停滞を招くとともに、労働者を中心とする民衆の失業や困窮化と、彼らの離村による人口の減少を促した[Thompson 1982/Johnson, C. 1995]。土地所有や農業経営形態については、小規模な自作農、というよりも貧農が多かった。これに対して後者では、当初は生産性の低い穀物栽培が広がっていたが、一九世紀半ばに鉄道網が同県に到来したことを契機として、ワイン醸造業とワイン用ブドウ栽培業が広まり、それにともなって人口が増加しはじめた。土地所有や農業経営形態については、ブドウ栽培は、ベジエ郡の一部を除き、小規模な経営が多かった[Cholvy 1968:64–65][97]。

次に一八五二年農業調査[Ministre de l'agriculture, du commerce et des travaux publics 1858/1860, Vol. 1:390–391, 406–407, Vol. 2:416–417]にもとづき、第二帝制期における同県農村部の社会構造を、全国平均や、これまで検討してきた二県のものと比較する(表4–16、表4–17)。

農業人口を構成する諸範疇をみると、まず目につくのは、地主、とりわけ不在地主と、各種小作農の比率が、全国平均と比して、不在地主が約三分の一、小作農が約六分の一と、著しく低いことである。これは、すでにみた二県の傾向と正反対である。また、専業自

表 4-16　エロー県農業人口の各範疇

1852年		地主(居住地は郡単位)			自　作　農		
		不　在	在　郷	計	専　業	労働者兼業	計
全国	人数	1,389,954	687,285	2,077,239	2,072,433	2,210,064	4,282,497
	比率	12.5	6.2	18.7	18.6	19.9	38.5
同県	人数	5,271	10,224	15,495	11,701	39,174	50,875
	比率	3.9	7.6	11.5	8.7	29.2	37.9

表 4-17　エロー県の経営規模の比率　　（単位：%）

1852年	5ha以下	5～10ha	10～20ha	20～50ha	50～100ha	100ha以上
全　国	47	21	15	11	4	2
同　県	71	9	8	6	4	2

作農の比率も全国平均の半分以下である。これに対して、農業労働者が農業人口の約半分を占め、また労働者兼業自作農の比率も三割程度に達しており、ともに全国平均の一・五倍近い高い数値となっている。農業人口の大部分は、みずからの労働力を販売することによって生活する、社会構造においてヒエラルヒーの底辺を構成する存在だったことがわかる。

次に経営規模をみると、五ヘクタール以下の経営が全体の七割以上と、これまた全国平均の一・五倍近い高い数値となっている。先にみた、農業人口の七割を占める農業労働者と労働者兼業自作農は、かなり低い生活水準にあったことが推測できる。これに対して、五〇ヘクタール以上の経営はほぼ全国平均並みの数値となっている。これは、全国平均と比べて、中規模の経営の比率がおおきくおちこんでいることを意味している。エロー県の社会構造は、底辺が広く、中間部分が少ないという意味で、きわめて急峻なヒエラルヒーをともなっていた。

農村人口の大多数を占める自作兼業または専業の農業労働者は、その多くが、地主によって直接(すなわち管理人などの差配のもとに)経営される農場で働いていた。一八五二年農業調査によれば、エロー県には一〇九四の地主直営農場が存在している[Ministre de l'agriculture, du commerce et des travaux publics 1858/1860, Vol. 1:390]。地主の約一四人に一人が農場を直営していたという計算になるが、これは、全国平均の約七〇人に一人、コート＝ドール県の約三四〇人に一人(直営農場は九二経営)、そしてイル＝エ＝ヴィレヌ県の約二七〇〇人に一人(直営農場は一七経営)という数値と比較するとき、きわめて特徴的な数値である。

土地所有と経営規模のあり方をあわせて考えると、エロー県では、地主が自作兼業あるいは専業の農業労働者を雇用して営む大規模な直営農場という経営形態と、貧しい労働者兼業自作経営という形態が並存していた。このうち相当数が、南部を中心として、ワイン用ブドウを栽培していたことは、想像にかたくない。

市村行政当局と市村会の関係

先行研究によれば、一九世紀におけるエロー県の政治的な傾向については、山間部では共和派が、沿岸部では正統王朝派が、おのおの強い勢力を誇った[Secondy 2006:13–14, 50–52]。実際、ルイ＝ナポレオン・ボナパルトのクーデタに際しては、各地で両者による激しい抵抗運動と、政府による武力弾圧が生じた。さらにまた、弾圧にもかかわらず、一八五二年の市村会議員選挙では、共和派や正統王朝派が勝利する事例が相次いだ[Cholvy 1973:1019]。その背景には、同県を含む地中海沿岸地域において、ローカルな政治が人々の生活をおおきく左右していたこと、カトリックとプロテスタントの歴史的な対立が政治的な対立と絡まりあいつつ残存していたこと、そして、これら事態の帰結として、民衆をはじめとする住民が政治に対して積極的に関与していたことがあった[Loubère 1974:preface][98]。

このように、先行研究では、同県では共和派や正統王朝派の活動や、彼らに対する支持が広範にみられたことが強調されてきた。ただしここで留意されるべきは、この事態がもっていた意味である。彼らの活動や彼らに対する支持は、ナショナルな次元と同じく、あるべき政体の姿をめぐる政策や政治的主張をめぐってなされていたのだろうか。

われわれにいわせれば、答は「否」である。一八六〇年市村会議員選挙において、二〇市村では反政府派が完勝し、二七市村では反政府派が善戦したが、県知事にいわせれば「政治性を帯びた結果はなかった」。このうちベジエ郡では、ネジニャン＝レヴェック、アベラン、モンブラン、ガビアンなどで「一八五一年に社会主義思想をかかげた人々が市村会の多数派を占めた」が、これは「地域的な紛争(querelles de clocher)の産物」にすぎなかった[99]。ミュルヴィエル(ベジエ郡)では、ボナパルト派の村長が、正統王朝派と共和派が多数を占める村会と対立したが、対立の争点は村内の貧困層に対して援助をするか否かにあった[100]。モギオ小郡(モンペリエ郡)では、住民がさまざまな政治党派に分かれて相対立するという光景がみられたが、それは「他者の幸福を妬み」「敵の所属に応じて白色派または赤色派を自称する」ような、「教育に欠ける人々が住民の大多数をなしている」からだった[101]。クルノンテラル(モンペリエ郡)では、一八五五年村会議員選挙にあたってボナパルト派と正統王朝派の対立がみられたが、前者の候補者は「有産者、政府支持派、プロテスタント」からなるのに対して、後者の候補者には「識字能力のない者や無産者を含むが、プロテスタントはいない」という状況だった[102]。「赤色派」「白色派」「正統王朝派」「共和派」あるいは「社会主義派」といったレッテルは、ローカルまたはパーソナルな対立を表現するために、いわば便宜的にもちいられたにすぎない。多くの人々にとって、問題は国政ではなかった。

それでは、市村長、市村会議員、民衆、この三者は、相互にいかなる関係をとりむすんでいたのだろうか。エロー県では、政治に住民が活発に参画していたことを反映して、各地で市村長が市村会と対立するという光景がみられた。ここで興味深いのは、対立がいかに決着したかである。

決着の形態としてまず指摘されるべきは、コート＝ドール県と同様に、市村会議員の集団的辞意表明である。ヴィルヌーヴ＝レ＝マグロヌ村会議員たちのことばを借りれば、彼らはみずからの行動を「われわれは普通選挙制度によって職位に就いているのであり、本村の利益が、村会を無視するひとりの人間(村長――引用者)の手中でもてあそばれているのをみるのは耐えがたい」という理由で正当化した[103]。市村会議員は、市村住民の代表者であるという「代表性」を、みずからの地位の正統性の根拠とみなしていたのである。これに対して、彼らに対立する市村長は、独断的で一部の利益だけを考慮して行動する存在、すなわち「代表性」に欠ける存在として表象された。一八六三年、マルゴン(ベジエ郡)では村会議員全員が集団で辞意を表明したが、その理由は「村長は独善的で横柄で怒りっぽく、村会ではいかなる反対意見も許そうとせず、すぐに激高しては下品なことばで中傷する」ために村政が停滞していることに求められた。郡長は彼らの言い分を認め、結局、村長は辞意表明を余儀なくされた[104]。

このうち一部の市村会は、コート＝ドール県でよくみうけられた、集団的辞意表明を実現することによって再選挙を実施させ、それに再出馬して当選することによってみずからの代表性したがって正統性を強化するという方策を採用した。ラ・ヴァクリ＝エ＝サン＝マルタン＝ド＝カストリ(ロデヴ郡)では、第二帝制の成立直後から、法の執行に厳格すぎる村長に対して住民が反発し、彼らの代表を自任する村会との対立を生んでいた。一八五四年、村会は集団で辞意を表明して再選挙の実施にもちこみ、村長派の候補者をおしのけて全員当選した。当初は村長に同情的だったロデヴ郡長は、この結果に「村会のみならず村全体が村長に反感をもっている」ことをみてとり、村長の交代を県知事に進言した。しかし県知事は交代を認めず、その後も対立は続いた。村会議員は一八六三年、六四年と集団的辞意表明をくりかえし、事態の悪化を憂いた郡長は村長に辞任を勧めたが拒否された。万策尽きた郡長は県知事に迫り、どうにか村長の免職にこぎつけた[105]。

クレルモン＝レロー(ロデヴ郡)では、一八六〇年代をつうじて、市政のあり方をめぐり、市長と市会が全面的に対立する事態が続いた。すなわち同市では、一八六〇年に市内を流れるロネル川の大洪水が発生し、その対応に追われた市財政は破綻寸前となった。また教育制度をみると、市立中等学校(コレージュ)は第二帝制成立以来閉鎖され、小学校はキリスト教兄弟団に委託されたが教育水準の低下が続くなど、悲惨な状況にあった。これに対して市会議員たちは、集団的辞意表明による再選挙という方策を選択したうえで全員当選し、民意を背景に市行政当局からイニシアティヴを奪って市政改革に乗り出した。その結果、市内を走る鉄道会社から補助金を引き出すことにより、市の財政状況は改善に向かった。市立中等学校は、じつに一〇年ぶりに再開された。また、市会は世俗初等学校を設置し、キリスト教兄弟団立初等学校と競争させることによって教育水準の向上をはかった。[106]

もちろん市村長の側も、このような事態を前にして、手をこまねいていたわけではない。彼らや、彼らの上位に位置する郡長や県知事をはじめとする上級行政当局は、市村住民から支持を得るための論理を考案し、提示しようと試みた。その際に強調されたのは、「公益」および「融和」の重要性と、選挙原則に対する消極的な評価である。

前者の例としては、一八六五年市村会議員選挙を前にして、県知事が全市村長にむけて発した通達がある。そのなかで彼は、候補者の擁立を促すとともに、擁立に際して念頭におかれるべき基準については「候補者の選出にあたっては、協調の精神と、公益、皇帝、地域への献身を念頭におかれたい。……知識、知性、地域のあらゆる一般利益に対する献身、および当該市村に対する献身という観点において卓越する人々を選出し、有権者の共感を得るとともに、ローカルな対立が心情的な分裂をもたらしているところでは、これを融和の好機とされたい」と述べた。この通達を受け、各地では、市村長が住民にむけて「公益」や「融和」をうたうメッセージを公表した。ベジエ市長は「公益のために働くべく、住民全員から支持を得たい」と述べて立候補を表明したうえで、「市村は、内部の利害が連帯によって結びつけられている点で家族のようなものであり、その融和と団結こそが重要である。この発想にもとづき、わたしは、公益に沿って行動し、さまざまな階層を出自とし、自治体の利害とニーズを理解し、独立可能な立場にあり、過去のしがらみにとらわれない人々を候補者として選出した」と述べた。また、マロサン(ベジエ郡)村長は「わたしは、すべての住民を満足させることはできないかもしれないが、公益のみを考慮するつもりである」という立場を表明したが、その根拠は「市村は社会状態の原点であり、日々の安寧と家庭の安全の源である」ことに求められた。[107]

後者の例としては、一八五二年市村会議員選挙にあたってクレルモン＝レロー市長が市民にむけて発したメッセージが挙げられる。彼は、市村長は選挙に立候補するべきでないという当時の政府の方針に従い、「わたしは行政権の受任者であり、それ以外の存在にはなりたくない」と述べて候補者となることを辞退したが、辞退の理由は「立候補することは、市村長の独立性を損ない、委任された権限を弱体化させる。一般に、選挙原則が公務員の選任に導入されると、当該公務員の権力はかならず弱体化するものである」ことに求められた[108]。ここには、選挙は当選者の「能力」を証すものではないとする、コート゠ドール県内市村行政当局にみられた立場と共鳴する発想がみてとれる。

もっとも、市村長と市村会の対立に決着をつける手段としてもっとも頻繁に採用されたのは、請願書を提出するなど、上級行政当局に対してさまざまな抗議活動をおこなうことだった。ローカルな政治空間におけるアクターのうち市村長は上級行政当局に抗議する立場にはないから、抗議活動に訴えたのは市村会議員と、そして民衆を含む住民であり、また件数としては後者のほうが多かった。

まず市村会議員については、批判の対象は市村長であり、また抗議行動の相手は基本的に県知事だった。一八五〇年代をつうじて村長と村会の対立が続いたヴィルヌーヴ゠レ゠マグロヌ(モンペリエ郡)の事例をみると、一八五二年、県知事は村会外部から村長を登用し、そのため村長はただちに村会と対立することになった。一八五八年、村会議員は集団で辞意表明し、県知事は村会を職務停止して行政委員会を設置した。一八六〇年、村会議員選挙が実施され、全議席を反村長派が占めた。時を同じくして、村長が無断で共同地放牧権を売却し、代金を着服していたことが発覚したため、村会議員は県庁に出向いて県知事に直接抗議するという挙にでた。ここにいたって村長は辞意表明を余儀なくされ、村会の中心的な議員がかわって村長となった[109]。

ヴィルヌーヴ゠レ゠マグロヌにみられたような直接的な抗議行動がとられることは珍しかったが、請願書の提出といった程度の行動は各地でみられた。ル・プジェ(ロデヴ郡)では、一八六〇年村会議員選挙において村長と前議員たちが正面から対立し、村長派は全員落選という惨敗を喫した。これに力を得た村会は、「ナポレオン三世陛下はわれわれに普通選挙制度と代議制度を授けてくださった」ことを理由として、新しい村長を任命することを求める請願書を県知事に提出した。これは明らかな越権行為であるが、県知事から対応を要請されたロデヴ郡長は「村長は、個人的にはまったく問題ない人物である」としながらも、村会に支持されていないことを理由として村長の交代を進言した。[110]

次に市村住民が上級行政当局に対して抗議行動をおこなった事例であるが、イル＝エ＝ヴィレヌ県およびコート＝ドール県と比較したとき、エロー県における「村の政治」の最大の特徴はその多さにある。

陳情書の提出先など抗議行動がなされる相手をみると、まず目につくのは県知事である。これは、第二帝制期のローカルな政治空間における県知事のステイタスの高さと権限の大きさを考えれば、十分に理解可能な選択といえる。フェリヌ＝オプル（サン＝ポン郡）では、一八五二年村会議員選挙の結果に不満をもった住民三人が、県知事に対して、選挙結果の取消しを求める嘆願書を提出した。セルヴィアン（ベジエ郡）では、一八六〇年村会議員選挙を前にして村長が選挙区割り案を提示したところ、恣意的であるという批判が噴出し、県知事のもとに告発状が届けられるという事態が生じた。たしかに村長案は、反村長派の有権者を一つの選挙区にまとめることによって勢力を削ぐことをめざしており、とても公正とはいえない代物だった。[111]

選挙以外の時期においても、住民が県知事に判断を求めるという事態は各地でみられた。ピュエシャボン（モンペリエ郡）をみると、第二帝制期をつうじて村政をめぐる対立が続き、村長の罷免を求める請願書が住民から県知事に出されるという光景がくりかえされた。一八六〇年代初めには、共同地に放牧できる家畜の頭数を決定する基準をめぐり、村長は頭数を納税額に比例させることを提案したが、村会は、それは高額納税者である村長に有利であり、利益誘導にあたるとして、提案を否決した。事態にいらだった村長は救貧局の活動を停止させるという挙にでたが、住民は反発するとともに、村長を非難する書簡を県知事に出した。その後も村長と村会および住民との対立は続いて村政は混乱し、医師が転出して無医村になり、救貧局による物資配布が適切になされなくなり、村の財政赤字が危機的な水準に達するなど、幾多の問題が生じるに至った。[112]

さらに興味深いのは、住民が、県知事をこえ、内務大臣をはじめとする大臣たちに対しても、ためらわずに請願書を提出したことである。大臣に請願書が提出された場合、その内容は県知事に伝達されて調査が命じられるのが常だったから、これはきわめて有効にして効率的な手段だった。アニアヌ（モンペリエ郡）では、市長が、初等教員を邪険に扱い、土地所有者の意向を無視して道路工事を進め、あるいは兄弟に市有地を利用させるなど、かなり強引な市政運営をしているとする告発状が、一部市民から内務大臣に届けられた。[113] セリニャン（ベジエ郡）では、村長派と反村長派のあいだで対立が続き、村長は融和的な姿勢をみせていたものの、反村長派は村長の失脚をめざして内務大臣に請願をくりかえした。[114] ヴィルマーニュ（ベジエ郡）では、開拓して耕地化した共同地を処分するべきか否かという問題をめぐり、処分を進める村長と、共同地を無許可で利用している住民が対立した。住民は、一八六四年、一部村会議員の支持を得て、村長を批判する抗議文を内務大臣に提出し、事態の激化を懸念した村長は翌年の村会議員選挙に立候補することを断念した。[115] 内務大臣以外にあてた抗議行動の例としては、先述したピュエシャボンの事態が挙げられる。同村では、村政の混乱が続くなかで、反村長派の住民は、県知事に請願書を提出するほか、農商公共事業相に請願書を出し、間接的に村長の罷免を求めるという戦略を採用した。村長が田園監督官を更迭するという事態が生じたため、田園監督官を管轄する農商公共事業相に抗議し、同相を経由して内務大臣に村長の行状を訴えるという方策が可能かつ有効になったのである。[116]これら事例から推測できるとおり、上級行政当局に対する住民の抗議行動において批判の対象とされたのは、おもに市村長だった。ただし、これは、市村長と市村会の対立において住民がつねに後者を支持したことを意味するわけではない。民衆をはじめとする住民は、みずからの利害を念頭におき、それを実現するべく、市村長と市村会のおのおのについて、支持と不支持のどちらが効果的かを計算したうえで行動にでた。サン゠パルゴワールでは、かねてより多数派のカトリック住民と少数派のプロテスタント住民が対立してきたが、二月革命後に就任したプロテスタントの村長が第二帝制の成立後も留任し、カトリックが多数を占めることになった村会と対立した。住民たちは「村会は全住民の支持を得ている」と主張して村会の側に立ち、事実上村長の交代を求める請願書を県知事に提出した。[117] これに対してフォンテ(ベジエ郡)では、一八六〇年、山羊の共同放牧をめぐり、村会が一部の名望家に有利な決定を下すという事態を受け、住民は「万人は法のもとに平等であるはずだ」として村会を批判する請願書を県知事に提出した。[118]

上級行政当局に対する抗議行動を選好するという行動様式の背景には、いったいなにがあったのだろうか。この設問については、エロー県文書館に所蔵されている資料をみるかぎりでは、十分な回答を与える文章には出会わなかったため、回答は難しい。[119] 唯一、それも示唆的な資料にとどまるが、ここで挙げうるものとしては、一八六五年、ヴィオル゠ル゠フォール(モンペリエ郡)の住民たちが内務大臣に提出した陳情書がある。同年、政府は市村長を市村会の内部から登用する方針を明らかにした(先述)が、請願書はこの方針転換を批判し、村会の外部から登用されていた現村長の再任を求めた。その理由は「市村長を市村会の外部から登用することは、秩序に対する敬意と政府に対する支持をもたらす」のに対して「市村会の内部から登用することは、混乱」すなわち「諸過激党派の指導者たちに、市村長や助役になれるという期待をもたせる」事態を招くことに求められた。[120] ここには、内部登用の根拠をなす選挙制、さらには代表性にもとづくローカル・ガバナンスに対する不信と、外部登用をはじめとする任命制がもたらしうる「秩序」に対する選好がみてとれる。

それでは、ここにおいて任命制は、いかにして「秩序」を保障すると考えられたのだろうか。残念ながら、この請願書には、さらにはそれ以外のエロー県に関して参照した資料のなかにも、このメカニズムに関する言及はない。それゆえ、以下では、参照した他県の県文書館所蔵資料に範囲を拡大したうえで、われわれの目についたコート゠ドール県シャティヨン郡会の議事録を参照するにとどまらざるをえない。同郡会によれば、任命制のメリットは、選挙に比して「能力をよく判断できる」ことにあった。[121] 能力ある人間が市村長となれば、その政治空間の秩序は適切に保たれるはずだ、というのである。任命制によって登用される市村長が体現し志向したのは、「能力」の高さを理由として登用された人材がローカルな政治空間の秩序を維持するというローカル・ガバナンス、すなわち「能力」にもとづくガバナンスだったように思われる。

エロー県では、北部（山間部）で発展した織布業が技術革新に乗り遅れて衰退するなかで、南部（沿岸部）にブドウ栽培業およびワイン醸造業が導入され、地域経済の要石の位置を占めつつあった。農村部の社会構造をみると、地主が農業労働者を雇用して営む大規模な直営農場という経営形態と、貧しい労働者兼業自作経営という形態が並存していた。専業自作農や各種小作農の比率は少なく、小規模経営が多かったことからして、エロー県農村部の社会構造はきわめて急峻なヒエラルヒーをなしていたといえる。

このような特徴をもつ政治空間を舞台として、活発な「村の政治」が展開された。それはしばしば「正統王朝派、ボナパルト派、および共和派の合従連衡《がっしょうれんこう》」あるいは「カトリックとプロテスタントの宗教的対立」という外見をとったが、実際には、パーソナルあるいはローカルな争点をめぐるものが多かった。

市村長、市村会議員、そして民衆をはじめとする住民の関係をみると、同県の最大の特徴は、市村会議員および民衆が市村長と対立したり、民衆が市村長や市村会議員と対立したりした際、前者が、対立を決着させる手段として、しばしば請願書の提出など上級行政当局に対する抗議活動を採用したことにある。資料的な制約から確たることはいえないが、ここからは、エロー県において、上級行政当局、行政システム、あるいは任命制が体現するような「能力」にもとづくローカル・ガバナンスを志向する傾向が人口に膾炙していたことがうかがえる。同県では、市村会、民衆、そして市村行政当局が、さまざまに合従連衡しつつ対立していたが、どのような対立パターンにも「能力」にもとづくローカル・ガバナンスに対する志向がみてとれるといってよいのではないだろうか。

おわりに

ローカル・ガバナンスの諸類型

第二帝制期のフランス農村部では、市村長や市村会議員をはじめとするローカルな名望家と民衆とが関係をとりむすぶなかで、さまざまなかたちのローカル・ガバナンスが展開された。それらは、市村長など地方行政当局と市村会議員の関係に着目すると、おおきく三つのモデルに分けられる。

第一のモデルは、市村長(および助役)と市村会議員が名望家という「地位」を共有することにもとづいて結託し、「地位」をもたない民衆と対峙するなかで展開されるガバナンスである。この「地位」にもとづくガバナンスは、その担い手たる名望家が、民衆と政治空間を共有しつつ、その空間のなかで優越的な立場にある、という事実によって正当化された。そして民衆も、名望家の優越と、彼らが志向するガバナンスに対して、同意を与えていた。

第二のモデルは、市村会議員が民衆を代表する存在であることを自称および自任し、「代表性」をそなえているという理由によって市村長の優位に立つなかで展開されるガバナンスである。この「代表性」にもとづくガバナンスは、民衆が支持を与えているという事実によって正当化され、市村会議員と民衆が結託して市村長と対峙するというかたちをとった。そして、両者のあいだで対立が生じた際は、しばしば、市村会議員が再選挙による再当選を念頭において集団で辞意を表明するというかたちで決着が試みられた。

第三のモデルは、市村長、市村会議員、民衆がさまざまに合従連衡したが、対立の処理に際しては上級行政当局に対する抗議行動という形式が選好されるなかで展開されるガバナンスである。ここには、任命制や官僚制度に体現される「能力」に対する信頼がみてとれる。三つのアクターは、この「能力」にもとづくガバナンスの正統性を認めるというスタンスを共有していたと考えられる。

これら三つのモデルは、おのおのが特定の社会集団に帰されるべきものではない。それらは、ローカルな政治空間のアクター、すなわち市村長の地位にある名望家、市村会議員の地位にある名望家、そして民衆が、対立あるいは協力しあうなかで、志向され、選択され、採用され、そして実現に移されていったのである。

また、本章の対象をなした三つの県では、どこでも三つのモデルがすべてみてとれるといってよいが、イル゠エ゠ヴィレヌ県では第一のモデルが、コート゠ドール県では第二のモデルが、そしてエロー県では第三のモデルが、おのおの支配的であり特徴的だった。ブルスタインが示唆するところによれば、これは各県における社会構造の違いにもとづいている（一四三頁参照）。われわれは、彼の指摘を念頭におき、社会構造の特徴とローカル・ガバナンスのあり方は、市村長（および助役）や市村会議員の社会職業的属性によってリンクしていたのではないかという仮説を立てた。しかしながら、イル゠エ゠ヴィレヌ県の事例を検討するなかで、この仮説は正しくないことが判明したため、棄却されなければならない。それでは、社会構造とローカル・ガバナンスの関係は、本章で進めてきた分析をもとにすると、いかに説明しうるのだろうか。これまでの検討をもとに、仮説的なものにとどまるが、われわれの所説を提示しておこう。

イル゠エ゠ヴィレヌ県については、同県農村部の社会構造の特徴は、定額小作農が不在地主から借地して営む小規模な農業経営がひろくみられたことにあった。ヒエラルヒーは急峻であり、名望家と民衆の社会経済的な距離は大きかった。また、名望家の中核をなすのは不在地主だったため、彼らと民衆は、政治空間を共有するとはいっても、心理的な距離が大きな関係にあった。それゆえ、農村部における分割線は基本的には両者のあいだに引かれることになり、両者の関係は、名望家の優越を前提としたうえで、彼らの側からの配慮と民衆の側からの支持という双方向的な性格を帯びた。この関係のうえに「地位」にもとづくローカル・ガバナンスが展開されたと考えられる。

コート゠ドール県については、同県農村部の社会構造の特徴は、比較的規模が大きい定額小作経営が存在することにあった。彼らは、名望家と民衆のあいだの緩衝材として機能するとともに、ゆるやかなヒエラルヒーを実現していた。このことを反映して、名望家と民衆の心理的な距離は（社会経済的な距離の大小にかかわらず）近く、両者の紐帯は強かったと考えられる。こういった特徴をもつ政治空間は、議員は住民を代表するがゆえに正統性をもつという所説、民衆および市村会議員と市村長とのあいだに引かれる分割線、再選を前提とした集団的辞意表明という市村会議員の戦略、そして「代表性」にもとづくローカル・ガバナンスと親和的である。

エロー県については、同県農村部の社会構造の特徴は、在郷地主が農業労働者や労働者兼業自作農を雇用して直接経営を営むことにあった。ヒエラルヒーは急峻であり、名望家と民衆のあいだの社会経済的な距離は大きかった。ただし、名望家の中核を担ったのは在郷地主であり、不在地主が多かったイル＝エ＝ヴィレヌ県と比較すると、両者の心理的な距離はそれほど大きくなかった。同県農村部において三つのアクターが複雑な関係をとりむすんでいたことは、二つの距離が整合していなかったという事実を反映していたように思われる。そして、合従連衡がくりひろげられている場合、対立の解決を上級行政当局に委ねるという選択は、十分に理解しうるものだろう。もっとも、エロー県については、この選択の背景になにがあったかを知ることは、資料的な制約のゆえに困難である。本章では、やむをえず他県の事例にも依拠しつつ、そこに、任命制に対する選好と、さらには「能力」にもとづくローカル・ガバナンスへの志向性をみてとった。さらに分析を進めるためには、本章で対象とした以外の県の事例を検討することが必要だろう。この点については後日を期さざるをえない。

このように各地でさまざまなローカル・ガバナンスが志向され、あるいは展開されるなかで、一八六五年、政府は市村長を市村会議員のなかから登用する方針を打ち出した。これは、ガバナンスのあり方に即していえば、「代表性」にもとづくガバナンスのウェイトを増す方向に機能する政策転換と評してよい。

含意と展望

本章で明らかになったことがもつ含意を、名望家の性格、農村部民衆の政治化の画期、第二帝制の性格という三つの論点に即してまとめておこう。

第一に、名望家の性格について。第二帝制期のローカルな政治空間における名望家の優越的な位置は、さまざまな論理によって正当化されていた。すなわち、彼らの優越の正統性は、さまざまな次元における「地位」、民衆をはじめとする住民を代表しうるという「代表性」、あるいは政治空間をスムーズに機能させる「能力」にもとづいていた。そして、いかなる正統性が志向され、あるいは認められるかは、彼らと民衆がつくりあげる政治空間のあり方によって規定されていた。そうだとすれば、彼らの社会職業的な属性をみるだけでは、彼らを特徴づける「影響力」の源や、そのあり方の変遷を十分に捉えることはできないだろう。

第二に、民衆の政治化の画期について。第二帝制期において、民衆はさまざまなかたちでローカル・ガバナンスに参画していた。名望家によるローカルな政治や支配に反対することだけが「政治化」のメルクマールだったわけではなく、名望家を支持することもまたひとつの政治的な行動だった。問題は〈いかなるガバナンスのあり方を志向するか〉であり、民衆は、各地においてさまざまなガバナンスを志向し、またみずからが志向するガバナンスを実現するために名望家と多様な関係をとりむすんだ。彼らはすでにローカル・ガバナンスのアクターだったのであり、民衆の「政治化」の画期を論じるのであれば、それはむしろ〈ローカル・ガバナンスのアクターとなったのはいつか〉という設問に答えるものでなければならないだろう。

第三に、第二帝制の性格について。第二帝制期には、三つのローカル・ガバナンスのあり方が提示され、並存し、たがいに正統性を競っていた。これら三者は、「地位」「代表性」そして「能力」という、いずれも近代社会を特徴づける秩序原理にもとづいていた。われわれがとくに問題にしたい親民衆的性格の如何に即していえば、いずれのガバナンスのあり方においても、優越的な位置にあるべきは名望家であるとされたが、しかしながらこの位置は民衆に対しても開かれていた。すなわち、立身出世によって「地位」を得れば、近隣住民の信頼を得て「代表性」を認められれば、あるいは教育制度などを利用して「能力」を身につければ、だれであってもローカル・ガバナンスの遂行における優越的な位置が認められることになっていた。

第二帝制期にみられた三つのローカル・ガバナンスは、近代社会に適合的であるという特徴を共有しつつ、ローカルな政治空間のなかで複雑な関係をとりむすんでいた。たとえば、「能力」にもとづいて「地位」を得た者が「代表性」を認められるべきだという合意ができた場合は、三者が協調あるいは融合するような関係ができあがった。「能力」にもとづいて「地位」を得ることと「代表性」が認められることは別の問題であるという認識が広まった場合は、部分的な対立と協調という複雑な関係が生まれた。「能力」をもつ者と「地位」を得た者と「代表性」を認められた者が相異なる場合は、全面的な対立関係が生じることになった。三つのローカル・ガバナンスは、「村の政治」が展開される空間のあり方に応じて、協調、競合的併存、あるいは対立など、さまざまな関係をとったのである。

ただし、一八六〇年代にはいると、各地で新しい動向がみられるようになる。すなわち、ローカル・ガバナンスを上位の権威や権力ではなく民意にもとづかせるべきことを主張する声が広まり、また民衆が独自の利害を主張する傾向が強まってゆく。一言でいうと「代表性」にもとづくガバナンスへの傾斜である。

「地位」にもとづくガバナンスが優勢だったイル゠エ゠ヴィレヌ県をみると、一八六〇年、リヴレ(レンヌ郡)において、住民が、普通選挙制度によって市村長を選出するべきことを求める陳情書を皇帝に提出した[122]。一八六四年、県会では、市村長や助役を市村会議員のなかから選ぶよう勧告するべきであるという提案が二人の議員から提出された。県知事は、本件は国政に関する問題であって県会の権限外にあると反論し、結局、県会は二二対一二で提案を否決した。しかし、提案が三割以上の票を得たことは、ローカル・ガバナンスのあり方をめぐる雰囲気が、一部とはいえ変化しつつあることを証していた[123]。

そもそも「代表性」にもとづくガバナンスが優勢だったコート＝ドール県では、一八六五年ともなると、民衆は政治的に覚醒し、あきらかに独自の利害の充足を求めて行動しはじめていた。ボーヌ郡では、住民の大多数をなす小規模自作農は、多忙ゆえ政治には無関心とされていたが、こと市村会議員選挙については、それがみずからの利害と直接にかかわるがゆえに、関心を発揮し、みずからの意思にもとづいて投票しつつあった。スミュール郡では、郡長によれば「政府の力の源は権威という原理である」が「ほとんどすべての市村で、この権威原理を体現する市村長に反対する動きがみられた」。また「プロレタリアートや日雇い農など大衆は、みずからの重要性と力を認識し、なぜわれわれはみずからの手で市村を運営しないのかと自問したうえで、ブルジョワ諸氏を落選させて自分たちの仲間にかえ」、市村会議員の出身階層の下方移動という現象をもたらした。彼は郡内の動向を、権威原理に反対する感情の普及、普通選挙制度の開花、大衆による主導権の掌握、および市村会議員の構成における社会階層の下方移動の四点にまとめているが[124]、これはまさに「農村部民衆の政治化」と呼ぶにふさわしい事態といえる。

それでは、さらに数年を経て第二帝制が崩壊したのち、三者はいかなる関係をとりむすぶことになったのだろうか。競争的並存という状態を続けたのだろうか。「代表性」にもとづくガバナンスに対する選好が強まってゆくのだろうか。それとも、三者がなんらかのかたちで融合したり、あるいは根本的に相対立して決着がはかられたりしたのだろうか。かくして、第三共和制初期という疾風怒濤の時代におけるローカル・ガバナンスのかたちという問題が浮かびあがる。ただし、これはすでに本章の対象の範囲をこえている。

補論　コート＝ドール県とエロー県における市村会議員の社会職業的属性

コート＝ドール県

先にイル＝エ＝ヴィレヌ県を対象として分析するなかで、市村長、助役、市村会議員の社会職業的属性の違いは、市村行政当局と市村会の関係のあり方に影響を与えなかったことが明らかになった。われわれは、このことを考慮し、彼らの属性はローカル・ガバナンスと社会構造をつなぐリンクではなく、したがって本章の分析対象とする必要はなくなったと判断した。それゆえ、コート＝ドール県とエロー県については、補論として、市村会議員の属性のみについて、参考までに可能なかぎりで触れるにとどめたい。

まずコート＝ドール県であるが、同県の市村会議員の社会職業的属性に関する資料の残存状況は、かならずしも良いとはいえない。[125] すなわち、第二帝制期の同県では、市村会議員選挙の終了後に、市村長が当選した議員の一覧表を作成して(ディジョン以外の郡については郡長を経由して)県知事に届けることになっていた。この表には議員の職業が記載されているので、われわれにとって利用可能である。しかしながら、これら表のうち、同県文書館に現存しているのは、一八五二年選挙について三五九市町村分、五五年について一二七、六五年に至っては四四にすぎない。[126] また、これら年度のうちもっとも多くの市村をカバーしている一八五二年について、残存している表の数を郡ごとに分類すると、シャティヨン郡がゼロ、ボーヌ郡が一、ディジョン郡が二二六、スミュール郡が一三二となり、前二者に関するものがほとんど残っていないことがわかる。[127] ただし、このうちシャティヨン郡については、郡庁文書のなかに、一八六〇年選挙に関する表がすべての市村分残存している。[128] それゆえ、変則的ではあるが、一八五二年選挙によってディジョン郡とスミュール郡内の市村で選出された議員と、一八六〇年選挙によってシャティヨン郡内で選出された議員を、あわせて検討する。

これまでもちいてきた八つの区分にもとづき、三つの郡の事例について、表に記載された「職業」の記述をもとに、社会職業的属性ごとに市村会議員の人数と比率(小数点第二位で四捨五入)を算出してみよう。なお、周知のとおりコート＝ドール県は著名なワイン生産地であり、多くの人々がブドウ栽培業に携わっていたことを考慮し、彼らブドウ栽培業従事者(viticulteur)については、自作農範疇の内数として特記する(表4-補1、表4-補2、表4-補3)。

これら表をイル＝エ＝ヴィレヌ県の事例(表4-5)と比較すると、まず目につくのは、自作農の比率が顕著に、すなわち一〇ポイント強から二五ポイントほど低いことと、自営業者の比率が一〇ポイント前後高いことである。

前者の特徴については、農業人口における専業自作農の比率が全国平均と比して低いことを反映していると考えられるかもしれないが、じつはそうではない。イル＝エ＝ヴィレヌ県でも、専業自作農が少ないという同様の事態がみられるからで

表4-補1　コート＝ドール県の市村会議員の人数(カッコ内は比率：%)

ディジョン郡(1852年) 226/268市村	被用者	自　営	雇用主
農　業	28(1.2)	1,141(48.8) *183(7.8)	507(21.7)
商工業	23(1.0)	546(23.3)	21(0.9)
その他	38(1.6)	36(1.5)	
合計(除不明)	2,340		
不明	29		

* うちブドウ栽培業

表4-補2　コート＝ドール県の市村会議員の人数(カッコ内は比率：%)

スミュール郡(1852年) 132/143市村	被用者	自　営	雇用主
農　業	43(3.1)	499(35.6) *97(6.9)	526(37.5)
商工業	12(0.9)	276(19.7)	7(0.5)
その他	14(1.0)	26(1.9)	
合計(除不明)	1,403		
不明	13		

* うちブドウ栽培業

表4-補3　コート＝ドール県の市村会議員の人数(カッコ内は比率：%)

シャティヨン郡(1860年) 113/113市村	被用者	自　営	雇用主
農　業	2(0.2)	562(48.7) *82(7.1)	236(20.4)
商工業	15(1.3)	283(24.5)	10(0.9)
その他	22(1.9)	25(2.2)	
合計(除不明)	1,155		
不明	16		

* うちブドウ栽培業

ある。むしろ、コート＝ドール県では、イル＝エ＝ヴィレヌ県と比して、自作農の地位が低かったというべきだろう。

後者の特徴については、同県では中小規模の商工業が相対的に発展しており、それらを担う自営業者の地位が高かったことが推測できる。実際、とりわけディジョン郡とシャティヨン郡の工業セクターにあっては、職人が担う中小規模経営のみならず、かなり大規模な経営形態がみられた。ディジョン郡では、一八六一・六四年工業調査によれば、二一の製鉄所が合計で約一八〇〇人の労働者を雇用し、三人の機械製造業者が平均で五〇万フランの資産価値をもつ工場を経営していた。シャティヨン郡では、一二の製鉄所が合計で二〇〇〇人以上の労働者を雇用していた［Ministre de l'agriculture, du commerce et des travaux publics 1873: 134–139, 142–143］。

三つの郡を相互に比較すると、各範疇の比率について、ディジョン郡とシャティヨン郡の市村会はたがいに似た構成をとるのに対し、スミュール郡の状況はかなり異なっていたことがわかる。すなわち、自作農の比率が一〇ポイント以上低く、地主の比率が二〇ポイント近く高い。ちなみにイル＝エ＝ヴィレヌ県と比較すると、前者は約二五ポイント低く、後者は約一八ポイント高い。自作農の地位は、とりわけスミュール郡で低かったと考えられる。[129] たしかに、同郡は県西部に広がる山岳地帯であるモルヴァン地方に位置するが、同地方は地味がきわめて貧しいことで知られており、また工業の発展もディジョン郡やシャティヨン郡と比べると遅れていた［Lévêque 1983a: 9–20/Ministre de l'agriculture, du commerce et des travaux publics 1873: 144–145］。

コート＝ドール県の市村会議員の社会職業的な属性について、以上の簡単かつ不十分な分析からわかったことをまとめておこう。自作農が市村会議員の六割以上を占めて圧倒的な存在感をもっていたイル＝エ＝ヴィレヌ県と比較して、コート＝ドール県では、自営業者（およびスミュール郡では地主）の比率が有意に高かった。これは、自作農の地位が低かったことを示唆するとともに、商工業のある程度の発達を反映している。

エロー県

次にエロー県であるが、同県の市村会議員の社会職業的属性に関する資料としては、一八五三年(五二年選挙についてのもの)、五五年、六〇年、六五年という年号をもち「市村会議員」なる題を付された資料が残存している。[130]これは、おそらくは市村会議員選挙後に各市村長が作成して(県庁所在地があるモンペリエ郡以外については郡長がとりまとめたのちに)県知事に提出したデータをもとに、県庁内部で作成されたものと思われる。同資料には市村会議員の「職業」を記載する欄があり、それをもちいれば彼らの社会職業的属性に接近しうることが期待できる。もっとも、同資料のカバレッジについては、年ごとに大きな差がある。とくにモンペリエ郡については、おそらくは郡長がとりまとめるというプロセスがなかったゆえに、カバレッジが低い傾向がある。具体的には、五三年と六五年については郡内全一一四市村中一五市村のみが存在し、六〇年についてはまったく欠落している。ここでは、もっともカバレッジが広い一八五五年のデータをもちいて分析を進める。

同年の「市村会議員」がカバーしているのは、県内全三三〇市村中二八七市村(カバレッジは約八七%)である。[131]まず、これまでもちいてきた八つの区分にもとづき、これら市村について、社会職業的属性ごとに分けた市村会議員の人数と比率(小数点第二位で四捨五入)を導出する(表4-補4)。

このデータを、先にみたイル゠エ゠ヴィレヌ県およびコート゠ドール県内三郡の事例と比較すると、エロー県の市村会の構成の特徴が明らかになる。まず目につくのは、地主の比率が大きいことである。すなわち、同比率は、イル゠エ゠ヴィレヌ県が約二割、コート゠ドール県内三郡が約二割から四割であるのに対して、エロー県の場合は六割をこえる。これに対して自作農の比率は、イル゠エ゠ヴィレヌ県が約六割、コート゠ドール県内三郡が三割強から五割弱であるのに対して、二割弱と小さい。これ以外の属性の比率は、イル゠エ゠ヴィレヌ県と比較すると、さほどかわらず、コート゠ドール県内三郡と比較すると、自営業者が小さい。エロー県では、自作農と自営業者、とりわけ前者出身の市村会議員が少ない分が、地主出身議員の増加分に回っているといってよいだろう。

この事態は、同県における社会構造のあり方と対比して考えるとき、きわめて興味深い。すなわち、本論でみたとおり、エロー県における地主の比率は、全国平均の約三分の一と、かなり少なかった。そのこととあわせて考えると、同県では、市村会議員として地主が選好される度合いは相当高く、また、その裏側をなす事態として(とりわけイル゠エ゠ヴィレヌ県とは逆に)自作農はさほど選好されなかった。エロー県では自作農が社会構造のヒエラルヒーにおいて高い位置を占めていなかったこと、すなわち彼らの土地所有規模や経営規模は基本的に小さく、それゆえステイタスは低かったことがうかがえる。市村会議員の社会職業的属性からみても、同県の農村部におけるヒエラルヒーは、社会階層において中間的な位置を占める自作農のプレゼンスが小さいという意味で、かなり急峻なものだったと考えてよいだろう。

続いて、先行研究において社会構造や政治傾向がおおきく異なることが指摘されている山間部(ロデヴ郡、サン゠ポン郡)と沿岸部(モンペリエ郡、ベジエ郡)を比較してみたい(表4-補5、表4-補6)。

一八五五年「市村会議員」において前者を構成する一〇三市村と後者を構成する一八四市村を市村会議員の社会職業的属性の比率について比較すると、前者は後者に比して、地主の比率が一五ポイント以上高く、自作農の比率が一五ポイント近く低く、自営業者の比率が多少低いことがわかる。地主の圧倒的な優位というエロー県の特徴は、なによりもまず山間部のなせる業だった。織布業の興隆の痕は、少なくとも第二帝制期の市村会議員の構成からはみてとれない。もっとも沿岸部とて、地主の優位と自作農の少なさは、イル゠エ゠ヴィレヌ県やコート゠ドール県内三郡と比較するとき、あまりにも明らかである。

以上、本論も含めて、三県について市村会議員の社会職業的属性を農村部における社会構造と可能な範囲で比較し、さらに三県における両者の関係を簡単に比較した。これら作業からわかったことを、最後にまとめておこう。

イル゠エ゠ヴィレヌ県においては、経営規模が小さい定額小作農および自作農が多く、市村会では自作農が過剰に代表されていた。コート゠ドール県においては、地主と一部の小作農が名望家として頂点をなすゆるやかなヒエラルヒーがみられ、市村会では自営業者(およびスミュール郡では地主)の比率が有意に高かった。エロー県においては、地主の直営農場が貧しい労働者兼業自作経営と並存し、市村会では地主の比率が圧倒的に高かった。

こうしてみると、各地の農村部における社会構造の特質は、かならずしも市村会の構成に反映されないことがわかる。すなわちイル＝エ＝ヴィレヌ県では自作農が、エロー県では地主が、おのおの、他県と比しても過剰に代表されていた。このことは、これら社会職業的属性のステイタスが当該地域において高かったことを示唆している。市村会の構成は、やはり、ガバナンスのあり方を社会構造の特性とつなぐリンクたりえないといわざるをえない。

表 4-補 4　エロー県の市村会議員の人数（カッコ内は比率：%）

1855年 287/330市村	被用者	自　営	雇用主
農　業	21(0.6)	678(19.3)	2,222(63.4)
商工業	9(0.3)	392(11.2)	20(0.6)
その他	42(1.2)	121(3.5)	
合計(除不明)	3,505		
不明	86		

表 4-補 5　エロー県のロデヴ郡およびサン＝ポン郡市村会議員の人数（カッコ内は比率：%）

1855年 103/118市村	被用者	自　営	雇用主
農　業	10(0.8)	138(10.4)	981(73.9)
商工業	0(0)	128(9.6)	10(0.8)
その他	12(0.9)	48(3.6)	
合計(除不明)	1,327		
不明	6		

表 4-補 6　エロー県のモンペリエ郡およびベジエ郡市村会議員の人数（カッコ内は比率：%）

1855年 184/212市村	被用者	自　営	雇用主
農　業	11(0.5)	540(24.8)	1,241(57.0)
商工業	9(0.4)	264(12.1)	10(0.5)
その他	30(1.4)	73(3.4)	
合計(除不明)	2,178		
不明	80		

終章

一九世紀フランス社会政治史のゆくえ

本書の結論

フランス革命は、人権宣言、封建制の廃止、数度にわたる憲法制定などをつうじて、新しい社会構造を構想し、実現しようとした。すなわち「身分」や「生まれ」をはじめとする先天的に決定されている資質（あるいは属性）によって構成員各自のステイタスが決まるヒエラルヒーをもつ「旧体制」社会から、「知」や「富」など後天的に獲得しうる資質によってステイタスが決まるヒエラルヒーをもつ「近代社会」への移行が試みられたのである。かつてわれわれは、社会構造のヒエラルヒーにおけるステイタスを規定する論理を「秩序原理」と呼んだうえで、フランス革命に「先天性原理」から「後天性原理」へと秩序原理を転換させる意志を読み取った〔小田中 1995〕。

ただし、秩序原理は社会構造の根幹にかかわるものだけに、その転換は容易ではなかった。フランス革命後も先天性原理の復興を試みる企ては続き、後天性原理が優越して近代社会の定着を語れるようになるのは、はやく見積もっても七月革命以降のことである。

七月王制期にはいって近代社会が根づくと、今度は後天性原理の内部にはらまれている矛盾が問題として現出した。そのうち主要なものは次の二つであり、七月王制以降のフランス社会政治史は、おもに両者をめぐって展開されることになった。

第一に、後天的に獲得しうる資質にはさまざまなバリアントがあり、それらは、先天性原理という「共通の敵」がいなくなるや否や、対立、妥協、並存、相互依存、あるいは協調など、相互に複雑な関係をとりむすぶことになった。とりわけ問題となったのは、主要なバリアントたる「知」と「富」の関係である。

第二に、後天的に獲得しうる資質には、現在は所有していない人々にも獲得しうる可能性が開かれているという特徴がある。これら資質をもつ人々が名望家、資質を欠く人々が民衆であるが、このうち民衆は、名望家が優越する近代社会のメンバーあるいはアクターたるために必要な資質を現在は欠くが将来もつ可能性は有するという、矛盾をはらんだ存在である。それゆえ、彼らをいかに取り扱えばよいか、すなわち後天性原理にもとづくヒエラルヒーに彼らをいかに統合し位置づければよいかが問題となった。

本書において、われわれは「ガバナンス」と「イメージ」という視角を採用することにより、これら二つの問題がどのように論じられたか、それらを解決するべくいかなる制度が導入されたか、そしてローカルな政治空間においてもろもろのアクターがいかなるスタンスでこれら問題に向きあったかを解明しようと試みた。そこから得られた知見を、前記二点に即してまとめておこう。

第一に、富と知をはじめとする資質は、おのおのが特定の社会職業的属性に対応していたわけではない。他方、すべてのバリアントが名望家の手中に独占され、彼らによって調和的に代表されていたわけではない。すなわち、一九世紀のフランス社会は、「富をもつ資産家」や「知を体現する自由専門職」といった各資質に対応する諸社会集団からなっていたと考えるべきではないし、均質で単一の社会集団たる名望家によって支配されていたと捉えるべきでもない。近代社会のメンバーシップとステイタスの基準となるもろもろの資質は、政治空間をめぐる諸ガバナンス・モデルの正統性を証す論理として提示され、場合によっては相対立し、場合によっては並存し、場合によっては結託していたのである。

第二に、民衆は、二月革命を経て普通選挙制度が導入されるや、数を力としてガバナンスのあり方に強い影響を与えるアクターとして、政治空間に登場した。名望家は、みずからの優越的な地位を保持しつつ民衆を近代社会に統合するべく試行錯誤を重ねるが、第二帝制期後半にはいると、「代表性」にもとづくガバナンスという類型が人口に膾炙《かいしゃ》し、それとともに民衆が政治空間をコントロールしようとする意志を示しはじめた。こうして、別の方策をもちいて民衆を近代社会に統合することが必要となった。第三共和制政府とそれを担う共和派は、体制転換の混乱が収まるや否や、この課題に直面することになる。

日和見主義派の歴史的位置

対独敗戦の動揺と帝制崩壊後の政体をめぐる対立がどうにかおさまった一八七〇年代末、フランスにおける最大の課題は国民統合の実現にあった。そこで問われていたのは、次の二つの課題を解決することだった。第一は、採るべき政体をめぐる政治的な対立、めざすべき社会構造をめぐる社会的対立、あるいはこのころから始まる大不況に対応するために実施するべき経済政策をめぐる経済的対立、これら複数の対立によってふかく複雑に分裂したフランス国民からひろく同意を得て統合を実現するためには、いかなる社会構造を提示し、いかなるガバナンスをローカルな次元からナショナルな次元に至るまで構築すればよいかである。第二は、いまや近代社会の十全なメンバーにして強力なアクターとなり、その一方で大不況のなかで困窮し不満を深めつつある労働者をはじめとする民衆が発する諸要求に対して、いかに対応するべきかである［Flamand 1989:40–41］。

これら課題を解決し、当時のことばでいう「社会平和」(paix social) を実現するという課題は、共和制(第三共和制)を確立して政権の座に就いた共和派、とりわけ穏健共和派たる日和見主義派に託された［Elwitt 1986:112/Lebovics 1988:17］。

フェリーをはじめとする日和見主義派の政策思想については、すでにエルヴィットのすぐれた分析がある［Elwitt 1975:

ix, 1, 15–19]。彼によれば、第三共和制期における支配階層の地位は、それまでの名望家から「ブルジョワジー」に移行した。彼らは、ブルジョワ支配と民主主義を調和させた社会構造を確立し、そこに民衆を統合するべく、教育制度とりわけ初等教育制度の拡充、労働組合の法認、植民地の拡大を推進した。具体的には、無償・義務・非宗教的な初等教育制度の導入（一八八一、八二年）、ル・シャプリエ法の廃止による労働組合の法認（八四年）、およびチュニジアの保護国化（八一年）と清仏戦争（八四年）によるインドシナ進出である。[1]

エルヴィットの所説は、日和見主義派が実施した主要な諸政策を一貫した論理にもとづいて説明している点で評価できるが、当該時期の支配階層はブルジョワジーである、当該時期の政治は彼らの利害が政策をつうじて貫徹する階級政治である、という二点をアプリオリに仮定しており、説得力を減じている。[2] これに対してオズーフは、日和見主義派が「国民的一体性」を追求したとする点をエルヴィットと共有しつつ、その「一体性」なるものの具体的な内容を明らかにする必要性を説いている[Ozouf 1985]。

時代の体現者としてのフェリー

ここでは、オズーフの議論に示唆を受け、日和見主義派を代表する政治家としてフェリーをとりあげ、民衆教育、労働組合、および植民地に関する彼の政策思想を、いかなる社会構造とガバナンスを志向したか、労働者など民衆に対していかに対応したか、という二つの観点から、あらためて簡単に検討してみたい。それにより、フェリー、日和見主義派、さらには第三共和制確立期という時代について、歴史的位置の明確化を試みる。

第一に民衆教育政策についてであるが、フェリーの主張には、しばしば、無償初等教育において必要最小限の知識を与えることによって社会に統合するが、社会的上昇に必要な知識と学歴を与える中等教育からは排除するという民衆観と、初等教育は民衆のためのものであり、中等および高等教育は有産者のためのものであるとする教育観がみてとれる。

たとえば、公立初等学校を無償化する法案に関する国会審議において、彼は無償化の根拠を問われて「民主主義社会においては、万人が基本的な教育の最小限を有しなければならないからであります」と答弁した。これに対して、中等教育は「受ける能力がある者、換言すれば、それを受けることによって社会に貢献しうる者のみが受ける権利をもつ」ものであり、有償でよいと評価された[Ferry 1893–98, Vol. 4:53–54]。これだけみると、エルヴィットの評価は妥当なものにみえる。すなわち、フェリーなど日和見主義派は、ブルジョワ支配と民主主義を調和させた社会構造を志向するブルジョワジーの代弁者だというわけである。

ただし、フェリーの教育観は、そこにとどまるものではない。彼は教育と財産は分離されなければならないと述べ、教育を無償化する必要性があることをくりかえし強調するが、それは、無償教育制度はあるべき近代社会すなわち「民主主義社会」において社会構造の要石となるからだった。近代社会においては、依然として「富」の不平等がみられるが、それは富の有無が「生まれ」という偶然に規定されているからである。このような状態において、有償教育制度は、「知」を獲得する機会の存否を富の存否にリンクさせることにより、結局は富のみならず知の有無までが生まれに左右される状態をもたらしてしまう。フェリーはこの状態を「カースト制度」と呼ぶが、カースト制度は、社会構造に静態的で固定的なヒエラルヒーをもたらす点で民主主義社会の対極に位置し、好ましくない。民主主義社会とは、知にもとづくヒエラルヒーに沿って構造化され、「交代可能な」(alternatif) 支配服従関係をそなえた社会だからである[Ferry 1893–98, Vol. 1:283–289]。それゆえ教育政策に対しては、知を供給することによって既存の社会構造に対する同意を取り付け統合するという「ブルジョワ的な」民衆対策の一環という以上の、諸政策の枢要としての位置が与えられることになる。

われわれの用語法でいえば、フェリーにとって、富は生まれとともに先天性原理の側に位置し、真の意味で後天性原理たりうるのは知のみだった。そして、近代社会が後者の原理にもとづくからには、それは、知の獲得機会を万人に保証するメカニズムと、知の保有量にもとづくヒエラルヒーをそなえたものでなければならない。だから、民衆をはじめとする万人に対して、可能なかぎり無償で教育を供給する制度が必要なのである。さらにいえば、有償とされた中等以上の教育でさえ、その対象たるべきは、じつは有産者の子弟ではなく「それを受けることによって社会に貢献しうる者」だった。中等以上の教育を受けるに値するか否かを決めるのは、財産の所有量ではなく、潜在的な個人的能力であり、政治やガバナンスを中核的に担うべきなのは、彼ら能力ある人々である。フェリーにとって重要なのは、知を基準とするヒエラルヒーであり、能力にもとづくガバナンスだった。

第二に労働組合政策であるが、彼によれば、労働組合の法認は生産システムの歴史的変遷の帰結である。すなわち、かつて中世においては、職人が同業組合を結成して財の生産にあたっていた。同業組合は競争制限的な機能をもち、職人たちは組合が保障している「閉鎖的な精神的地平のなかで生活するという安楽」を享受していた。しかし、文明化と機械化が進むと同業組合は解体し、ここに「闘争と競争の社会」が出現した。この変遷は、生産性の上昇をもたらして人々の暮らしを豊かにしたが、同時に職人をはじめとする民衆には「破綻と災難と苦悩」ももたらした。それゆえ、われわれは「闘争と競争の社会」を受容しつつも、その弊害を抑制する方策を考案しなければならない。かくしてフェリーが着目したのが、労働組合の法認、民衆教育、そして社会保障制度の整備だった。

フェリーはこれら方策を「社会改革」と総称するが、社会改革を政策的に推進する主体は国家とならざるをえない。ただし、社会改革に着手するに際して、国家は個人の「行動、発意、予防行動(prévoyance)」を尊重しなければならないとされた。国家の第一の義務は個人の自由を保障することであり、国家の役割は個人の活動を支援することにとどまるからである。団結や交渉の自由は、かくして保障されるべき個人の自由のひとつとみなされる。ここから、団結は権利であるとして労働組合を法認する必要性が導出される[Ferry 1893–98, Vol. 6:232–240]。

第三に植民地政策であるが、フェリーは、植民地の獲得をなによりもまず経済的な問題として認識していた。すなわち、植民地政策には、国際政治におけるプレゼンスを強化するという政治的側面、「遅れている」地域を文明化するという文化的側面、自国経済の成長を促進するという経済的側面など、さまざまな側面があるが、彼にいわせれば、当時のフランスにとってもっとも重要なのは三番目のものだった[Ferry 1893–98, Vol. 5: 194–196, 200, 557–558]。

彼によれば、植民地の拡大は「社会平和」を実現する手段だった。すなわち、フランスでは、資本蓄積、機械化、農業の商品作物生産化などが進み、資本市場および製品市場としては、国内市場だけでは不十分になりつつあった。そのため、資本収益率や製品価格が低下し、ひいては企業の利益や労働者の賃金も低下の様相をみせはじめていた。問題は資本や製品の市場を獲得することであり、その対象はまずもって国外市場、とりわけ植民地に求められた。市場としての植民地の拡大は、資本家と労働者の双方に利益をもたらすとされ、推進されるべきものと位置づけられる。

民衆教育、労働組合、そして植民地という三つの分野に関するフェリーの政策論からは、望ましい社会と現存する社会のあいだにギャップが存在することの認識と、このギャップを埋めるための方策をめぐる包括的な政策思想がみてとれる。先天性原理が否定されたとはいえ、生まれや富や知を独占する名望家が影響力を行使することによって支配階層の地位にある名望家社会としての近代社会が眼前に広がる時代にあって、彼はきわめて冷徹な現状認識を示していた。この近代社会に内包された問題に対する処方箋としては、財産相続に介入することによって生まれと富のリンクを切るというものと、無償教育制度を導入することによって富と知のリンクを切るというものが考えられる。このうちフェリーが選択したのは、より実現可能性が高く現実的な後者だった。民衆教育によって民衆のあいだに知が普及すれば、選挙は知の保有者が知の保有者を選出する営為となり、「能力」にもとづくガバナンスは他のガバナンス・モデルに優越しつつ矛盾なく併存しうるだろう、というわけである。

ただし、近代社会とは、同時に自由な個人がとりむすぶ「闘争と競争の社会」であり、また資本蓄積と機械化が進んだ社会である。フェリーは知の保有量にもとづいて階層化され、「能力」にもとづくガバナンスが展開される社会としての近代社会を志向するが、このような社会では、すべてのメンバーに一定の生活水準すなわち富が保障されるわけではない。それゆえ、労働者をはじめとする貧しい民衆から反発が生じないという保証もまた存在しない。民衆からの反発という事態を避け、彼らから近代社会に対する支持を調達するためには、労働組合を法認して社会構造の正統な構成要素として位置づけるとともに、植民地を獲得および拡大して経済成長を継続させることが必要にして有効となる。労働組合や植民地は、近代社会が円滑に機能するための存在として位置づけられ、そのようなものとして認められる。

フェリーの政策思想は、まさに根源的(ラディカル)なものだった。教育政策を中核とする諸政策は、社会構造のヒエラルヒーを知にもとづくものに修正、転換、あるいは純化させるための方策として構想され、位置づけられた。そして、かくして登場する(いわば純粋な)近代社会においては、知を供給された民衆を十全なアクターとして包摂することにより、「能力」にもとづくガバナンスが機能するはずだった。民衆は、知を与えられることにより、近代社会の完全なメンバーシップを得て統合される存在とみなされた。彼らが生活苦などによって不満を抱くリスクはあるが、それは、植民地市場の拡大にもとづく経済成長によって予防されるか、労働組合に結集して労使交渉をおこなうなかで解決されるべきものとされた。かくして、名望家社会的な色彩がぬぐいとられた純粋な近代社会のイメージが姿をあらわす。このような政策思想を提示した点において、フェリーはまさに「近代社会確立期」という時代を体現する存在だったといってよい。

二〇世紀フランスへ

最後に、本書のアーギュメントのうち、一九世紀末以降のフランス史を理解するうえで示唆的と思われる点を二つ挙げておきたい。

まず、アレヴィさらにはエルヴィットがいうとおり第三共和制確立期に名望家の影響力の衰退がみられたとすれば、それは、ナショナルな次元からローカルな次元に至るガバナンスのあり方が変容しつつあったことを意味している。そして、このような事態をもたらした一因としては、「名望家の終焉」を実現するポテンシャルを秘め、また、そのようなものと位置づけられていた無償教育制度の機能が作動したことが挙げられる。たとえばフェリーにおいて、無償教育は、生まれと富のリンクは存続させつつ富と知のリンクを切断することにより、知によって階層化された社会と「能力」にもとづくガバナンスを構築する手段だった。その導入は、名望家について、財産所有者としての存在は認めつつ、社会的あるいは政治的支配階層の座からは降ろすことを意味していた。

次に、第三共和制期をつうじて民衆運動とりわけ労働者運動は動揺や変容を続けるが、これは、彼らがいかなるガバナンスを志向したかという観点を導入して理解されるべきである。日和見主義派が提示したガバナンスのあり方は、生まれや富がなくとも十全なアクターたりえ、さらに場合によっては(すなわち高度な知の保有者と認められれば)政治的あるいは社会的支配階層の一員となりうるという点で、民衆や労働者にとって一定の魅力をもっていた。ただし、その一方で、それは相当量の財産所有や経済的支配階層の地位を保障するものではない。このような状態をもたらすガバナンス・モデルを受容するか否かをめぐり、民衆運動や労働者運動は分裂せざるをえないだろう。すなわち、近代社会のガバナンス・モデルを受け入れた運動は「改良主義」と呼ばれ、拒絶した運動は「サンディカリスム」あるいは「社会主義」と呼ばれることになる。

それでは、フェリーたち日和見主義派が提示した純粋な近代社会のイメージは、当時のフランス国民のあいだに、どこまでひろく共有されたのだろうか。あるいは、その後の歴史のなかで、どの程度実現されたのだろうか——本来であればこういった問題が実証的に論じられるべきであるが、それはもはや本書の守備範囲とわれわれの能力をおおきくこえている。

あとがき

本書は、ぼくのホームグラウンドというべきフランス社会経済史研究における前著『フランス近代社会　一八一四～一八五二』（木鐸社、一九九五年）の、事実上の姉妹篇にして続篇をなしている。

まず姉妹篇というのは、対象時期が部分的に重複しており、またテーマの中心を一九世紀フランスの社会構造におく点で共通しているからである。それにしても、前著の対象時期は復古王制と七月王制と第二共和制すなわち一八一四年から五二年であり、これに対して本書の対象時期は七月王制と第二共和制と第二帝制すなわち一八三〇年から七〇年だから、これはつまり、対象時期が（始期が一六年、終期が一八年で、平均して）一七年うしろにずれたということになる。前作から一八年かかって一七年分進んだということは、つまり一年かけて一年弱を研究したということであり、これでは牛、いや亀のような歩みだといわれても、返すことばがない。おまけにメインテーマはかわっていないというのだから、なおさらのことである。

また続篇というのは、フランス革命期から一九世紀前半に至る時期のフランスにおいて社会を構造化するロジック（秩序原理）が「先天性原理」から「後天性原理」に移行したことに着目し、とりわけ「後天性原理」を正当化するために展開された政策（統治政策）の特質と変容を分析した前著に対して、フランス革命と七月革命という二つの革命を経て「後天性原理」の優越が確定したのちの社会（近代社会）において、後天性原理の内部に併存するさまざまなバリアントが、政治空間において、矛盾、対立、均衡、あるいは協力など、いかなる関係をいかにとりむすんでいたかを検討することを主要な課題としているからである。

このような本書の観点に立つと、第三共和制確立期の政権を担ったフェリーたち日和見主義派は、これらバリアントのあいだの矛盾や対立を解消してナショナルな統合を実現するという困難な課題に直面したという点が強調されることになる。これまで、ガンベッタやクレマンソーといった急進主義的な共和派や、ジョレスやゲートといった社会主義派の陰にかくれて、ともすればネガティヴに評価されがちだった日和見主義派であるが、彼らの業績は再検討と再審に付されなければならないだろう。

したがって、本来であれば、本書の射程は第三共和制期まで届くべきだったが、ぼくの力不足のゆえに終章で示唆するにとどまった。心残りである。

なお本書のうち、序章第1節・第3節・第4節・第5節、第三章、および第四章は書下しである。これに対して、序章第2節および補論は左記第一論文を加筆改稿したものであり、また第一章は左記第二論文、第二章は左記第三論文を、おのおの改稿したものである。転載を認めてくださった掲載誌関係各位に謝意を表したい。

「一九世紀フランスにおける農村民衆の「政治化」をめぐって」(『土地制度史学』一一八号、一九八八年)

「フランス七月王制期における制限選挙制度の論理」(『史学雑誌』一一〇巻一一号、二〇〇一年)

「フランス第二共和制期における選挙制度改革の論理」(東京大学『社会科学研究』五二巻三号、二〇〇一年)

それにしても、前著を刊行したのは、すでに前世紀のこととなった。本書のアーギュメントの貧しさと乏しさをみるにつけ、一八年というのはあまりにも長すぎた……という苦い感興を催さざるをえない。このような事態を招いた理由については、前世紀末に体調不良に陥ってから二〇〇八年にリサーチを再開するまで事実上ホームグラウンドを離れていたことが大きいが、あとはなにをいっても弁明になるだろう。これら公私にわたるさまざまな経験を、どうにかして今後の研究生活に生かしてゆきたいと思うばかりである。

かくのごとき欠点ばかりが目につく一著ではあるが、それでも本書が成るにあたっては、多くの方々からお力添えを得た。

まずもって、本書を遅塚忠躬先生のお目にかけ、温かくも厳しいご指摘を頂く機会を失ったことは、ぼくの怠慢のなせる業であるとはいえ、悔やんでも悔やみきれないといわなければならない。かつて先生から頂いたお手紙に、歴史学者は実証的な研究で評価されるという叱咤が含まれていたことを想起するとき、想いはなおさらである。ここ数年間フランス各地の県文書館ですごしたリサーチの日々は、先生のことばをかみしめる時間ともなった。また、岡田與好先生、毛利健三先生、そして師匠・廣田功先生には、これまで頂いてきた学恩に感謝申し上げるとともに、今後のご健康とご多幸をお祈りしたい。

次に、フランスにおけるリサーチに際して力を貸してくれた友人たちと、主要なリサーチ先となったフランス各地の県文書館の職員諸氏に「メルシー・ド・トゥ・クール」のことばを伝えたい。とりわけ、ジャン・ルビアン（レンヌ第二大学）、ブリュノ・レティフ（ランス大学）、ブリュノ・イスブレ（イル＝エ＝ヴィレヌ県文書館）、ジャン＝バティスト・ドール（コート＝ドール県文書館）、ジョスリヌ・カルミナティ（同）、フィリップ・スゴンディ（エロー県文書館）の諸氏は、レンヌで、ディジョンで、そしてモンペリエで、惜しみなく知見を披露し、あるいはアーカイヴァル・ワークにおいて（尋常ならざる）便宜をはかってくださった（Je voudrais remercier tou(te)s celles et ceux qui m'ont aidé en France pendant la préparation de ce livre, à commencer par Jean Le Bihan［Université de Rennes 2］, Bruno Restif［Université de Reims］, Bruno Isbled［AD Ille-et-Vilaine］, Jean-Baptiste Dor［AD Côte-d'Or］, Josseline Carminatti［AD Côte-d'Or］, et Philippe Secondy［AD Hérault］, pour leur bienveillance. Merci de tout coeur !!）。彼（女）たちとともに過ごした時間は、いまも忘れられない思い出としてある。

また、研究教育上の友人・知人諸氏には、さまざまな機会に知的な刺激を与えてくださったことについて、お礼を申し上げたい。一八年という歳月の長さゆえに謝すべき方々はあまりにも多く、ここでお名前を記すことはできない。ただ、長きにわたる研究上の戦友(compagnon de route)というべき工藤光一さん(東京外国語大学)には「またムフタールでレバノン料理をつつきながら、フランス生活の苦労話で盛り上がりましょう」と伝えたい。本書をとりまとめる最終段階でつねにぼくの念頭にあったのは、氏が長いあいだ温めてきた論文「一八五一年蜂起と農村民衆の〈政治〉」(『クァドランテ』一〇、二〇〇八年)だった。

そして(英語力の欠如のゆえにうまく訳せないので原語のまま)「ラスト・バット・ノット・リースト」(last but not least)の一言を付したうえで、ひまさえあれば職場に行くか布団にもぐって昼寝を決めこんでいるぼくにつきあってくれている家族や親戚に、ありがとう。この年月、東日本大震災をはじめとして、いろいろなことがあった。とりわけ、わが自慢の娘・美有には、いつものように「パパにとっていちばん大切なのはきみ……と布団。で、きみと布団のあいだの順番はというと、うーむ、うーむ、うーむ」と伝えたい。きみをみていると「命とは、こうやってつながれてゆくのか」という感を深くするが、まぁこれはきっとトシのせいだろうね、トシ。

長くなった。一八年分の回想にふけるのはこのあたりで終え、そろそろ次のしごとにとりかかることにしようか。

二〇一三年　知命の日に　　杜の都にて

小田中直樹

なお、本書の基盤をなすリサーチの遂行に際しては、以下の助成を得た。記して謝意を表したい。
学術振興野村基金（現・野村財団）・国際交流研究者海外派遣事業（一九九四年）
文部省および文部科学省・科学研究費（課題番号 06730039, 07730041, 09730047）
日本学術振興会・科学研究費（課題番号 13730053, 20530293, 24520823）
日本学術振興会・特定国派遣研究者事業（二〇〇九年）

索　引

人名索引

●ア行

アギュロン　Maurice Agulhon　1926–　4, 5, 7, 9, 10, 15, 31–33
アレヴィ　Daniel Halévy　1872–1962　16, 17, 132, 206
アンソー　Eric Anceau　1966–　101–103, 107, 109, 125
ヴィジエ　Philippe Vigier　1924–95　4, 5, 7–10, 29, 31, 33
ヴェーバー　Eugene Weber　1925–2007　4, 5, 7–10, 35–37, 133

●カ・サ行

カヴェニャック　Eugène Cavaignac　1802–57　30
ギゾー　François Guizot　1787–1884　39, 42, 47, 52, 65–67
ギユマン　Alain Guillemin　1944–　132, 148
コルバン　Alain Corbin　1936–　4
コンスタン　Benjamin Constant　1767–1830　41, 46, 47
シエイエス　Emmanuel Siéyès　1748–1836　44, 45

●タ行

ティエール　Adolphe Thiers　1797–1877　47, 61, 73, 78, 80
ティリー　Charles Tilly　1929–2008　4
デュヴェルジエ・ド・オラヌ　Prosper Duvergier de Hauranne　1798–1881　58, 61, 65, 69
テュデスク　André Tudesq　1927–2009　16, 17, 41, 132
トクヴィル　Alexis Tocqueville　1805–59　13, 14, 23, 103, 110

●ハ行

バロー　Odilon Barrot　1791–1873　51, 59, 69
フェリー　Jules Ferry　1832–93　36, 201–207
フォシェ　Léon Faucher　1803–54　73–75, 83
プライス　Roger Price　1944–　7–10, 33, 34
ブローイ　Victor de Broglie　1785–1870　46, 54, 74
ベリエ　Antoine Berryer　1790–1868　81
ボナパルト(ルイ＝ナポレオン・ボナパルト，ナポレオン三世)　Louis-Napoléon Bonaparte, Napoléon III　1808–73　4, 11, 14, 17–19, 30, 74, 93, 95, 96, 98, 133, 135, 136, 178, 182

●マ・ラ行

マーガダント　Ted Margadant　1941–　4, 5, 7–10, 36, 38
マルクス　Karl Marx　1818–83　16–19, 135
モルニー　Charles de Morny　1811–65　97, 98
ラブルース　Ernest Labrousse　1895–1988　5, 7, 29, 31, 33, 117, 162
レミュザ　Charles de Rémusat　1797–1875　46
ロザンヴァロン　Pierre Rosanvallon　1948–　41–43, 61–64, 66, 70, 138

事項索引

●カ行

●サ行

●タ行

●ハ・マ行

引用資料・文献

1　未公刊資料

(1) 国立中央文書館(Archives Nationales, AN)所蔵資料

BB : Versements du Ministère de la Justice

BB 30 : Ministère de la Justice, versements divers

323：Mélanges (1839–52)

333：Correspondance du Ministère de la Justice (1848–59)

335：Id.

358：Troubles postérieurs à la Révolution de Février et affaires politiques divers (1848–67)

359：Id.

360：Id.

361：Id.

362：Id.

363：Id.

364：Id.

366：Id.

371：Rapports et correspondances des procureurs généraux (1849–70)

373：Id.

386：Id.

391：Affaires politiques (1850–60)

392：Id.

392B：Id.

393：Id.

395：Id.

403：Id.

F : Versements des ministères et des administrations qui en dépendent

F1 : Ministère de l'Intèrieure

F1a : Législation et réglementation

45：Circulaires et instructions ministérielles (1789–1869)

F1cII : Elections

56：Elections (1814–53)

57：Id.

58：Id.

97：Affaires électorales (1848–55)

98：Id.

99：Id.

100：Id.
101：Id.
102：Id.
103：Id.

F1cIII : Elections et esprit public

Ain 3, Allier 3, Basses-Alpes 4, Hautes-Alpes 3, Ardèche 4, Ardennes 4, Ariège 4, Aube 7, Aude 4, Aude 4/1, Aveyron 5, Bouches-du-Rhône 4, Calvados 6, Cantal 4, Charente 5, Cher 4, Corrèze 7, Corse 5, Côte-d'Or 5, Côte-du-Nord 6, Creuse 5, Dordogne 5, Doubs 5, Eure-et-Loir 5, Finistère 9 , Gard 5, Haute-Garonne 7, Gers 6, Gironde 4, Hérault 4, Ille-et-Vilaine 5, Indre 3, Indre-et-Loire 4, Isère 5, Jura 5, Landes 4, Loir-et-Cher 4, Loire 4, Loire-Infèrieure 4, Loiret 4, Lot 5, Lot-et-Garonne 4, Lozère 4, Maine-et-Loire 4, Manche 4, Marne 3, Haute-Marne 4, Mayenne 4, Meurthe 6, Meuse 6, Morbihan 5, Moselle 5, Nièvre 3, Nord 6, Oise 4, Orne 6, Pas-de-Calais 6, Puy-de-Dôme 4, Basses-Pyrénées 5, Hautes-Pyrénées 4, Bas-Rhin 4, Rhône 4, Haute-Saône 4, Saône-et-Loire, Sarthe 4, Seine-et-Oise 7, Seine-Infèrieure 6, Somme 4, Tarn 4, Tarn-et-Garonne 3, Var 4, Vaucluse 4, Vendée 3, Vienne 4, Haute-Vienne 4, Vosges 6, Yonne 4 : Elections, comptes rendus administratifs, adhésions et addresses, prestations de serments, fêtes nationals, correspondance et divers（classement départemental, 1789–1877）

（2）県文書館（Archives Départementales, AD）所蔵資料

カルヴァドス県文書館（**AD Calvados**）

3M441：Elections législatives des 28 et 29 février 1852

コート＝ダルモール県文書館（**AD Côte-d'Armor**）

3M120：Elections légilatives sous la IIe République（1848–52）

コート＝ドール県文書館（**AD Côte-d'Or**）

M : Administration générale et économie du département

1M : Adminitsration générale du département

228：Arrondissement de Beaune, tournées administratives préfectorales（1862–64）
229：Arrondissement de Châtillon, tournées administratives préfectorales（1862–65）

3M : Plébiscites, élections

472：Elections municipales（1852）
473：Id.（1854–56）
474：Id.（1860–64）
475：Id.（1865–70）
550–976：Elections municipales, affaires particulières par communes（1831–1944）

5M : Santé publique et hygiène

M7j1：Organisation du service médical cantonal（1828–57）

N : Administation et comptabilité départementales

2N : Conseils d'arrondissement

IIINc3：Conseil d'arrondissement de Châtillon, dossiers annuels des sessions（1845–65）

U : Justice

7U : Tribunal de première instance de Beaune

U7Db2：Elections municipales（1840–74）

9U : Tribunal de première instance de Dijon

U9Dh2：Elections（1852–70）

Z : Sous-préfectures

2Z : Sous-préfecture de Châtillon

2Z5m3：Elections municipales（1852–55）

2Z5m4：Id.（1856–60）

ドゥ＝セーヴル県文書館（AD Deux-Sèvres）

3M11/20：Elections législatives de 1852 à 1860

フィニステール県文書館（AD Finistère）

3M161：Elections législatives de 1852

エロー県文書館（AD Hérault）

K : Lois, ordonnances, arrêtés, conseil de préfecture

4K : Arrêtés du préfet

143：Elections（1855–57）

M : Administration générale et économie du département

1M : Cabinet du préfet

841：Rapports des sous-préfets et maires au préfet（1864–65）

851：Conférences administratives cantonnales（1862–67）

1001：Evénements politiques（1853）

1011：Id.（1860）

1014：Id.（1862）

2M : Personnel administratif

164：Généralité sur le renouvellement des municipalités（1859–69）

165：Tableaux des conseillers municipaux（1853–60）

166：Villes dont les municipalités sont nommés par le pouvoir exécutif（1851–70）（Adge, Aniane, Bédarieux）

172：Id.（St-Gervais, St-Martin, St-Pons, La Salvetat, Servian, Sète）

178：Communes dont les municipalités sont nommés par le préfet（1851–70）, arrondissement de Montpellier（Puéchabon à St-Drézéry）

181：Id.（Vacquières à Villeneuve）

182：Id., arrondissement de Béziers（Abeilhan à Autignac）

185：Id.（Fos à Montblanc）

187：Id.（Quarante à Serignan）

188：Id.（Taussac à Villeneuve）

189：Id., arrondissement de Lodève（Arbonas à Jonquières）

190：Id.（Lacoste à St-Etienne）

191：Id.（St-Félix à Villeneuvette）

192：Id., arrondissement de St-Pons（Agel à Ferral）

3M : Elections

1350：Elections du Conseil général et des Conseils d'arrondissement, renouvellement triennal（1859, 1861）, arrondissemets de Montpellier et de St-Pons, rapports

1816：Elections municipales, circulaires（1830–70）

1855：Elections municipales（1852）, résultats classés par commune, arrondissement de Montpellier（Agonès à Guzargues）

1860：Id.（Hérépian à Puissalicon）

1863：Id., arrondissement de St-Pons

1864：Id., Procès-verbaux d'installation

1865：Elections municipales（1855）, arrondissement de Montpellier（Agonès à Guzargues）

1887：Elections municipales（1860）, correspondance

1918：Elections municipales（1865）, affiches

1921：Id., installation

1923：Id., correspondance

10M : Travail

84：Enquête sur l'émigration des campagnes vers les villes（1858）

イル＝エ＝ヴィレヌ県文書館（AD Ille-et-Vilaine）

M : Administration générale et économie du département

2M : Personnel administratif et personnel politique nommé

111：Nominations, maires et adjoints, arrondissements de Fougères et de Montfort（1852–65）

112：Id., arrondissements de Redon et de Rennes（1852–65）

116：Maires et adjoints, nominations（Acigné à Boisgervilly, 1851–69）

117：Id.（Boitrudan à Chancé, 1851–68）

120：Id.（Epiniac à Gévené, 1852–70）

121：Id.（Gosné à Lohéac, 1851–70）

122：Id.（Longaulnay à Mont-Dol, 1851–70）

123：Id.（Montfort à Paramé, 1851–70）

127：Id., St-Méen à Sougéal（1852–69）

3M : Elections

206：Elections législatives（1852–56）

207：Id.（1857）

208：Id.（1859）

211：Conseil général, élections（1852）

213：Id.（1853–55）

214：Id.（1853–55）

217：Id.（1865–68）

229：Conseils d'arrondissement, élections（1865–67）

231：Conseils municipaux, élections, instructions générales（1852–70）

232：Conseils municipaux, élections（1855）

233：Conseils municipaux, élections（1852–70）, classé par commune（Acigné à Bédée）
235：Id.（Chancé à Chevagné）
237：Id.（Domloup à Gévezé）
239：Id.（Javené à Longaulnay）
245：Id.（Québriac à Rimou）
246：Id.（Romagné à St-Broladre）
247：Id.（St-Christophe à St-Gonlay）

7M : Agriculture

31：Chambres consultatives d'agriculture（1852–63）

N : Administration et comptabilité départementales

1N : Conseil général

64：Session de 1859
65：Session de 1860
69：Session de 1864
70：Session de 1865

ロワール＝アトランティック県文書館（AD Loire-Atlantique）

1M100：Elections législatives de 1811 à 1887

メーヌ＝エ＝ロワール県文書館（AD Maine-et-Loire）

3M283：Elections de quatre membres au Corps législatif de 1852

マイエンヌ県文書館（AD Mayenne）

3M139：Elections générales du 29 février 1852

モルビアン県文書館（AD Morbihan）

1M4706：Elections législatives de 1851 à 1940

サルト県文書館（AD Sarthe）

4Z8：Sous-préfecture de Saint-Calais, correspondance confidentielle en 1852

ヴァンデ県文書館（AD Vendée）

3M99：Elections des 29 février et 1er mars 1852

ヴィエンヌ県文書館（AD Vienne）

3M6/22：Elections générales de 1852

2　刊行資料・同時代文献

（1）刊行資料

Compte rendu des séances de l'Assemblée Nationale Législative（17 Vols., Paris, 1849–52）

Laurent, E. et als., ed. 1867–1913, *Archives parlementaires de 1787 à 1860*（second series, Paris）

Ministre de l'agriculture, du commerce et des travaux publics 1858/1860, *Statistique de la France*（2 Vols., Paris）

Ministre de l'agriculture, du commerce et des travaux publics 1873, *Statistique de la France*（Nancy）

Moniteur Universel

(2) 同時代文献

anon. 1849, "La société française et la démocratie" (*Revue des Deux Mondes*)

Blanqui, L. 1971, *Textes choisis* (Paris)

Bodin, F. 1831, "De la pairie en France" (*Revue des Deux Mondes* 2)

Bonald, L. 1988, *Réflexions sur la Révolution de Juillet 1830 et autres inédits* (Paris)

Broglie, A. 1848, "De la constitution nouvelle au point de vue de la situation politique" (*Revue des Deux Mondes*)

Broglie, A. 1849, "De l'instruction publique en France" (*Revue des Deux Mondes*)

Buonarroti, P. 1957, *Conspiration pour l'égalité dite de Babeuf* (Paris, originally published at Bruxelles in 1828)

Carné, L. 1837, "De la démocratie aux Etats-Unis et de la bourgeoisie en France" (*Revue des Deux Mondes* 9)

Constant, B. 1980, *Principe de politiques applicables à tous les gouvernements* (Genève, originally published at Paris in 1815)

Dupin, A. 1833, *Révolution de juillet 1830* (Paris)

Duvergier de Hauranne, P. 1841, "De l'état actuel des partis en France et de la nécessité d'une transaction" (*Revue des Deux Mondes* 28)

Duvergier de Hauranne, P. 1847, *De la réforme parlementaire et de la réforme électorale* (Paris)

Duvergier de Hauranne, E. 1868, "La démocratie et le droit de suffrage" (*Revue des Deux Monde*)

Ferry, J. 1893–98, *Discours et opinions de Jules Ferry* (7 Vols., Paris)

Fouillée, A. 1884, "La philosophie du suffrage universel" (*Revue des Deux Mondes* 65)

Galos, H. 1849, "Du mouvement provincial en France depuis la Révolution de Fevrier" (*Revue des Deux Mondes*)

Guizot, F. 1849, *De la démocratie en France* (Leipzig)

Guizot, F. 1863–64, *Histoire parlementaire de la France* (Paris)

Guizot, F. 1988, *Des moyens de gouvernement et d'opposition dans l'état actuel de la France* (Paris, originally published in 1821)

Lefranc, P. 1849, *1814–1852* (Paris)

Lerminier, J. 1832, "De l'école appelée doctrinaire" (*Revue des Deux Mondes* 6)

Mars, V. 1850, "Chronique de la quinzaine" (*Revue des Deux Mondes*)

Montégut, E. 1849, "Le socialisme et les socialistes en province" (*Revue des Deux Mondes*)

Rémusat, C. 1958–67, *Mémoires de ma vie* (Paris)

Senior, N. 1973, *Journals kept in France and Italy from 1848 to 1852* (New York, originally published at London in 1871)

Siéyès, E. 1789, *Quelques idées de constitution applicables à la Ville de Paris* (Versailles)

Siéyès, E. 1985a, *Ecrits politiques* (Paris)

Siéyès, E. 1985b, *Qu'est-ce que le Tiers Etat ?* (Id., *Ecrits politiques*, Paris, originally published in 1789)

Siéyès, E. 1985c, *Préliminaire de la constitution* (Id., *Ecrits politiques*, Paris, originally published in 1789)

Simon, J. 1879, *The Government of M. Thiers* (London)
Simon, J. 1885, *Thiers, Guizot, Rémusat* (Paris)
Thiers, A. 1848, *De la propriété* (Paris)

(3) 日本語訳されている同時代文献

トクヴィル(Tocqueville, A.) 1998『旧体制と大革命』(小山勉訳，筑摩書房，原著 1856)
マルクス(Marx, K.) 1960『フランスにおける階級闘争』(中原稔生訳，大月書店，原著 1850)
マルクス(Marx, K.) 1971『ルイ・ボナパルトのブリュメール一八日』(村田陽一訳，大月書店，原著 1852)

3 引用文献

(1) 欧語文献

Agulhon, M. 1970a, *La république au village* (Paris)
Agulhon, M. 1970b, *Une ville ouvrière au temps du socialisme utopique* (Paris)
Agulhon, M. 1970c, *La vie sociale en Provence intérieure au lendemain de la Révolution* (Paris)
Agulhon, M. 1971, "Les chambrées en Basse-Provence" (*Revue Historique* 498)
Agulhon, M. 1973, *1848 ou l'apprentissage de la république 1848–1852* (Paris)
Agulhon, M. 1974, "La résistance au coup d'Etat en province" (*Revue d'Histoire Moderne et Contemporaine* 21)
Agulhon, M. 1977, *Le cercle dans la France bourgeoise* (Paris)
Agulhon, M. 1989, *Marianne au pouvoir* (Paris)
Agulhon, M. et als. 1986, *Les maires en France du Consulat à nos jours* (Paris)
Aminzade, R. 1977, "Breaking the Chains of Dependency" (*Journal of Urban History* 3–4)
Amman, P. 1975, *Revolution and Mass Democracy* (London)
Amson, D. 1994, *Gambetta* (Paris)
Anceau, E. 1999, *Dictionnaire des députés du Second Empire* (Rennes)
Anceau, E. 2000, *Les députés du Second Empire* (Paris)
Anceau, E. 2002, *La France de 1848 à 1870* (Paris)
Anceau, E. 2008, *Napoléon III* (Paris)
Aprile, S. 2000, *La Seconde République et le Second Empire 1848–1870* (Paris)
Baguley, D. 2000, *Napoleon III and His Regime* (Baton Rouge)
Balland, R. 1963, "De l'organisation à la restriction du suffrage universel en France" (Droz, J., ed., *Réaction et suffrage universel en France et en Allemagne*, Paris)
Barbé, M. 1904, *Etude historique des idées sur la souveraineté en France* (Paris)
Berenson, E. 1987, "Politics and the French Peasantry" (*Social History* 12–2)
Bevir, M. 2009, *Key Concepts in Governance* (Los Angeles)
Bierman, J. 1988, *Napoleon III and His Carnival Empire* (New York)
Bois, P. 1960, *Paysans de l'Ouest* (Paris)

Bouillon, J. 1956, "Les démocrates-socialistes aux élections de 1849" (*Revue Française de Science Politique* 6–1)

Bredin, J. 1988, *Siéyès* (Paris)

Broglie, G. 1991, "L'itinéraire Guizot" (Valensise, M., ed., *François Guizot et la culture politique de son temps*, Paris)

Bruche, F. 1980, *Le Bonapartisme* (Paris)

Brunet, M. 2009, *Bonnets rouges et blancs bonnets* (Canet)

Brustein, W. 1981, "A Regional Mode-of-production Analysis of Political Behavior" (*Politics and Society* 10–4)

Brustein, W. 1988, *The Social Origins of Political Regionalism* (Berkeley)

Bruyère-Ostells, W. 2004, *Napoléon III et le Second Empire* (Paris)

Campbell, S. 1978, *The Second Empire Revisited* (New Brunswick, NJ.)

Chase, R. 1989, "The Influence of Psychology on Guizot and Orleanist Policies" (*French History* 3–2)

Cholvy, G. 1968, *Géographie religieuse de l'Hérault contemporain* (Paris)

Cholvy, G. 1973, *Religion et société au XIXe siècle* (Ph.D. Thesis, University of Paris)

Collingham, H. 1988, *The July Monarchy* (London)

Corbin, A. 1998, *Archaïsme et modernité en Limousin au XIXe siècle* (Limoges, first ed., 1975)

Crossley, C. 1993, *French Historians and Romanticism* (London)

Demonet, M. 1990, *Tableau de l'agriculture française au milieu du 19e siècle* (Paris)

Dimech, Ch. 1995, *Le corps préfectoral en Côte-d'Or sous le Second Empire* (M.A. Thesis, University of Bourgogne)

Dorandeu, R. 1992, *Faire de la politique* (Ph.D. Thesis, University of Montpellier 1)

Eimeri, J.-M. 2003, "Frontière ou marches ?" (Lagroye, J., ed., *La politisation*, Paris)

Elwitt, S. 1975, *The Making of the Third Republic* (Baton Rouge)

Elwitt, S. 1986, *The Third Republic Defended* (Baton Rouge)

Flamand, J.-P. 1989, *Loger le peuple* (Paris)

Garrigou, A. 1992, *Le vote et le vertu* (Paris)

Girard, L. 1968, *La IIe République* (Paris)

Girard, L. 1976, "Le régime parlementaire selon Guizot" (Allier, J., ed., *Actes du colloque François Guizot*, Paris)

Girard, L. 1985, *Les libéraux français* (Paris)

Girard, L. 1993, *Napoléon III* (Paris, first ed., 1986)

Girard, L. et als. 1976, *La Chambre des députés en 1837–1839* (Paris)

Goallou, H. 1970, *L'évolution politique du département d'Ille-et-Vilaine du 2 décembre 1851 au 5 janvier 1879* (Ph.D. Thesis, University of Rennes)

Goujon, P. 1993, *Le vigneron citoyen* (Paris)

Gourvitch, A. 1914–17, "Le mouvement pour la réforme électorale" (*Bulletin de la Société d'Histoire de la Révolution de 1848* 62–70, 72)

Guillemin, A. 1982, "Aristocrates, propriétaires et diplomés" (*Actes de la Recherche en Sciences

Sociales 42)
Guionnet, Ch. 1997, *L'apprentissage de la politique moderne* (Paris)
Guiral, P. 1986, *Adolphe Thiers* (Paris)
Halévy, D. 1930, *La fin des notables* (Paris)
Hazareesingh, S. 1998, *From Subject to Citizen* (Princeton)
Huard, R. 1971, "La défense du suffrage universel sous la Seconde République" (*Annales du Midi* 83)
Huard, R. 1991, *Le suffrage universel en France* (Paris)
Huard, R. 1996, *La naissance du parti politique en France* (Paris)
Jennings, J. 1986, "Conceptions of England and its Constitution in Nineteenth-century French Political Thought" (*The Historical Journal* 29–1)
Jessenne, J.-P. 1987, *Pouvoir au village et la Révolution* (Lille)
Jessenne, J.-P. and Vivier, N. 2012, "D'une histoire nationale à une histoire européenne de la commune rurale" (Jessenne, J.-P. et als., *Clochemerle ou république villageoise?*, Villeneuve d'Ascq)
Joana, J. 2002, "Par-delà les notables" (Déloye, Y. et als., eds., *Faire de la science politique*, Paris)
Johnson, C. 1995, *The Life and Death of Industrial Languedoc* (Oxford)
Johnson, D. 1963, *Guizot* (London)
Jones, P. 1985, *Politics and Rural Society* (Cambridge)
Kale, S. 1992, *Legitimism and Reconstruction of French Society* (Baton Rouge)
Kent, S. 1937, *Electoral Procedure under Louis Philippe* (New Haven)
Kermoal, C. 2002, *Les notables du Trégor* (Rennes)
Koepke, R. 1983, "The Short, Unhappy History of Progressive Conservatism in France" (*Canadian Journal of History* 18)
Labrousse, Ch.-E., ed. 1956, *Aspects de la crise et de la dépression de l'économie française au milieu du XIXe siècle* (La Roche-sur-Yon)
Lagoueyte, P. 1991, *Candidature officielle et pratiques électorales sous le Second Empire* (Ph.D. Thesis, University of Paris 1)
Laurent, R. 1958, *Les vignerons de la Côte-d'Or au XIXe siècle* (Dijon)
Le Bihan, J. 2008, *Aux services de l'Etat* (Rennes)
Lebovics, H. 1988, *The Alliance of Iron and Wheat in the Third French Republic 1860–1914* (Baton Rouge)
Le Clère, B. and Wright, B. 1973, *Les préfets du Second Empire* (Paris)
Lefebvre, G. 1939, "Doctorat de M. Paul Bastid" (*Annales Historiques de la Révolution Française* 16)
Lévêque, P. 1983a, *Une société provinciale* (Paris)
Lévêque, P. 1983b, *Une société en crise* (Paris)
Lévêque, P. 2006, "La vie politique au village sous le Second Empire" (Id., *La Bregogne de Lamartine à nos jours*, Dijon, originally published in *Annales de Bregogne* 37, 1965)
Le Yoncourt, T. 2001, *Le préfet et ses notables en Ille-et-Vilaine au XIXe siècle (1814–1914)*

(Paris)
Lhomme, J. 1960, *La grande bourgeoisie au pouvoir* (Paris)
Loubère, L. 1974, *Radicalism in Mediterranean France 1848–1914* (Albany)
Margadant, T. 1974, "Peasant Protest in the Second Republic" (*Journal of Interdisciplinary History* 5–1)
Margadant, T. 1975, "Modernization and Insurgency in December 1851: a Case Study of the Drôme" (Price, R., ed., *Revolution and Reaction*, London)
Margadant, T. 1979a, *French Peasants in Revolt* (Princeton)
Margadant, T. 1979b, "French Rural Society in the Nineteenth-Century: a Review Essay" (*Agricultural History* 53–3)
Mayeur, J., ed. 2001, *Les parlementaires de la Seine sous la Troisième République* (Paris)
Mayeur, J. et als. 2003, *Les parlementaires de la Troisième République* (Paris)
McPhee, P. 1992, *The Politics of Rural Life* (Oxford)
Ménager, B. 1988, *Les Napoléon du people* (Paris)
Merriman, J. 1978, *The Agony of the Republic* (New Haven)
Milza, P. 2004, *Napoléon III* (Paris)
Milza, P., ed. 2008, *Napoléon III, l'homme politique* (Paris)
Miquel, P. 1992, *Le Second Empir*e (Paris)
Murat, I. 1987, *La II*[e] *République* (Paris)
Novella-Borghetti, M. 2005, *L'œuvre d'Ernest Labrousse* (Paris)
Ozouf, M. 1985, "Unité national et unité de la pensée de Jules Ferry" (Furet, F., ed., *Jules Ferry, fondateur de la République*, Paris)
Pécout, G. 1994, "La politisation des paysans au XIXe siècle" (*Histoire et Sociétés Rurales* 2–2)
Pierre, P. 2001, *Les Bretons et la République* (Rennes)
Pilbeam, P. 1991, *The 1830 Revolution in France* (New York)
Pinkney, D. 1972, *The French Revolution of 1830* (Princeton)
Plessis, A. 1979, *De la fête impériale au mur des fédérés* (Paris)
Ponteil, F. 1966, *Les institutions de la France de 1814 à 1870* (Paris)
Popkin, S. 1979, *The Rational Peasant* (Berkeley)
Price, R. 1972, *The French Second Republic* (London)
Price, R. 1975a, "Introduction" (Id., ed., *Revolution and Reaction*, London)
Price, R. 1975b, *1848 in France* (New York)
Price, R. 1983, *The Modernization of Rural France* (London)
Price, R. 1987, *A Social History of Nineteenth-Century France* (London)
Price, R. 2001, *The French Second Empire* (Cambridge)
Price, R. 2004, *People and Politics in France 1848–1870* (Cambridge)
Raphaël, P. 1909–10, "La loi du 31 mai 1850" (Part 1–3, *Revue d'Histoire Moderne et Contemporaine* 13, 14)
Rémond, R. 1982, *Les droites en France* (Paris)
Rémond, R. 1988, "Les élections" (Id., ed., *Pour une histoire politique*, Paris)

Revue d'Histoire Moderne et Contemporaine 1974, Special Issue "L'historiographie du Second Empire"
Rials, S. 1987, *Révolution et contre-révolution au XIXe siècle* (Paris)
Robert, A. et als. 1891, *Dictionnaire des parlementaires français* (5 Vols., Paris)
Rohr, J. 1963, *La candidature officielle sous le Second Empire* (DES Thesis, Faculty of Law of Paris)
Rosanvallon, P. 1985, *Le moment Guizot* (Paris)
Rosanvallon, P. 1990, *L'Etat en France de 1789 à nos jours* (Paris)
Rosanvallon, P. 1992, *Le sacre du citoyen* (Paris)
Rosanvallon, P. 1994, *La monarchie impossible* (Paris)
Rosanvallon, P. 1998, *Le peuple introuvable* (Paris)
Rosanvallon, P. 2008, *La légitimité française* (Paris)
Rosanvallon, P. et als. 1995, "Citoyenneté politique et citoyenneté sociale au XIXe siècle" (*Le Mouvement Social* 171)
Rougerie, J. 1966, "Faut-il départementaliser l'histoire de France ?" (*Annales E.S.C.* 21–1)
Sagne, J. 2006, *Les racines du socialisme de Louis-Napoléon Bonaparte* (Toulouse)
Sawicki, F. 1999, "Classer les homes politiques" (Offerlé, M., ed., *La profession politique XIXe–XXe siècles*, Paris)
Secondy, Ph. 2006, *La persistance du Midi blanc* (Perpignan)
Sewell, W. 1994, *A Rhetoric of Bourgeois Revolution* (Durham)
Silver, J. 1980, "French Peasant Demands for Popular Leadership in the Vendômois (Loir-et-Cher), 1852–1890" (*Journal of Social History* 14–2)
Simon, P. 1906, *L'élaboration de la Charte constitutionelle de 1814* (Paris)
Simoni, P. 1979, "Agricultural Change and Landlord-Tenant Relations in Nineteenth-century France" (*Journal of Social History* 13)
Singer, B. 1983, *Village Notables in Ninteteenth-century France* (Albany)
Sottocasa, V. 2004, *Mémoires affrontées* (Rennes)
Starzinger, V. 1991, *The Politics of the Center* (New Brunswick)
Thompson, J. 1982, *Clermont-de-Lodève 1633–1789* (Cambridge)
Thoral, M.-C. 2010, *L'émergence du pouvoir local* (Rennes)
Thuillier, G. 1979, *Regards sur la haute administration en France* (Paris)
Thuillier, G. 1980, *Bureaucratie et bureaucrates en France au XIXe siècle* (Genève)
Thuillier, G. 1987, *La bureaucratie en France aux XIXe et XXe siècles* (Paris)
Thuillier, G. 1994, *Les pensions de retraite des fonctionnaires au XIXe siècle* (Paris)
Thuillier, G. 2004, *La vie quotidienne dans les ministères au XIXe siècle* (Paris)
Tilly, Ch. 1972, "How Protest Modernized in France, 1845–1855" (Aydelotte, W., ed., *The Dimensions of Quantitative Research in History*, Princeton)
Tudesq, A. 1964, *Les grands notables en France* (Paris)
Tudesq, A. 1967, *Les conseillers généraux au temps de Guizot* (Paris)
Tudesq, A. 1969, "Institutions locales et histoire sociale" (*Annales de la Faculté des Lettres et des*

Sciences Humaines de Nice 9/10)
Tulard, J., ed. 1997, *Pourquoi réhabiliter le Second Empire?* (Paris)
Vaquez, B. 1997, *Economie et société dans l'arrondissement de Beaune* (M.A. Thesis, University of Bourgogne)
Vedel, G. 1949, *Manuel élémentaire de droit constitutionnel* (Paris)
Vedel, G. 1968–69, *Cours de droit constitutionnel et d'institutions politiques* (Paris)
Vidalenc, J. 1952, *Le département de l'Eure sous la monarchie constitutionnelle* (Paris)
Vigier, Ph. 1963, *La Seconde République dans la région Alpine* (2 Vols., Paris)
Vigier, Ph. 1982, *La vie quotidienne en province et à Paris pendant les journées de 1848* (Paris)
Vivier, N. 2009, "Le rôle des élites françaises en faveur du progrès agricole au XIXe siècle" (Id., ed., *Elites et progrès agricole*, Rennes)
Voilliot, Ch. 2005, *La candidature officielle* (Rennes)
Weber, E. 1976, *Peasants into Frenchmen* (Stanford)
Weber, E. 1980, "The Second Republic, Politics and the Peasant" (*French Historical Studies* 11–4)
Weber, E. 1982, "Comment la politique vint aux paysans" (*The American Historical Review* 87–2)
Wright, V. 1972, *Le Conseil d'Etat sous le Second Empire* (Paris)
Wright, V. et als. 1975, *Les préfets du Second Empire* (Paris)
Yon, J.-C. 2004, *Le Second Empire* (Paris)
Zeldin, T. 1958, *The Political Systen of Napoleon III* (London)

(2) 日本語訳されている文献

アギュロン(Agulhon, M.) 1989『フランス共和国の肖像』(阿河雄二郎ほか訳，ミネルヴァ書房，原著 1979)
ウェーバー (Weber, M.) 1970『支配の諸類型』(世良晃志郎訳，創文社，原著 1922)
オズーフ(Ozouf, M.) 1995「公共精神」(同ほか『フランス革命辞典』河野健二ほか訳，みすず書房，原著 1988)
コルバン(Corbin, A.) 1997『音の風景』(小倉孝誠訳，藤原書店，原著 1994)
スコット(Scott, J.) 1999『モーラル・エコノミー』(高橋彰訳，勁草書房，原著 1976)
バーク(Burke, P.)編 1996『ニュー・ヒストリーの現在』(谷川稔ほか訳，人文書院，原著 1991)
ハーバーマス(Habermas, J.) 1973『公共性の構造転換』(細谷貞雄訳，未來社，原著 1962)
ルビアン(Le Bihan, J.) 2010「一九世紀フランスにおける準幹部公務員」(小田中直樹訳，『思想』1032，初出日本語)
ロザンヴァロン(Rosanvallon, P.) 2006『連帯の新たなる哲学』(北垣徹訳，勁草書房，原著 1995)
ロストウ(Rostow, W.-W.) 1961『経済成長の諸段階』(木村健康ほか訳，ダイヤモンド社，原著 1960)

（3）日本語文献

岩崎正洋 2011「ガバナンス研究の現在」(同編『ガバナンス論の現在』勁草書房)
小田中直樹 1995『フランス近代社会 1814–1852』(木鐸社)
田崎慎吾 1987「今世紀初頭南フランスぶどう栽培労働者の争議」(椎名重明編『ファミリー・ファームの比較史的研究』御茶の水書房)
遅塚忠躬 1965「一九世紀前半におけるフランスの農業と土地所有」(高橋幸八郎編『産業革命の研究』岩波書店)
長井伸仁 2010「プロソポグラフィとミクロの社会史」(『思想』1032)
中木康夫 1975『フランス政治史』上巻(未來社)
西川長夫 1984『フランスの近代とボナパルティズム』(岩波書店)
西川長夫 1985「一八四八年革命とフランスの農民」(阪上孝編『1848　国家装置と民衆』ミネルヴァ書房)
二宮宏之 1986『全体を見る眼と歴史家たち』(木鐸社)
二宮宏之 2005『マルク・ブロックを読む』(岩波書店)
誉田保之 1966–67「一九世紀フランスにおける農業経営と土地所有」上・下(『北九州大商経論集』1–3/4，2–4)
誉田保之 1968「一九世紀前半におけるフランス農業・土地問題への一視角」(川島武宣・松田智雄編『国民経済の諸類型』岩波書店)
槇原茂 1982「一九〇七年の南部ぶどう栽培者の反乱」(『西洋史学報』9)
槇原茂 1985「一九世紀フランスにおける「村の政治」」(『史学研究』169)
本池立 1979『フランス産業革命と恐慌』(御茶の水書房)
吉田静一 1975『近代フランスの社会と経済』(未來社)

註

序章　もうひとつの19世紀フランス社会政治史へ

1　なお，対象時期が20世紀ということで本稿の対象からはずれるが，同様の流れにあるものとして[槇原 1982/田崎 1987]を参照。

2　日本人研究者の手になる紹介としては，たとえば[西川 1984:397–402/西川 1985]がある。

3　ラブルースによって定式化された「経済的旧体制」論については[Labrousse, ed. 1956/本池 1979:3]を参照。

4　アナール学派の「全体史」については[二宮 1986]を参照。ラブルース学派については[Novella-Borghetti 2005]を参照。時空間，とりわけ空間を限定する同学派の傾向に対する批判としては[Rougerie 1966]を参照。

5　ラブルース学派は，マーガダントいうところの第二の潮流にほぼ一致する。なお，第一および第三の潮流に属する研究については，社会的抗議運動，生活形態，あるいは近代化など，問題関心ははっきりしていると思われるかもしれない。しかし，実際に彼らの著書を読めば，その予想はかなりの程度裏切られるはずである。とりわけ近代化論については，[ロストウ 1961]が刊行されるや否や，まさに近代化のメルクマール，換言すれば「近代化とはなにか」をめぐる(さまざまな意味で不毛な)論争が始まったことが留意されなければならない。

6　この２人，とりわけブロックの方法論については，なによりもまず[二宮 2005]が繙かれるべきである。

7　「農村部民衆の政治化」という観点にもとづく研究史のサーベイとしては，すでにヴェーバーのもの[Weber 1980]がある。ただし，彼は，はじめにみずからの「政治化」概念を提示し，それにもとづいて各論者のアーギュメントを紹介し評価する，という手続きを採用する。このことからわかるとおり，彼は各論者の「政治化」概念が相異なる可能性を考慮にいれていない。

8　ヴェーバー以外の４人は政治化の分析そのものを主要な課題としているわけではないため，一人ひとりの主張自体にも曖昧な点はある。その例として，七月王制期の経済成長の帰結として，一方では小農経営の状態の悪化を主張し，他方では小土地所有の発展を主張するヴィジエ[Vigier 1963, Vol. 1:35/Vigier 1982:23]を参照。

9　たとえば槇原は，ヴェーバーは政治化の体制的ルートを，アギュロンは非体制的ルートを，それぞれ重視している，と評価する[槇原 1985:44–45]。

10　政治思想の普及ルートとしてパトロン・クライアント関係をもっともよく利用したのは共和派や山岳派だったとする点で，３者は一致する。しかし，同関係の性格については，マーガダントやヴィジエに特段の言及はなく，通常いわれる関係を想定していると考えられるのに対し，アギュロンは，それは「古典的パトロン・クライアント関係」ではなく，平等主義によって「修正されたパトロン・クライアント関係」だったとする点で異なる。

11　なお，アギュロンのアーギュメントにあっては，経済的な要因の占める位置そのものが小さい。この点で彼は，程度の差こそあれ政治化における経済的な要因を重視する他の4者と異なっている。ただし，第二共和制の通史[Agulhon 1973]のなかでは，彼も「旧農業システムの断絶」の意義を強調している。

12　ヴェーバーやプライスは，このように政治化とは全国政治化にほかならないとするため，パトロン・クライアント関係を介した政治の伝達を積極的に評価しないのである。すなわち，このプロセスにおいてナショナルな政治がパーソナルあるいはローカルなものに変質するのであれば，民衆に到達したものは「政治」ではない。これに対して残りの3人は，この伝達プロセスで政治が変質するか否かはさほど重視せず，また，とくにアギュロンやヴィジエはローカルな政治なるものをある程度認めているため，パトロン・クライアント関係をつうじて政治が伝達したと主張することになる。

13　この点に着目して，ヴィジエ，アギュロンらの「フランス・モデル」と，ヴェーバーを典型とする「アメリカ・モデル」を対置するかたちで研究史を整理し理解する例として，[Pécout 1994:96]を参照。

14　この論争の経過については[Agulhon 1974]を参照。

15　ヴィジエは，後述する第二帝制の2つの側面をともに強調している[Vigier 1963, Vol. 2:375-378]。アギュロンについては，この点に関する第二帝制の評価はない。

16　シルバーは，両説が共有する前提として「農村部の政治化の説明においてナショナルなできごとが決定的に重要であり，その一方で，ローカルな偏見は変化の妨害物としてのみ重要である」という仮定を挙げている。そのうえで，彼女は「第二帝制期にはナショナルな政治的反対が抑圧されたため，村落紛争のみが農村部における政治的論争の場となり」，この場において農村部民衆は「自己の政治的利益を擁護し，民衆の意志に反応するローカルなリーダーシップを要求するにはどうすればよいか」を学ぶ，と主張する[Silver 1980:277-278]。われわれが検討した5人のうち，ローカルな政治を認めていると考えられるアギュロンとヴィジエについては，シルバーによる評価には疑問が残る。しかし，彼女のアーギュメントは，われわれにとってきわめて示唆的である。

17　すなわち，農村部民衆が，名望家による政治的，社会的，あるいは経済的な支配から脱し，とりわけ政治の領域で自律的に行動しはじめることが「政治化」と称されてきたのである。

18　[ルビアン 2010]を参照。

19　たとえば，第二帝制期については，すでに1950年代に刊行されている[Zeldin 1958]がある。また，地方行政システムと中央行政システムのインターフェイスをなす県知事については，すでにすぐれたプロソポグラフィ分析[Le Clère and Wright 1973]がある。

なお，指導教員が特定の時空間を指定し，県文書館または市町村文書館に所蔵された資料をもちいた実証的な研究にもとづく学位(博士，博士候補資格，修士，学士)論文を執筆することを課す，というフランスの大学(とりわけパリ以外の地方大学)における歴史学専攻教育システムの特徴を反映して，各大学の図書館に事実上死蔵されている未公刊学位論文(とりわけ修士論文)には，市村，小郡，あるいは郡を単位とするものが，今日でも多い。そのことを反映して，個々の郡，小郡，あるいは市村の行政システムの実態に関するモノグラフは，未公刊学位論文を博捜すれば容易にみいだしうる。問題はこ

れら論文へのアクセスであるが，近年は大学図書館所蔵未公刊学位論文のデータベース化とオンライン化が進行しているため，大学ごとに差異はあるが，論文の存在を知ることについては，以前よりは容易になっている。ただし，論文を読むためには，基本的には，当該論文が提出された大学(または，歴史関係の研究センターが付設されている場合は，たいていは同センター)の図書館に出向く必要がある。

20　また，地方行政システムについては，19世紀に県，郡，小郡，市村という行政システムの機構そのものは確立したが，かならずしもそれが指揮命令あるいは情報伝達の系統として十全に機能していたわけではない。指揮命令および情報伝達の系統として機能することを「実質的な制度化」と呼ぶならば，県庁が設けられて県知事がおかれ，郡庁が設けられて郡長(副知事)がおかれ，小郡に治安判事が任命され，市村庁が設けられて市村長がおかれたからといって，実質的な制度化が十分に進んだとはいいがたいのである。

21　なお「名望家」というと，日本ではマックス・ウェーバーが提示した概念が連想されることが多いが，フランスにおける名望家論は，基本的にはアレヴィのアーギュメントを出発点としている。

22　ちなみに2008年はナポレオン三世生誕200周年であり，それに前後して，彼や第二帝制に関して幾多の書籍が刊行された([Milza, ed. 2008]巻末の関連文献表を参照)。その一冊にして，おそらくは彼に関する伝記の決定版と評価しうる書[Anceau 2008]は，副題に，かの「馬上のサン＝シモン」なる文言を選んでいる。

23　今日では，19世紀の政治的，経済的，あるいは社会的なエリート集団を対象として，大規模な共同プロジェクトが組織されている([ルビアン 2010]を参照)。

24　具体的には，公衆衛生の領域における県公衆衛生審議会，郡公衆衛生審議会，郡公衆衛生委員会，小郡公衆衛生委員会，統計の領域における小郡統計委員会，農業の領域における県農業委員会，郡農業諮問会議，郡農業委員会，小郡農業委員会，商工業の領域における工芸諮問会議，教育の領域における県公教育審議会などが挙げられる。

25　これは，先述した政治化をめぐる論争が教えてくれたことではないだろうか。また，この点を検討するうえで示唆的なのは，かつてスコットとポプキンのあいだで交わされた，いわゆるモラル・エコノミー論争だろう。両者は，東南アジア農村部民衆が能動的なアクターだったか否かをめぐってではなく，いかなる意味で能動的だったかをめぐって論争を重ねたのである[スコット 1999/Popkin 1979]。

26　ただし，不思議なことに，トラルの分析では，市村会は視野の外におかれている。これは，彼女が設定した分析課題とつきあわせるとき，重大な欠落をなす。

27　ガバナンス論の現状については，[岩崎 2011]に，簡にして要を得た説明がある。

28　このようなスタンスは，1980年代以降の農村史研究のトレンドとも整合的である。このトレンドについては[Jessenne and Vivier 2012:29–33]を参照。

29　とりわけ19世紀前半のフランスについては，国会議員選挙から地方議会議員選挙に至るまで，基本的には制限選挙制度が採用された。それゆえ，議員に求められた資質や，立候補者がアピールした資質は，比較的容易に把握できると予想される。

30　同書以前にも，制限選挙王制期のユール県に関する[Vidalenc 1952]など，ラブルース学派の方法論にもとづく研究は刊行されている。ただし，県ではなく地方という広い空間を対象とした研究としては，ヴィジエのものは最初期のもののひとつに数えうる。

本章では，ラブルース学派のスタンスを典型的に，かつ，いちはやく表現したものとして，ヴィジエのアーギュメントをとりあげる。

31　ただし，ヴォクリューズ県の名望家はボナパルトを推薦した［Vigier 1963, Vol. 1：323］。

32　「人民的改革」計画は，1849年国会議員選挙に向けた選挙運動にあっては，税制改革，無償教育，公信用の組織などを中心としていた［Vigier 1963, Vol. 2：198−202, 255−257］。

33　男性ブルジョワジーを会員とし，賃借した部屋で談話，読書，ゲーム，飲酒などをおこなう団体である「セルクル」(英語読みではサークル，cercle)を民衆層が模倣したものがシャンブレット(あるいはシャンブレ)である。これらは，とくに「階層間模倣」が活発な南部フランスで普及した［Agulhon 1971/Agulhon 1977］。

34　ただし，ヴォクリューズ県では，正統王朝派とオルレアン派が合同して結成した党派である「秩序党」が勝利した［Vigier 1963, Vol. 2：210］。なお，この選挙のナショナルな分析については［Bouillon 1956］を参照。

35　ヴィジエは「山岳派政策綱領の民衆的部分」の例として，間接税や高利貸制度の廃止，無償教育，共有地の分割などを挙げる［Vigier 1963, Vol. 2：331−332］。

36　なお，マーガダントは，ヴィジエは「反乱の政治的内容を極小化」し，反乱に参加した「農民には政治的動機が欠けていた」と主張した，と評価している［Margadant 1975：268］。しかし，以上の点からして，われわれのヴィジエ理解はこれとは異なる。ヴィジエの政治化論に対するマーガダントの批判については，このほか［Margadant 1975：260−268/Margadant 1979a：Chapter 4］を参照。

37　この国家博士論文は，19世紀前半同県のとりわけ農村部における政治と社会，同じ時期の県都トゥーロンに関するモノグラフ，フランス革命直後プロヴァンス地方内陸部の日常生活，これら3つのテーマおのおのを論じる3冊の本に分けて刊行された［Agulhon 1970a/Agulhon 1970b/Agulhon 1970c］。このうち第一のものが，われわれの主要な分析対象である。

38　アギュロンは，名望家との対立の結果という側面と，名望家を模倣するという側面をともにもつという，民衆の政治化が有するメカニズムの複雑な性格を強調するが，この点が彼の政治化論の特徴である［Agulhon 1970a：473−474］。

39　「真の共和制」(民主的にして社会的な共和制)とは，アギュロンによれば「普通選挙制および自由な選挙にもとづいているがゆえに，貧しい人々すなわち民衆の福祉を増進する」国家である［Agulhon 1970a：465］。より具体的な内容については［中木 1975：124−126, 148−149］を参照。

40　アギュロンにあっては，この対立は，指導的立場にあるブルジョワジーと反乱に参加した民衆との対立には還元されない。農村部民衆の内部において，反乱を政治的行動とみなす傾向と，みなさない傾向が並存していたのである［Agulhon 1970a：463−467］。なおマーガダントは，われわれのアギュロン理解と異なって，アギュロンは，政治化が挫折した結果，抗議の形態が旧式なものに逆戻りしたと主張している，と捉えている［Margadant 1974］。

41　なお，この点をはやくから主張したのはマルクスである。彼は，ボナパルトに代表されてゆく「分割地農民」の性格を検討し，山岳派に対する支持を促す近代的な意識と，

政治的な関心を欠いて「自分の階級的利益を自分の名まえで主張する能力がない」伝統的な意識を併せ持つ複雑な農民像を検出している［マルクス 1960：103, 131, 154/マルクス 1971：147–154］。

42 ただし，次の3点については，みずからのアーギュメントをある程度修正している。第一に，共和主義の普及については，名望家を経由するルートをより重視する［Agulhon 1973：26］。第二に，クーデタに対する抵抗については，傷害，殺人や窃盗などと，自治体の権力掌握や行軍などの軍事行動を明確に区別したうえで，前者は散発的だが後者は一般的であるとして，後者の側面をより前面に出す［Agulhon 1973：190］。第三に，抵抗の目的については，現存していた共和制や憲法の擁護といった点をより強調する［Agulhon 1973：179, 186］。

43 なおここで「総合的」というのは，ラブルース学派と異なり，特定の時空間に関する実証的な分析に携わったことはない，すなわち二次文献にもとづく大きな議論を得意とする，という意味である。

44 ここには，大略「前近代化期の社会に対して外部から刺激が与えられ，それへの対応として，摩擦をともないながら近代化が進行する」という，彼やヴェーバーやマーガダントなど近代化論に立脚する論者に共通する19世紀フランス像が明確に表現されている。

45 ヴェーバーは，農村部民衆がナショナルな政治をこのように変質させて受容した点を強調するほか，後述するとおり，名望家を介してナショナルな政治が到達する場合，そのプロセスですでに変質が始まっていると主張する。すなわち，パトロン・クライアント関係において決定的に重要なのは政治思想ではなくパトロンの性格であり，「特定のイデオロギーや政治的立場をとるローカルな名望家は，封建的な感覚で彼らに従う同盟者やクライアントを動員した」のである［Weber 1980：546］。

46 第二共和制期の農村部における政治のあり方に対するヴェーバーの評価は，次の3点にまとめられる。第一に，民衆は，山岳派の政治思想やナショナルな政治を，そのものとしては理解していなかった。第二に，パトロン・クライアント関係においては，政治的なイデオロギーより，パトロンの性格や派閥紛争のほうが重要だった。第三に，シャンブレやシャンブレットは，都市的な行動様式をとるプロヴァンス地方農村部民衆に特有のものであり，一般化できない［Weber 1980］。彼が，農村部政治史における第二共和制の重要性を強調するヴィジエやアギュロンの対極に立っていることは明らかだろう。

47 ヴェーバーのアーギュメントに対しては，マーガダントから批判が寄せられている。それは，第一に，最貧地域や最孤立地域を前面に出すことによって，農村部の後進性を過度に強調している，第二に，ヴェーバーは政治化の要因として経済的な次元におけるナショナルな統合を重視するが，彼が自給自足生産から商品作物生産への転換点とみなす1880年代には，経済成長は停滞していた，第三に，ローカルな交換関係や農村社会に対する小都市の影響など，ローカルな関係が考慮されていない，という3点にまとめられる［Margadant 1979b］。

48 マーガダントは「政治化」という語そのものはもちいていない。

49 これは，アギュロンがいう「真の共和制」やヴィジエがいう「貧者の共和制」と同義である。

50 マーガダントの集団行動論は，基本的にはティリーの「集団的暴力」論に依拠してい

る[Margadant 1979a:220–221]。アメリカにおけるフランス史研究に大きな影響を与えたティリーの集団的暴力論については[Tilly 1972]を参照。

第1章　七月王制期における制限選挙制度の論理

1　公共圏とは，[ハーバーマス 1973]によれば，私人の領域でありながら私生活の領域ではなく，公共生活の領域でありながら公権力の領域ではないという「公共的な意義を帯びた民間圏」であり，公権力を含めたあらゆる問題に関する自由で批判的なコミュニケーションを公衆がとりむすぶための空間である。この空間は，やがて公権力の領域に進出し，そこで議会を制度化させる。公共圏と議会を接合するメディアは，世論であり，政党であり，そしてなによりも選挙である。

2　われわれが対象とする，1830年から翌年にかけてなされた選挙制度改革を取り扱った研究としては，[Tudesq 1969/Rosanvallon 1992]がある。ただし，これらは，参政要件とその正統性に対するわれわれの問題関心を共有していない。

3　ブルジョワ社会論の代表的な例としては[Lhomme 1960/Chase 1989]がある。テュデスクの所説については[Tudesq 1964:1230–41/Pinkney 1972]を参照。彼と同様の立場をとる研究としては[Pilbeam 1991/Kent 1937]がある。なお，テュデスクの所説に対する批判としては[Koepke 1983]がある。ただし，ブルジョワ社会論に対する批判は，ブルジョワジーを「商工業者」と定義する営為のうえに成立している。これは定義にかかわる問題であり，たとえば，もしもブルジョワジーを「財産と教養の所有者」と定義すれば，彼らの批判は意味を失うことだろう。

4　例外的にすぐれた解説として，[ロザンヴァロン 2006]に付された訳者解題がある。

5　ここで紹介および検討の対象とするロザンヴァロンの業績は[Rosanvallon 1985/Rosanvallon 1992/Rosanvallon 1994/Rosanvallon et als. 1995/Rosanvallon 1998]である。

これらの著作のなかでロザンヴァロンが描く選挙制度論史は，次のように要約できる。まず，啓蒙思想家は(重農主義の影響のもとに)「市民＝地主」説をとなえた。これは，身分や社団に言及せず，また客観的な基準を採用する点で，それまでの代表観念とは異なっていたが，近代的な選挙権の3原則(平等性，個人性，普遍性)を欠いていた。次にシエイエスは(富の源泉を労働におく)政治経済学を受容し，「市民＝株主」説をとなえた。革命期になると，契約と平等にもとづく市民の概念が普及し，ミラボーなどに代表される「市民＝個人」説が展開されるとともに，個人の集積体ではなく，集団的な主体としての「主権者人民」という概念が出現した。革命後期から第一帝制期にかけては，レドレールが「市民＝地主」説を再編しつつ復権させ，「市民＝資本家」説をとなえた。市民が所有しなければならない財は，かつての不動産から，動産から知までを含む「資本」に拡大されたことになる。そののち，われわれの分析対象となる純理派の選挙制度思想が展開された。この思想は，第三共和制期になって，実際に階級政党が出現し，民主主義が階級対立の「場」となることによって，その生命を終える。

なお，このロザンヴァロンの所説には，[Hazareesingh 1998:Introduction]が指摘するとおり，第二帝制期が省略されているという重大な問題がある。

6　公共圏の分析軸としては，第一に，だれが公共圏を掌握するか，第二に，「上」から，

および「下」から，どのような作用が公共圏に加えられるか，といったものが考えられる。「世論」「公共精神」および「公共の秩序」をおもな検討対象とする［オズーフ 1995］は，後者の軸を重視する。これに対して，われわれは，選挙制度との関係という分析視角から公共圏の問題に接近するため，後者の軸にもとづく分析は不十分なものにとどまる。

7　いくつかの演説やパンフレット［Siéyès 1985a：75, 103, 133］において，シエイエスは参政要件として，富ではなく，知を採用することを主張している。

8　ギユマンは，七月革命から第三共和制の確立に至る時期におけるマンシュ県のローカルな支配階層（彼のことばでは「名望家」）の属性や行動を分析し，そこに，生まれや富を地位の源泉とする「貴族」（アリストクラート）と，能力や知を源泉とする「ブルジョワジー」という，２つの類型をみいだしている［Guillemin 1982：34］。彼の用語法（「名望家」「貴族」「ブルジョワジー」）については疑問が残るが，この類型設定はわれわれにとって示唆的である。

9　この判断を共有する例として［Senior 1973, Vol. 1：11/Rémond 1982：89–98］を参照。

10　なお，富の内部対立，つまりもろもろの形態の富のあいだの対立については，本章では取り扱わない。この点については，たとえば不動産と動産の関係に関して［小田中 1995：第２章第１節］を参照。

11　上下両院における演説は，国会議事録である［Laurent et als., ed. 1867–1913］から引用し，本文中に，『議事録』という略号を添えて，巻数と頁数を表示する。

12　委員会が参政要件として知を採用したことの背景には，国民のあいだにはすでに教育が普及し，彼らはみずからの権利を理解しはじめている，という認識があった。

13　1831年２月27日に下院でおこなわれたドラボルドの演説［『議事録』67：247］を参照。

14　運動党は納税を被選挙権の要件としないとする修正案を提出したが，1831年３月27日に否決された。

15　市村組織法案の前史については［Tudesq 1969：328–332］を参照。

16　後述するギゾーの企図が挫折した一因は，［Rosanvallon 1985：Chaps. 6, 10］によれば，この２つの事態が実際に生じてしまったことにある。

17　この所説は，フランス法制史研究でも，ひろく受容されている［Vedel 1968–69］。

18　正統王朝派が社会政治構造の要素としてパトロン・クライアント関係を最重要視していたことは周知の事実だろう［Rials 1987：153–155/Kale 1992：Chapter 1］。

19　七月王制期の選挙制度改革運動については［Gourvitch 1914–17］を参照。

20　［Girard 1976：123–124］によれば，ギゾーが支配階層とみなした「中間層」を定義することはきわめて難しい。

21　二月革命直後の臨時政府に参加した社会主義者ブランの同様な態度については，［Rials 1987：320］を参照。［Rosanvallon et als. 1995：9–10］によれば，フランスでは「有権者の資質の引上げ」型の政治イメージが優越した。ただし，ここで述べたとおり「政治の水準の引下げ」型の政治イメージもまた存在したのである。［Simon, J. 1879：177–182/Amson 1994］も参照。

22　いうまでもなく，抵抗党が志向した階級政治の目的は，特定の階級の利害を充足させることである。これに対して，普通選挙制度が実現する（はずの）利害政治は，もろもろ

の階級利害の調整を意味する。[Dupin 1833]を参照。

23 第二共和制期における名望家の選挙制度論については次章で論じるが，そのほかに[Jennings 1986]も参照。

第2章 第二共和制期における選挙制度改革の論理

1 ティエールは，国会における法案の審議のなかで「この法律は3月10日と4月28日に実施された2つの選挙の産物である」と述べている(5月24日)。国会審議における発言は『立法国民議会議事録』(*Compte rendu des séances de l'Assemblée Nationale Législative*)にもとづき，発言者と発言月日のみ(すべて1850年)を記す。

また，補欠選挙の結果は，単にパリの支配階層のみならず，各地のローカルな名望家にも衝撃を与えた[Mars 1850：169–170, 173, 177, 761–763/ヴァンデ県知事報告，1850年5月10日，国立中央文書館所蔵資料 AN F1cIII Vendée 3]。国立中央文書館(Archives Nationales)所蔵の資料を引用する場合には，上記のように，「AN」という略号を付したうえで，請求番号のみを記す。

なお，当初，政府や秩序党は，法案の目的として，転居を煩雑におこなうことによって各地の補欠選挙で何度も投票するという不正行為を阻止することを挙げていた。しかしながら，国会審議が進むにつれて，彼らはみずからこの主張を否定してゆくことになる。バローシュ（5月8日），フォシェ（5月27日），オート＝ヴィエンヌ県知事報告(1850年5月10日)[AN F1cIII Haute-Vienne 4]。

2 共和派は，この法案を「普通選挙をゆがめるもの」と評価した(グレヴィ，5月25日)。

3 本章では，この法案が成立するプロセスの時系列的な分析はおこなわない。これについては，すでに先行研究[Raphaël 1909–10/Balland 1963]がある。

4 新選挙法が都市労働者層をターゲットとしていたと主張する先行研究としては[Merriman 1978：134–136/Price 1972：259/Raphaël 1909–10/Rosanvallon 1992：306]を参照。同法がさまよう人々をターゲットとしていたと主張する先行研究としては[Girard 1968：216–217/Murat 1987：428]を参照。

5 ティエールは，間接選挙制度の採用は「憲法に「直接」ということばが書き込まれている以上，われわれには許されていない」と判断している(ティエール，5月24日)。フォシェの発言(5月25日)も参照。ラファエルによれば，ティエールは制限選挙制度の再導入も検討していた[Raphaël 1909–10, Part 1：96]。

6 ディジョン検事総長報告(1849年3月29日)[AN BB30 360]も参照。

7 二月革命直後に成立した臨時政府の事実上の首班だったラマルティーヌは，同政府は「普通選挙制度が民衆に受容され，擁護されるべく」最善を尽くしたが，それは「そうしなければ，彼らは独占と独裁を選好したにちがいないからである」と述べている(ラマルティーヌ，5月23日)。[anon. 1849：304–305/Lefranc 1849：33, 85]，およびマメール臨時郡長報告(1848年3月8日)[AN F1cII 56]やL・シャルボネル書簡(1848年3月10日，パリ)[AN F1cII 56]も参照。

8 本来であれば，ここで，当時の名望家がいかなる「政治」イメージを抱いていたかを論じなければならないが，この点は別の機会を期したい。ユール＝エ＝ロワール県派遣

委員報告(1848年3月20日)[AN F1cII 97]およびティオンヴィル(モーゼル県)共和国検事報告(1849年6月15日)[AN BB30 362]も参照。

9 前者の例としては，1849年12月13日付けリオン検事長報告[AN BB30 386]がある。彼によれば，アリエ県では「2月の諸事件以来，一種の知的運動が農村部の貧困住民たちに作用しているように見受けられる。より良い未来に対する漠然とした熱意と，福祉と富裕化の進歩に関する期待が，民衆の心を捉えている」。マイエンヌ県派遣委員報告(1848年3月19日)[AN F1cII 97]，リオン検事長報告(1848年4月25日)[AN BB30 323]，ヴィルヌーヴ(ロ＝エ＝ガロンヌ県)共和国検事報告(1848年10月6日)[AN BB30 333]も参照。

後者の例としては，ロワレ県派遣委員報告(1848年3月20日)[AN F1cII 97]，ディジョン検事長報告(1849年3月29日)[AN BB30 360]，ド＝メルル書簡(1848年3月15日，ロ＝エ＝ガロンヌ県レヴィニョン＝ド＝セシュ)[AN F1cII 56]を参照。

10 知識の供給を制限しようとする試みとしては，有名な通称「ファルー法」がある。政治的な権利を与える対象の範囲を拡張するためには知識の供給が必要であるというアーギュメントの例としては，レンヌ検事長報告(1849年12月5日)[AN BB30 386]を参照。

11 ユアールによれば，ガール県のローカルな名望家はさまよう人々が有権者から排除されることを望んでいた[Huard 1971:319–320]。

12 グレラン(5月24日)，フォシェ(5月25日)，ヴァティメニル(5月27日)，ベリエ(5月28日)の諸発言も参照。

13 フォシェ(5月18日)やグレラン(5月24日)の発言も参照。

14 ティエール(5月24日)やヴァティメニル(5月27日)の発言も参照。このうちティエールは「大衆が」ただしく行動するには「彼ら自身の「良心」だけでは足りず，他の人々から意見を得ることが必要である」と述べている。

15 ディジョン検事長報告(1849年3月29日)[AN BB30 360]。ブザンソン検事長報告(1850年6月11日)[AN BB30 373]やリオン検事長報告(1851年6月9日)[AN BB30 386]も参照。

16 リオン検事長報告(1851年12月3日)[AN BB30 395]。「1850年5月31日法，ディジョン裁判所」[AN BB30 392]も参照。

17 アミアン検事長報告(1848年4月10日)[AN BB30 359]，グルノーブル検事長報告(1848年4月21日)[AN BB30 360]。

18 ル・リュック(ヴァール県)の治安判事によれば，同県派遣委員エミール・オリヴィエはこの行為に支持を与えていた(同治安判事報告，1850年3月4日[AN BB30 358])。

19 グルノーブル検事長報告(1848年10月6日)[AN BB30 360]，モンペリエ検事長報告(1849年5月19日)[AN BB30 362]，ブザンソン検事長報告(1850年2月1日)[AN BB30 373]。グルノーブル検事長報告(1851年3月26日)[AN BB30 366]，ニーム検事長報告(1849年4月1日)[AN BB30 363]，レンヌ検事長報告(1849年12月5日)[AN BB30 386]も参照。

20 第一の類型の例としては，フォルトリエ(5月6日)，バローシュ(5月8日)，フォシェ(5月18日)の諸発言を参照。第二の類型の例としては，フォシェ(5月18日)やベシャール(5月22日)の発言を参照。第三の類型の例としては，バローシュ(5月23日)，ティ

エール（5月24日），フォシェ（5月25日）の諸発言を参照。第四の類型の例としては，ロトゥール（5月21日）の発言を参照。

21　カトリック派の首領格モンタランベールは「すべての権利と義務のなかでもっとも重要なもの，それは，存続するという社会の権利と，社会を存続させるというわれわれの義務である」と述べている（5月22日）。

22　ティエール（5月24日）の発言も参照。

23　ロードは秩序党（正統王朝派）に属していたので，彼の計算はさほど誇張を含んでいないと評価してよい。

24　貧困層を政治領域から排除することに対する共和派からの批判については，カネ（5月2日）の発言を参照。

25　同書については，かつて［小田中 1995：344–345］でも分析したことがある。

26　［Broglie, A. 1849：389–390, 400］も参照。

27　ローカルな名望家は，貧困層はみずからの物質的な利害関係に専念せざるをえないがゆえに政治に無関心になると考えることが多かった。例として，アンドル県知事報告（1850年5月18日）［AN F1cIII Indre 3］を参照。しかし，物質的利害関係と政治的意識の関係は，それほど単純なものではないだろう。

28　共和派によれば，1848年憲法は，従属的な立場にある人々にも権利を認め，彼らと雇用主や名望家とのあいだの政治的な平等を実現した（ファーヴル，5月29日）。

29　「ブリウド農民からオート＝ロワール県農民諸氏へ」（ブドウ栽培農民ムーラン，トゥレット＝オーヴェルナ，アラリ＝フロ，ムット，ベルナール，日時不明，おそらく1848年）［AN BB30 323］。

30　その例として，アンドル県知事報告（1850年5月18日）［AN F1cIII Indre 3］を参照。また，リオン検事長報告（1851年8月2日）［AN BB30 386］によれば，ピュイ＝ド＝ドーム県の「社会主義者たち」は，それまでのリーダーを見捨て，社会のより下層の人々から新しいリーダーを登用しつつあった。

31　ファーヴルによれば「賢明な立法者たちは……社会階層のあいだの懸隔が下層の人々に強いてきたくびきをゆるめなければならない」（5月29日）。

32　パトロン・クライアント関係（あるいはパターナリズム，パトロネジ）は，19世紀フランスの社会構造を理解する際のキーワードである。これは，支配階層と被支配階層のあいだに構築され，政治的権力の源泉として利用しうる，人格的な支配従属関係を意味している。いうまでもなく，この関係は，単に「労使関係」ではなく「社会関係」一般にあてはまる［Tudesq 1964］。

33　リオン検事長報告（1848年6月11日）［AN BB30 333］，フィニステール県臨時代理委員報告（1848年5月4日）［AN F1cIII Finistère 9］。

34　ブールジュ検事長報告（1848年6月10日）［AN BB30 359］。

35　ミルクール警察官報告（1848年3月31日）［AN F1cII 56］。エーヌ県派遣委員報告（1848年3月27日）［AN F1cII 56］，アリエ県派遣委員報告（1848年4月23日）［AN F1cII 56］，ロワール＝エ＝シェール県派遣委員報告（日時不明，おそらく1848年3月）［AN F1cII 56］，派遣委員報告（1848年4月18日，ロワール＝アンフェリユール県ナント）［AN BB30 364］，マイエンヌ県派遣委員報告（1848年3月19日）［AN F1cII 97］，レンヌ検事長報告（1848年

4月14日)[AN BB30 364]，リヨン検事長報告(1848年4月29日)[AN BB30 323]，クルーズ県オービュソン裁判所判事報告(1848年4月7日)[AN BB30 361]，マイユほか請願(1848年4月26日，サルト県ラ・フレシュ)[AN F1cII 56]，ルジユール書簡(1848年5月1日)[AN F1cII 57]も参照。臨時政府や共和派は名望家のパターナルな行動様式を批判したが，だからといって，この行動様式がすぐに消滅したわけではない。ボルドー検事長報告(1849年6月18日)[AN BB30 359]やブザンソン検事長報告(1851年8月7日)[AN BB30 373]を参照。

36 その例として，カンブレ共和国検事報告(1848年5月28日)[AN BB30 360]を参照。

37 アミアン検事長(同報告，1851年11月8日[AN BB30 371])によれば，1851年，同地の名望家たちは民衆向けの相互扶助協会を設立した。彼らにとって，協会設立の目的は「勤労者たちをアヤシイ結社から解放し，誠実な人々〔すなわち名望家──引用者〕とむすびつける」ことにあった。ベネフォール書簡(1848年3月15日)[AN F1cII 97]も参照。

38 彼の発言は，正統王朝派国会議員のスタンスを知るうえで，きわめて示唆的である。彼によれば「本法案は……3年間居住している者はすべて，いかなる納税条件もなく投票しうることを望んでいる」が，それは「わたしたちをとりまく人々，わたしたちの友人，わたしたちの知人，わたしたちとともに完璧な感情共同体を構成している人々」を政治に参加させなければならないからであり，また「わたしたちの農民や定住住民が，納税の存否にかかわらず参加する農村定住型民主主義」が尊重されなければならないからである。しかしながら，法案は「1848年の選挙にあたり，聖職者を先頭に，野を越え，わたしたちに投票するために投票所にやってきた」彼らに打撃を与える危険がある。

39 3年以上雇用されている農業労働者に選挙権を与えるべきことを求めるボーモン(ボナパルト派)修正案を参照(ボーモン，5月30日)。同修正案は246票対253票で否決された。

40 あるいは，旧体制の社会秩序を，したがってフランス革命の否定を想起させるパトロン・クライアント関係に対する嫌悪感が，彼らにはあったのかもしれない。

41 国会議員選挙に関する1848年3月5日政令と，1849年3月15日選挙法は，ともに，有権者たる要件として，6カ月間の居住を課していた。しかしながら破棄院は，いかなる市民も選挙権を剝奪されてはならないという理由のもとに，6カ月間居住していない人々については旧居住市村の有権者名簿に登録しうるという判決を下した。内務大臣通達(1848年6月15日，8月18日，1849年12月17日)[AN F1a 45]およびコート＝ドール県ヴィト登記官報告(1848年3月10日)[AN F1cII 57]を参照。共和派は，二重投票を禁止する条項を付したうえで1849年選挙法を存続させるという修正案を提出した(デュプラ，5月27日)。

42 投票の義務化は，当時すでにブラジルなど一部諸国で採用されており，名望家の関心をひいていた。J・アイヤール書簡(1850年3月21日)[AN BB30 323]を参照。

43 県知事(あるいは代理)報告は，すべて国立中央文書館に所蔵されているので，以下では報告の日付と請求番号のみを記す。アン県(5月21日)[F1cIII Ain 3]，アリエ県(5月17日)[F1cIII Allier 3]，バス＝アルプ県(5月20日)[F1cIII Basses-Alpes 4]，オート＝アルプ県(5月19日)[F1cIII Hautes-Alpes 3]，アルデシュ県(5月20日)[F1cIII Ardèche 4]，アルデンヌ県(5月17日)[F1cIII Ardennes 4]，アリエジュ県(5月22日)[F1cIII Ariège 4]，

オーブ県（５月21日）[F1cIII Aube 7]，オード県（５月19日）[F1cIII Aude 4/1]，アヴェロン県（５月19日）[F1cIII Aveyron 5]，ブシュ＝デュ＝ローヌ県（５月19日）[F1cIII Bouches-du-Rhône 4]，カルヴァドス県（５月16日）[F1cIII Calvados 6]，カンタル県（５月18日）[F1cIII Cantal 4]，シェール県（５月20日）[F1cIII Cher 4]，コレーズ県（５月25日）[F1cIII Corrèze 7]，コルス県（５月28日）[F1cIII Corse 5]，コート＝ドール県（５月17日）[F1cIII Côte-d'Or 5]，コート＝デュ＝ノール県（５月28日）[F1cIII Côte-du-Nord 6]，クルーズ県（５月21日）[F1cIII Creuse 5]，ドルドーニュ県（５月19日）[F1cIII Dordogne 5]，ドゥー県（５月19日）[F1cIII Doubs 5]，ユール＝エ＝ロワール県（５月21日）[F1cIII Eure-et-Loir 5]，フィニステール県（５月21日）[F1cIII Finistère 9]，ガール県（５月20日）[F1cIII Gard 5]，オート＝ガロンヌ県（５月18日）[F1cIII Haute-Garonne 7]，ジェール県（５月23日）[F1cIII Gers 6]，ジロンド県（５月18日）[F1cIII Gironde 4]，エロー県（５月19日）[F1cIII Hérault 4)，イル＝エ＝ヴィレヌ県（５月18日）[F1cIII Ille-et-Vilaine 5]，アンドル県（５月18日）[F1cIII Indre 3]，イゼール県（５月19日）[F1cIII Isère 5]，ジュラ県（５月18日）[F1cIII Jura 5]，ランド県（５月19日）[F1cIII Landes 4]，ロワール＝エ＝シェール県（５月18日）[F1cIII Loir-et-Cher 4]，ロワール県（５月18日）[F1cIII Loire 4]，ロワール＝アンフェリユール県（５月18日）[F1cIII Loire-Inférieure 4]，ロワレ県（５月23日）[F1cIII Loiret 4]，ロ県（５月24日）[F1cIII Lot 5]，ロ＝エ＝ガロンヌ県（５月18日）[F1cIII Lot-et-Garonne 4]，ロゼール県（５月21日）[F1cIII Lozère 4]，メーヌ＝エ＝ロワール県（５月18日）[F1cIII Maine-et-Loire 4]，マンシュ県（５月19日）[F1cIII Manche 4]，マルヌ県（５月23日）[F1cIII Marne 3]，オート＝マルヌ県（５月23日）[F1cIII Haute-Marne 4]，マイエンヌ県（５月19日）[F1cIII Mayenne 4]，ムルト県（５月17日）[F1cIII Meurthe 6]，ムーズ県（５月24日）[F1cIII Meuse 6]，モルビアン県（５月20日）[F1cIII Morbihan 5]，モーゼル県（５月18日）[F1cIII Moselle 5]，ニエーヴル県（５月17日）[F1cIII Nièvre 3]，ノール県（５月19日）[F1cIII Nord 6]，オワズ県（５月16日）[F1cIII Oise 4]，オルヌ県（５月20日）[F1cIII Orne 6]，パ＝ド＝カレ県（５月18日）[F1cIII Pas-de-Calais 6]，ピュイ＝ド＝ドーム県（５月19日）[F1cIII Puy-de-Dôme 4]，バス＝ピレネー県（５月19日）[F1cIII Basses-Pyrénées 5]，オート＝ピレネー県（５月20日）[F1cIII Hautes-Pyrénées 4]，バ＝ラン県（５月17日，19日）[F1cIII Bas-Rhin 4]，ローヌ県（５月21日）[F1cIII Rhône 4]，オート＝ソーヌ県（５月18日）[F1cIII Haute-Saône 4]，ソーヌ＝エ＝ロワール県（５月17日）[F1cIII Saône-et-Loire]，サルト県（５月17日）[F1cIII Sarthe 4]，セーヌ＝エ＝オワズ県（５月17日）[F1cIII Seine-et-Oise 7]，セーヌ＝アンフェリユール県（５月17日）[F1cIII Seine-Inférieure 6]，ソンム県（５月20日）[F1cIII Somme 4]，タルヌ県（５月19日）[F1cIII Tarn 4]，タルヌ＝エ＝ガロンヌ県（５月20日）[F1cIII Tarn-et-Garonne 3]，ヴァール県（５月20日）[F1cIII Var 4]，ヴォクリューズ県（５月18日）[F1cIII Vaucluse 4]，ヴァンデ県（５月20日）[F1cIII Vendée 3]，ヴィエンヌ県（５月17日）[F1cIII Vienne 4]，オート＝ヴィエンヌ県（５月18日）[F1cIII Haute-Vienne 4]，ヴォージュ県（５月18日）[F1cIII Vosges 6]，ヨンヌ県（５月18日）[F1cIII Yonne 4]。

44　地域的にいうと，投票は権利であるとする報告はおもに南西部と東部から，投票は義務であるとするものはおもに西部と北部からきている。この地域的な懸隔の理由は不明である。

45　フランス憲法学の主流派の見解によれば，選挙公務説と選挙義務説は19世紀をつうじて併存した［Vedel 1949］。

46　ロワール＝アンフェリユール県知事報告（1850年５月18日）［AN F1cIII Loire-Infèrieure 4］，オワズ県知事報告（1850年５月16日）［AN F1cIII Oise 4］，クルーズ県知事報告（1850年５月21日）［AN F1cIII Creuse 5］，ヴォージュ県知事報告（1850年５月18日）［AN F1cIII Vosges 6］。

47　七月王制期の選挙制度改革論者たちは，普通選挙制度と選挙公務説は調和的に併存しうると主張していた［Duvergier de Hauranne 1847/Ponteil 1966：277］。

48　「1850年５月31日法，諸県会の意見」（1850年９月８日）［AN BB30 392B］。

49　イル＝エ＝ヴィレヌ県知事報告（1850年10月28日）［AN F1cIII Ille-et-Vilaine 5］，アンドル＝エ＝ロワール県参事官報告（1850年10月26日）［AN F1cIII Indre-et-Loire 4］，ヴァンデ県知事報告（1850年10月25日）［AN F1cIII Vendée 3］。

50　オード県参事官報告（1850年10月31日）［AN F1cIII Aude 4］。

51　オード県参事官報告（1850年10月31日）［AN F1cIII Aude 4］，カンタル県知事報告（1850年11月５日）［AN F1cIII Cantal 4］，コレーズ県知事報告（1850年10月29日）［AN F1cIII Corrèze 7］，ジュラ県知事報告（1850年10月28日）［AN F1cIII Jura 5］，アヴェロン県知事報告（1850年10月20日）［AN F1cIII Aveyron 5］，ブシュ＝デュ＝ローヌ県知事報告（1850年11月２日）［AN F1cIII Bouches-du-Rhône 4］，コルス県知事報告（1850年10月28日）［AN F1cIII Corse 5］，ガール県参事官報告（1850年11月28日）［AN F1cIII Gard 5］，ジェール県知事報告（1850年10月29日）［AN F1cIII Gers 6］，エロー県参事官報告（1850年10月29日）［AN F1cIII Hérault 4］，ヴォクリューズ県知事報告（1850年９月30日）［AN F1cIII Vaucluse 4］，ヴォージュ県知事報告（1850年10月５日）［AN F1cIII Vosges 6］。

52　バス＝アルプ県知事報告（1850年10月１日）［AN F1cIII Basses-Alpes 4］，カルヴァドス県知事報告（1850年10月28日）［AN F1cIII Calvados 6］，カンタル県知事報告（1850年11月５日）［AN F1cIII Cantal 4］，コート＝デュ＝ノール県知事報告（1850年９月28日）［AN F1cIII Côte-du-Nord 6］，アンドル＝エ＝ロワール県参事官報告（1850年10月26日）［AN F1cIII Indre-et-Loire 4］，ヴァンデ県知事報告（1850年10月25日）［AN F1cIII Vendée 3］。

53　ヴァンデ県では，大地主たち（大部分が正統王朝派）が，子弟や労働者と同居している家長や雇用主に対して，申立てをするよう訴えるという現象がみられた（同県知事報告，1850年10月25日［AN F1cIII Vendée 3］）。イル＝エ＝ヴィレヌ県では，各地で，新選挙法を正統王朝派に対する打撃として批判するという現象がみられた（同県知事報告，1850年10月28日［AN F1cIII Ille-et-Vilaine 5］）。

54　アルデシュ県知事報告（1850年10月19日）［AN F1cIII Ardèche 4］。

55　法案を支持する署名運動が集めたのは，わずか2158筆である。

56　ブザンソン検事長報告（1850年６月29日，1851年６月７日，同年７月５日）［AN BB30 373］。

57　レンヌ検事長（または代理）報告（1850年６月１日，７月１日，８月１日）［AN BB30 386］。この運動は翌年に再燃するが，その規模は限定的なものだった（レンヌ検事長報告，1851年７月１日［AN BB30 392B］）。

58　アミアン検事長報告（1850年５月22日，６月５日，７月11日，８月５日，９月５日）

［AN BB30 371］。

59　メッス検事長報告（1850年８月14日）［AN BB30 392B］，パリ検事長報告（1850年７月17日）［AN BB30 392B］，リオン検事長報告（1850年６月４日，８月８日）［AN BB30 386］。

60　アリエジュ県知事報告（1850年10月31日）［AN F1cIII Ariège 4］，シャラント県知事報告（1850年10月30日）［AN F1cIII Charente 5］，ジェール県知事報告（1850年10月29日）［AN F1cIII Gers 6］，ジュラ県知事報告（1850年10月28日）［AN F1cIII Jura 5］，ヴォージュ県知事報告（1850年10月５日）［AN F1cIII Vosges 6］，「1850年５月31日法，ディジョン裁判所」［AN BB30 392B］。

61　エロー県の県参事官は別の理由を挙げている。彼によれば，同県の民衆は新選挙法に無関心だが，それは，自分が選挙権を失うことはないだろうと考えているからだった。同参事官報告（1850年10月29日）［AN F1cIII Hérault 4］。

62　オート＝アルプ県知事報告（1850年10月５日）［AN F1cIII Hautes-Alpes 3］，コレーズ県知事報告（1850年10月29日）［AN F1cIII Corrèze 7］，ガール県参事官報告（1850年11月28日）［AN F1cIII Gard 5］，ジロンド県知事報告（1850年10月８日）［AN F1cIII Gironde 4］，イゼール県参事官報告（1850年10月29日）［AN F1cIII Isère 5］，オート＝ヴィエンヌ県知事報告（1850年10月26日）［AN F1cIII Haute-Vienne 4］，リオン検事長報告（1850年８月８日）［AN BB30 386］。

63　コート＝デュ＝ノール県知事報告（1850年９月28日）［AN F1cIII Côte-du-Nord 6］，ヴァンデ県知事報告（1850年10月25日）［AN F1cIII Vendée 3］。

64　前者の例として，カルヴァドス県知事報告（1850年10月28日）［AN F1cIII Calvados 6］やブザンソン検事長報告（1850年８月10日）［AN BB30 373］を参照。後者については，コート＝ドール県知事報告（1850年11月30日）［AN F1cIII Côte-d'Or 5］，ブザンソン検事長報告（1850年６月29日，1851年11月８日）［AN BB30 373］，メッス検事長報告（1851年12月３日）［AN BB30 395］を参照。

65　ニエーヴル県知事報告（1850年５月17日）［AN F1cIII Nièvre 3］，パ＝ド＝カレ県知事報告（1850年10月18日）［AN F1cIII Pas-de-Calais 6］，クルーズ県知事報告（1850年10月21日）［AN F1cIII Creuse 5］，オーブ県知事報告（1850年10月21日）［AN F1cIII Aube 7］，シェール県知事報告（1850年10月20日）［AN F1cIII Cher 4］も参照。

66　剝奪率は，農村部については，たとえばアルデンヌ県で18%，シャラント県で23%，イル＝エ＝ヴィレヌ県で33%，オート＝ヴィエンヌ県で41%だった。これに対して，都市部では，たとえばトロワ（オーブ県）で49%，シャルトル（ユール＝エ＝ロワール県）で60%，サン＝テティエンヌ（ロワール県）で75%だった。アルデンヌ県知事報告（1850年10月25日）［AN F1cIII Ardennes 4］，オーブ県知事報告（1850年10月８日）［AN F1cIII Aube 7］，ユール＝エ＝ロワール県知事報告（1850年９月10日）［AN F1cIII Eure-et-Loir 5］，イル＝エ＝ヴィレヌ県知事報告（1850年10月28日）［AN F1cIII Ille-et-Vilaine 5］，ロワール県知事報告（1850年７月16日）［AN F1cIII Loire 4］，オート＝ヴィエンヌ県知事報告（1850年12月19日）［AN F1cIII Haute-Vienne 4］。各県の剝奪率については，カンタル県知事報告（1850年11月５日）［AN F1cIII Cantal 4］，シャラント県知事報告（1850年10月30日）［AN F1cIII Charente 5］，ジェール県知事報告（1850年10月29日）［AN F1cIII Gers 6］，アンドル県知事報告（1850年10月29日）［AN F1cIII Indre 3］，ノール県知事報告（1850年７月９日）

[AN F1cIII Nord 6]，オワズ県知事報告(1850年7月7日)[AN F1cIII Oise 4]，ヴァンデ県知事報告(1850年10月25日)[AN F1cIII Vendée 3]も参照。

67 「1850年5月31日法にもとづく名簿をもちいておこなわれた県会議員選挙統計，同法施行から1851年10月13日まで(県会)」[AN F1cII 58]。共和派が議席を得たのは中南部，パリ盆地，ブルターニュを除く西部である。

68 「1850年5月31日法，ディジョン裁判所」[AN BB30 392B]，ロワール県知事報告(1850年7月16日)[AN F1cIII Loire 4]，オート＝ヴィエンヌ県知事報告(1850年10月26日)[AN F1cIII Haute-Vienne 4]，リオン検事長報告(1851年1月11日)[AN BB30 386]も参照。

69 例として，アミアン検事長報告(1850年11月20日)[AN BB30 371]を参照。

70 レンヌ検事長代理報告(1850年9月1日)[AN BB30 386]。アンリ書簡(1851年7月3日，マルヌ県エステルネ)[AN BB30 392B]も参照。

71 リオン検事長報告(1850年9月19日)[AN BB30 386]。アンドル県知事報告(1850年10月29日)[AN F1cIII Indre 3]や「1850年5月31日法，ディジョン裁判所」[AN BB30 392B]も参照。

72 例として，ブザンソン検事長報告(1851年11月8日)[AN BB30 373]，メッス検事長報告(1851年12月3日)[AN BB30 395]，レンヌ検事長報告(1851年4月1日)[AN BB30 386]を参照。

73 例として，レンヌ検事長報告(1851年8月31日)[AN BB30 386]を参照。

74 ブザンソン検事長報告(1851年4月26日)[AN BB30 373]。レンヌ検事長報告(1851年7月2日)[AN BB30 386]も参照。

75 例として，法務大臣あて内務大臣書簡(1851年1月11日)[AN BB30 391]，ボルドー検事長報告(1851年8月3日)[AN BB30 393]，グルノーブル検事長報告(1851年3月26日)[AN BB30 366]，リヨン検事長報告(1851年5月20日)[AN BB30 392B]，レンヌ検事長報告(1850年12月31日)[AN BB30 386]を参照。

76 ポワティエ検事長報告(1850年7月9日)[AN BB30 364]を参照。

77 官選候補制度は，第二共和制期にも，非公式なかたちでは採用されていた。1848年4月8日に内務大臣ルドリュ＝ロランが発した有名な通達のほか，内務大臣通達(同年11月2日[AN F1a 45]，1849年6月25日[AN F1cII 58])を参照。この制度に関する詳細な分析は，第二帝制期に即して，次章でおこなう。

78 ルーアン検事長報告(1852年2月8日)[AN BB30 335]を参照。

79 たとえば，グルノーブル検事長報告(1852年3月9日)[AN BB30 403]や[Duvergier de Hauranne, E. 1868]を参照。

第3章 官選候補制度再考

1 このほかにも，文部大臣から大学区長(recteur)などを経由して各教員に至る文部省ルート，法務大臣から検事長を経て検事に至る司法省ルートなど，さまざまなルートが存在し，機能した。

2 官選候補制度は，さまざまな名称のもとにではあるが，第二次王政復古以降，復古王制，七月王制，第二共和制，第二帝制，さらには第三共和制の初期に至るまで，19世紀

をつうじて利用された。ただし「官選候補制度」と聞いて想起される時期は，通常は第二帝制である。それは，この体制下では，立法院議員選挙における勝利が帝制の正統性そのものにかかわる問題であることを反映して，同制度が体系的に整備運用されたからである。帝制が崩壊する１年前の1869年に政府は同制度を廃止するが，それは帝制の正統性のあり方が変化したという事実，あるいは変化させようとする政府の意思を表現する営為となるだろう。

3　各県知事あて内相通達(1852年１月８日，たとえば[Archives Départementales des Côte-d’Armor 3M120]に所蔵)。なお県文書館は以下「AD」と略記する。

4　このように，1852年立法院議員選挙に際しては，クーデタ後初の選挙ということもあり，官選候補の選出に際しては，きわめて組織的かつ詳細な手続きがとられた。その帰結として，膨大な関連資料が国立中央文書館および各地の県文書館に残されている。ちなみにラグエイトやヴォワリオは，官選候補の選出過程における県知事の役割は限定的なものだったと評価し，同資料をさほどたかく評価しない傾向にあるが，他の選挙に関する同種の資料と比較すれば，それが質的にも量的にも優越しており，さまざまに加工ひいては分析しうるものであることは明らかである[Lagoueyte 1991:127/Voilliot 2005:149–150]。

5　モルニーについては，彼は官選候補の政治的な過去は問わなかったという評価も存在する[Rohr 1963:15]。ただし，1852年１月29日に彼のあとを襲ったペルシニにとって，官選候補は「新しき秩序を誠心誠意受容した」[Rohr 1963:16]人々のなかから選ばれなければならなかった。

6　なお[Yon 2004:49]は，例外的に，官選候補において新旧の政治的支配階層が混在していたことを強調している。

7　もっともヴォワリオは，第二帝制期を検討するにあたっては，ほぼ全面的にラグエイトのアーギュメントに依拠している[Voilliot 2005:Chaps. 4, 5]。

8　すでに1958年，ゼルディンが国立中央文書館における1852年立法院議員選挙関連資料に関する詳細な解説をしていたことを想起するとき，さらにまた，ラグエイト自身，論文の巻末においた参照資料一覧に，件の「選挙と公衆心理」を挙げていることを考慮するとき，これはじつに奇妙な事態に思える[Zeldin 1958:178/Lagoueyte 1991:annex 1593–94]。

9　以下，ヴォワリオが提示する適格者の総数と商工業者の比率については，われわれが修正したものを使用する。なお，本章では，割合については小数点第２位を切り捨てて表記する。

10　プロソポグラフィ分析については[長井 2010]を参照。

11　この点はラグエイトにも妥当する。

12　いうまでもなく，このようなスタンスの背景には，ギンズブルクに代表されるミクロストーリアや，ギアツがとなえた「厚い記述」など，歴史学における「歴史叙述」のあり方に焦点をあて，20世紀第四四半期から人口に膾炙《かいしゃ》するようになった方法論がある。これら方法論に関する紹介やアーギュメントは汗牛充棟《かんぎゅうじゅうとう》の感があるが，とりあえず[バーク編 1996]を参照。

13　ただし，先行研究がはらむ資料上の問題点や，そこから生じるコーパス(資料群)の違

いを反映して，分析の対象となる適格者や官選候補の人数は，われわれと先行研究で異なっている。それゆえ，先行研究との比較や先行研究の再検討は，人数ではなく割合についてなされるにとどまる。

14　県知事報告は，すべて1852年に書かれ，国立中央文書館に所蔵されているので，以下では報告の日付と請求番号のみを記す。アン県（2月6日）[F1cII 98]，アリエ県（1月18日）[F1cII 98]・「立法院構成員たりうる諸氏に関する情報」（アリエ県知事，1月21日）[F1cII 100]，バス＝アルプ県（1月14日）[F1cII 98]，オート＝アルプ県（1月11日）[F1cII 98]，アルデシュ県（2月9日）[F1cII 98]，アルデンヌ県（1月20日，2月6日）[F1cII 98]，アリエジュ県（1月14日）[F1cIII Ariège 4]，オーブ県（1月18日）[F1cII 98]，アヴェロン県（1月13日）[F1cII 98]，ブシュ＝デュ＝ローヌ県（1月12日，2月9日）[F1cII 98]，カルヴァドス県（1月15日，同月25日）[F1cIII Calvados 6]，カンタル県（1月16日）[F1cII 98]，シャラント県（1月11日）[F1cII 98]，シェール県（1月18日）[F1cIII Cher 4]，コレーズ県（1月13日）[F1cIII Corrèze 7]・「次期立法院議員選挙候補者に関する2月4日付けテレグラフにおいて求められた情報一覧」（日時不明）[F1cIII Corrèze 7]，コルス県（1月26日）[F1cIII Corse 5]，コート＝ドール県（1月27日）[F1cII 98]・「立法院候補者一覧」（同県知事，2月6日）[F1cII 98]，コート＝デュ＝ノール県（1月15日）[F1cII 98]，ドゥー県（1月18日）[F1cIII Doubs 5]，ユール＝エ＝ロワール県（1月11日）[F1cII 99]・「ユール＝エ＝ロワール県，立法院議員選挙候補者」（日時不明）[F1cII 99]，フィニステール県（1月20日，30日）[F1cII 99]，ガール県（1月20日，23日，25日）[F1cIII Gard 5]・「ガール県における国会議員候補者一覧」（同県知事，2月5日）[F1cIII Gard 5]，オート＝ガロンヌ県（1月20日）[F1cII 99]，ジェール県（1月21日）[F1cII 99]，ジロンド県（1月18日，31日）[F1cIII Gironde 4]，エロー県（1月20日）[F1cII 99]，イル＝エ＝ヴィレヌ県（2月6日）[F1cII 99]，アンドル県（1月15日，2月4日）[F1cII 99]，アンドル＝エ＝ロワール県（1月9日，20日）[F1cII 99]，イゼール県（1月14日）[F1cII 100]・「イゼール県における立法院与党候補者一覧」（同県知事，2月6日）[F1cII 100]，ランド県（1月29日）[F1cII 100]，ロワール＝エ＝シェール県（1月17日）[F1cII 100]，ロワール県（1月20日）[F1cII 100]・「次回立法院議員選挙に立候補しうる，ロワール県内の地主および実業家に関する，郡別アルファベット順リスト」（同県知事，同日）[F1cII 100]，オート＝ロワール県（1月14日，29日）[F1cII 100]，ロワール＝アンフェリユール県（1月18日）[F1cII 100]，ロ県（1月14日，2月5日）[F1cII 100]，ロゼール県（日時不明，1月）[F1cII 100]，メーヌ＝エ＝ロワール県（2月15日とあるが内容から判断すると1月15日，2月7日）[F1cII 100]，マルヌ県（1月17日）[F1cII 100]，オート＝マルヌ県（日時不明）[F1cII 101]，マイエンヌ県（2月6日付けで2通）[F1cIII Mayenne 4]，ムルト県（1月9日，27日）[F1cIII Meurthe 6]，モルビアン県（1月12日，2月6日）[F1cIII Morbihan 5]，モーゼル県（1月19日）[F1cII 101]，ニエーヴル県（1月10日）[F1cII 101]，ノール県（2月7日）[F1cIII Nord 6]，オワズ県（1月10日）[F1cII 101]，オルヌ県（1月18日，2月5日）[F1cII 101]，パ＝ド＝カレ県（2月9日）[F1cII 101]，バス＝ピレネー県（1月31日）[F1cII 101]，オート＝ピレネー県（1月23日）[F1cII 101]，ピレネー＝オリアンタル県（1月27日，2月7日）[F1cII 101]，バ＝ラン県（1月20日，28日，2月6日）[F1cII 102]，オ＝ラン県（1月27日）[F1cII 102]，オート＝ソーヌ県（1月19日）[F1cII 103]，ソーヌ＝

エ＝ロワール県（１月18日，26日）［F1cII 102］，セーヌ＝エ＝マルヌ県（１月９日）［F1cII 102］，セーヌ＝エ＝オワズ県（１月21日）［F1cII 102］，セーヌ＝アンフェリユール県（１月23日）［F1cII 102］，ドゥ＝セーヴル県（１月14日）［F1cII 102］，ソンム県（２月９日）［F1cII 102］，タルヌ県（１月15日，２月６日）［F1cII 102］，タルヌ＝エ＝ガロンヌ県（１月28日）［F1cII 102］，ヴァール県（１月20日）［F1cII 103］，ヴォクリューズ県（１月13日）［F1cII 103］，ヴァンデ県（１月20日）［F1cII 103］，ヴィエンヌ県（１月17日）［F1cII 103］，オート＝ヴィエンヌ県（１月10日，21日）［F1cII 103］，ヴォージュ県（１月15日，19日）［F1cII 103］，ヨンヌ県（１月27日）［F1cII 103］。

15　国会議員については，1789年からの１世紀間をカバーする『フランス議員事典』［Robert et als. 1891］が知られているが，刊行が古いこともあり，掲載データの信憑性に対しては，部分的にではあるが疑問が寄せられている。これに対してアンソーの事典は，第二帝制期の立法院議員に関するプロソポグラフィックな分析にもとづく博士論文［Anceau 2000］の副産物であり，カバーする範囲は限定的であるが信憑性はきわめて高いと評価できる。

16　カルヴァドス県知事あてヴィレ郡長報告（1852年１月９日）［AD Calvados 3M441］，同知事あてファレーズ郡長報告（同月８日）［AD Calvados 3M441］，同知事あてリジユー郡長報告（同月９日）［AD Calvados 3M441］，同知事あてバイユー郡長報告（同月10日）［AD Calvados 3M441］，モルビアン県知事あてポンティヴィ郡長報告（同月28日）［AD Morbihan 1M4706］，同知事あてプロエルメル郡長報告（同月31日）［AD Morbihan 1M4706］，同知事あてロリアン郡長報告（同年２月13日）［AD Morbihan 1M4706］，フィニステール県知事あてブレスト郡長報告（同年１月28日）［AD Finistère 3M161］，同知事あてシャトーラン郡長報告（同月16日）［AD Finistère 3M161］，同知事あてモルレ郡長報告（同日）［AD Finistère 3M161］，同知事あてカンペルレ郡長報告（同月21日）［AD Finistère 3M161］，ロワール＝アンフェリユール県知事あてアンスニ郡長報告（同月12日）［AD Loire-Atlantique 1M100］，同知事あてサヴネ郡長報告（同日）［AD Loire-Atlantique 1M100］，同知事あてシャトーブリアン郡長報告（同日）［AD Loire-Atlantique 1M100］，マイエンヌ県知事あてマイエンヌ郡長報告（同月23日）［AD Mayenne 3M139］，サルト県知事あてサン＝カレ郡長報告（同月22日）［AD Sarthe 4Z8］，メーヌ＝エ＝ロワール県知事あてボジェ郡長報告（同月28日）［AD Maine-et-Loire 3M283］，同知事あてボープレオ郡長報告（同月30日，２月２日）［AD Maine-et-Loire 3M283］，ヴァンデ県知事あてフォントネ＝ル＝コント郡長報告（１月15日，26日）［AD Vendée 3M99］，ヴィエンヌ県知事あてモンモリヨン郡長報告（同月24日）［AD Vienne 3M6/22］，ドゥ＝セーヴル県知事あてパルトネ郡長報告（同月10日）［AD Deux-Sèvres 3M11/20］。

17　内務大臣あてアン県知事報告（1852年１月18日，19日，22日，同日，２月２日，６日，16日）［AN F1cII 98］，同テレグラフ（２月９日）［AN F1cII 98］，同知事あて内務大臣テレグラフ（２月７日，８日，12日，18日）［AN F1cII 98］，「アン県知事よりポン＝ド＝ヴェール，ポンサン，ラニユ，アンベリユ各小郡の有権者諸氏へ」（２月22日）［AN F1cII 98］，「アン県庁，有権者諸氏へ」（日時不明）［AN F1cII 98］。

18　イゼール県知事報告（１月14日）［AN F1cII 100］，「イゼール県における立法院与党候補者一覧」（同知事，２月６日）［AN F1cII 100］。アンソーによれば，彼は石工の息子と

して生まれ，若くしてグルノーブルで起業し，セメント製造業の分野で成功して政界入りした[Anceau 2000:23]。

19　工業については，具体的な経営内容が不明な「実業家」9件および「製造業者」3件を除くと，製鉄が7件，炭鉱が2件(うち銀行との重複言及が1件)，製紙，製布兼銀行，金属加工，スレート鉱山，製糸，製糸兼ガラス製造，陶磁器製造，捺染，製糖，および化学兼商業が，おのおの1件である。商業については，具体的な経営内容が不明な「商人」(négociant) 6件(うち化学との重複言及が1件)および「商人」(commerçant) 4件を除くと，ワイン製造販売が4件，海運が3件である。

20　なお，ノール県から立候補して当選したメロド(ノール県)について，ロールは独立派(すなわち非官選候補)だったと述べているのに対し，『フランス議員事典』は官選候補だったとみなしており，評価が分かれている[Rohr 1963:84/Robert et als. 1891, Vol. 4:353]。本章では，メロドは官選候補に指名するという政府の申し出を断ったとするアンソーに従い，メロドを除外する[Anceau 1999:427]。

21　彼が「ひとつだけ選びだした」ことは，ヴォワリオの整理になる表では，各社会職業的属性の比率の合計が100%となっていることからわかる[Voilliot 2005:153]。そして「ひとつだけ選びだした」際にもちいられた基準を(前述したとおり明示しているアンソーと異なって)明記していないことが，彼の結論の信頼性を損なっている。

22　なお，われわれのデータには落選した官選候補3名が含まれるのに対し，ヴォワリオとラグエイトのデータには落選した官選候補は含まれていないが，結論にはさほど影響しないと思われる。ちなみにこの3名とは，ベルタン(イル＝エ＝ヴィレヌ県，属性カテゴリーは公務員)，セブロン＝ラボ(メーヌ＝エ＝ロワール県，商工業者兼地主)，リシュベ(ノール県，商工業者)である。

23　この相違の原因について，ヴォワリオは説明をおこなわず，脚注において大略「ラグエイトは(公務員のうちの)軍人の多くは金利生活者であると述べているが，われわれは金利生活者を地主に含めている」と触れるにとどめている[Voilliot 2005:152]。

24　言及人数は，0人(適格者なし)が1件，1人が4件，2人が6件，3人が4件，4人が4件，13人が1件である。

25　「ただちに」というのは，ほとんどの場合，知事通達の日付と郡長報告の日付の間隔は数日程度だからである。例としてカルヴァドス県をみると，1月8日内務大臣通達はその日のうちに(おそらくテレグラフで)カンの県庁に伝えられ，県知事はその日のうちに郡長に通達を伝え，郡長は，早い場合(ファレーズ郡)はその日のうちに，遅くとも10日(バイユー郡)には回答の報告を作成している。

26　「延べ」というのは，モルビアン県で，ポンティヴィ郡長とプロエルメル郡長が同一人物(ナポレオン＝ド＝シャンパニ)を推薦し，県知事もまた彼を適格者として報告した，という事例があるからである。それゆえ，延べ人数は9人，実数は8人となる。

27　ちなみに，サルト県を除いた9県の官選候補29人のうち，知事が適格者として提示していたのは19人であり，尊重率はほぼおなじ65.5%となる。

28　具体的には，2つの属性への重複言及が3件(地主兼商工業者が2件，商工業者兼公務員が1件)あり，あとは単独の言及である。

29　内務大臣あてメーヌ＝エ＝ロワール県知事報告(1852年1月15日)[AN F1cII 100]。

30　内務大臣あてヴァンデ県知事報告(1852年1月20日)[AN F1cII 103]。なお「中西部会議」の実態は不明である。

31　ロワール＝アンフェリユール県知事あてサヴネ郡長報告(1852年1月12日)[AD Loire-Atlantique 1M100]，内務大臣あてロワール＝アンフェリユール県知事報告(1852年1月18日)[AN F1cII 100]。

32　モルビアン県知事あてポンティヴィ郡長報告(1852年1月28日)[AD Morbihan, 1M4706]，同プロエルメル郡長報告(同年1月31日)[AD Morbihan 1M4706]，内務大臣あてモルビアン県知事報告(同年2月6日)[AN F1cIII Morbihan 5]。

33　具体的には，前者はメルシエ(マイエンヌ県第2選挙区)，後者はガルニエ(ロワール＝アンフェリユール県第1選挙区)である。

34　具体的には，先述したデマールおよびナポレオン＝ド＝シャンパニのほか，コンセイユ(フィニステール県第2選挙区)，ウドト(カルヴァドス県第2選挙区)，コーランクール(カルヴァドス県第4選挙区)である。

35　本章には，官選候補制度を分析し，それによって19世紀中葉における政治的支配階層さらには第二帝制の特質を明らかにする，ということのほか，もうひとつの目的があった。最後にこの点に触れておきたい。

本章のもうひとつの目的とは，プロソポグラフィ分析の成果をいかに利用し応用するべきかについて，一次資料との比較対照によって考察することである。

プロソポグラフィ分析とは，大略，中規模の社会集団について，メンバーおのおのの伝記的な情報を網羅的に収集し，それを統計的に処理することにより，集団の全体的な特徴を把握する，という研究アプローチである。分析対象としては，貴族，議員，高級官僚，あるいは実業家など，情報源たる資料が残りやすい，支配階層に属する社会集団が選ばれることが多い。また，定義からわかるとおり膨大な資料を探索・収集・分析しなければならないため，通常は共同プロジェクトによって進められる。このアプローチは，そもそも古代史研究の分野で開発されたが，近代フランス史研究についていうと，ほぼ1970年代に導入された。現在では，19世紀の政治的，経済的，あるいは社会的な支配階層を対象として，大規模な共同プロジェクトが組織されている。このうち経済的支配階層については，たとえば，バルジョがフランス全土を対象とする「第二帝制期の企業家」プロジェクトを組織し，地域ごとの叢書として研究成果を公刊している。また政治的支配階層については，パリ第一大学とパリ第四大学の共同附属機関である「19世紀史研究センター」が中核となり，第二帝制期の下院議員，第三共和制期の上院議員，あるいは同時期の下院議員などについて，個人研究や共同プロジェクトが進められている。

しかしながら，そこで得られた知見を，他の研究手法にもとづく成果といかに接合するかについては，いまだ十分な検討がなされていない。その結果，膨大な資料の収集を要するプロソポグラフィ分析は，いわば労多くして功少ない手法とみなされるに至っている。

本章では，このような状況を念頭におき，同手法で得られた知見を一種の資料とみなしたうえで，文書館に所収されている(固有の意味における)一次資料と再度比較対照することによって両者のあいだに存在するギャップを析出し，そこから前者の知見の意義，意味，あるいは価値を測定することを試みた。その意味で，いわばプロソポグラフィ分

析の「応用」をはかり，換言すれば応用プロソポグラフィ分析を試みたわけである。その成否は読者諸賢の判断に委ねたい。

第4章　第二帝制期農村部におけるローカル・ガバナンスの展開

1　そのことは，名望家の社会職業的属性の如何にかかわらず妥当する。たとえば，19世紀前半のアルトワ地方農村部では，大規模借地農民(fermier)が支配的な地位を占めるという現象がみられたが，彼らの支配は，経済的な成功を収めているという事実によって正統性を担保されていた［Jessenne 1987：200］。

2　［Joana 2002］によれば，名望家の研究を進めてきたのは，歴史学者と，政治社会学者を中心とする社会学者である。ただし，両者のあいだには，前者は名望家の社会職業的な属性の分析を重視してきたのに対して，後者は彼らがローカルな政治空間を構築する主体だった点に着目する傾向が強いという違いが存在する。

3　この問題に関する近年の概説書では，その理由として，「民衆」概念が曖昧であること，地域的な相違が大きいこと，資料が不十分であることなど，さまざまな理由が挙げられている［Price 2004：Chaps. 4, 5］。この評価は妥当だろうが，われわれは，民衆の政治行動を分析の中心に据えるという，これまでおもにもちいられてきたアプローチにも問題があると考えている。たとえば，民衆が選挙で与党候補に投票したとしても，それが政府を支持する意思の産物なのか，それとも弾圧を恐れた結果なのかは，にわかには判断できないだろう。これでは，両者の関係に十分接近することは難しい。

4　市と村の区別について，本章では，1852年7月7日法および1855年5月5日法における市村長の任命主体に着目し，皇帝による任命の対象(前者によれば人口3000以上または郡庁所在地，後者によればそれらに加えて小郡の中心地)を「市」，県知事による任命の対象を「村」と呼称する。ただし，フランス語では両者はともにcommuneであり，また市長と村長はともにmaireであることからわかるとおり，これはあくまでも便宜的な区別である。

5　たとえば，ケルモアルによれば，フランス西部に位置するトレゴール地方の名望家は，フランス革命によって外部との関係が緊密化し，ナショナルな政治がローカルな政治空間にはいりこむと，いったんは「村の政治」への関心を失ったが，七月王制期になると「外部」への関心と「村の政治」への関与を両立させる方向に態度を変容させた［Kermoal 2002：280–282, 342–343, 400–401］。2つの時期で，ローカル・ガバナンスのあり方が異なることは明らかだろう。

6　この時期のフランスにあって，政治と行政の境界は曖昧であり，また流動的なものだった［Eimeri 2003：47, 71］。そのことは十分に認識したうえで，しかしながら，われわれはまず両者，そして「村の政治」において両者を体現する存在たる市村会議員と市村長を区別し，そのうえで異同や相互関係を捉えることが有効であると考える。なお，市村会議員と市村長のうち，とりわけ興味深いのは後者である。彼らは，一般行政当局の末端に位置する公務員であるとともに，みずからが治める市村を代表して住民の要望を全国政府に届ける代弁者でもあるという二重の性格を，とりわけ色濃く帯びる存在だったからである［Agulhon et als. 1986：8］。シンガーにいわせれば，市村長は，ローカルな

政治空間の内部と外部，あるいは伝統と革新をつなぐ媒介者であり，この「媒介する」という機能に権力の源泉をもつ存在だった[Singer 1983：Introduction, 47]。

7　各県知事あて内務大臣通達(1865年6月28日，たとえば[AD Côte-d'Or 3M475])。なお，以後，本章の主要資料を所収するコート＝ドール県文書館(AD Côte-d'Or)はADCO，イル＝エ＝ヴィレヌ県文書館(AD Ille-et-Vilaine)はADIV，エロー県文書館(AD Hérault)はADHと，おのおの略称する。また註においては，コート＝ドール県は「CO県」，イル＝エ＝ヴィレヌ県は「IV県」と，おのおの略称する。

8　各県知事あて内務大臣通達(1855年6月22日，たとえば[ADCO 3M473]/1860年8月7日，たとえば[ADIV 3M231])。

9　CO県では，県知事は「市村会での発言力を失うのではないか」という一部市村長の懸念をおしきり，市村長に対して立候補しないことを要請している。ベセ＝レ＝シトー村長あて同知事通達(1855年7月3日)[ADCO 3M583]，同知事あてシャティヨン郡長報告(同月6日)[ADCO 3M473]，ユイエ村長あて同知事通達(1860年8月13日)[ADCO 3M737]を参照。IV県については，各市村長あて同知事通達(1860年8月10日)[ADIV 3M231]を参照。

10　実際，内務大臣は，1865年12月10日に出した各県知事あて通達において，後者が任命権者となる自治体の村長や助役について，村会外部から登用する場合は，内務大臣に提案して許可を得るよう求めている(たとえば内務大臣あてIV県知事報告，1867年12月7日[ADIV 2M117])。また，この通知の結果，全国ほぼすべての市村において，特別な事情がないかぎり現職の市村長および助役は立候補し，大部分が当選した(各県知事あて内務大臣通達，1865年8月4日[ADIV 3M231])。

11　コルバンによれば，1831年，市村会に選挙制が導入された結果，ローカルな政治空間は，それまでの「住民と，中央の行政機関によって指名される市村長および(あるいは)市村会議員の対立」ではなく「市村長，市村会，彼らに同調する住民と，県庁」の対立に即して構造化されるようになる[コルバン 1997：270]。なお，市村長の位置についてコルバンと異なる見解を示す例として[Brunet 2009：193–194]を参照。

12　1865年立法院における建白書の審議における発言は『官報』(*Moniteur Universel*)から引用し，『官報』の発行日ではなく審議の日付のみを本文中に記載する(国会審議の内容は，通常，翌日の『官報』に掲載されている)。

13　地域間比較というアプローチを採用する場合，相互比較対象を選択する際にもちいられる基準によっては，かなり離れた(異なった)地域が分析され，比較されることになる。19世紀史研究においては，個々の県や地域の経済構造または政治的支配階層の特質については，ラブルース学派の影響のもとに膨大な先行研究があるのに対して，複数の(隣接しない)地域を比較して検討する研究は，量質ともに十分なものではない[Novella-Borghetti 2005]。

14　地域間比較アプローチの有効性を証す例として，リムーザン地方内部の隣接する2つの地域についてではあるが，人口移動と政治傾向の関係を分析して通説を覆したコルバンの分析を参照[Corbin 1998：780–781]。

15　政治意識を社会構造や社会変化とリンクさせて捉える研究の例として，本章と対象時期は異なるが，第三共和制期のブルターニュ地方に関する[Pierre 2001]を参照。

16　ブルスタイン[Brustein 1988:35]によれば，これら相違は次のようにまとめられる。

	西　部	北東部	南　部
生産目的	自給自足	市場向け商品	市場向け商品
土地制度	中規模の定額または分益小作	定額小作，農業労働者	小規模自作，農業労働者
居住形態	散居	集住	集住
都市・農村関係	疎遠	密	密
階級構造	二極化	多層型ヒエラルヒー	多様でフラット
地主	在郷	不在と在郷の並存	不在

17　土地制度にもとづく地域間比較アプローチを採用する際の方法論上の留意点については[Brustein 1981:355-356, note 3]を参照。

18　これら農業調査の意義については[Corbin 1998:1005-08]を参照。

19　1852年農業調査の結果については，すでにドモネが詳細な分析を加えている[Demonet 1990:44-51, 110, 148-158]。

20　[Goallou 1970:8]は農業人口を26万強としているが，1852年農業調査の結果によれば，われわれが定義する農業人口は20万強となる。ゴアルは出典を明記していないので，この相違の理由は定かではない。

21　これは，同県が位置するフランス西部は在郷地主の比重が高かったというブルスタインの所説とは矛盾している。

22　表には掲載していないが，地主に雇用された召使頭や管理人が労働者を雇用して農業労働にあたらせる，いわば地主直営農場とでも呼ぶべき経営形態は合計17カ所しかなく，地主所有地のほとんどは小作農に貸し出されたと思われる[Ministre de l'agriculture, du commerce et des travaux publics 1858/1860, Vol. 1:390]。

23　ブルスタインは，フランス西部では経営規模は中規模だったと述べているが，これはⅣ県にはあてはまらないというべきだろう。

24　実際，Ⅳ県レンヌ郡農業諮問会議は，小作農の多くは借金をして小作料を支払うが，その返済は困難な状況にあると述べ，彼らの貧しさを証言している(同議事録，1852年7月26日[ADIV 7M31])。

25　「市村会，六郡，1855年」[ADIV 3M232]。このタイトルは，おそらく，のちに県文書館で資料整理の際に付されたとおぼしきものである。また，作成時期は明記されていないが，当選者の職業欄などに「死去」という記載がみられることからして，選挙終了後しばらくしてから作成されたものと思われる。

26　また1860年選挙に際しては，県知事は，同様の要請をするにとどまらず，内務大臣に対して，選挙に立候補した市村長は任命を延期する措置をとりたいと上申した。Ⅳ県知事あて内務大臣通達(1860年8月13日)[ADIV 3M231]。実際，内務大臣や県知事の態度を受け，立候補を断念した市村長もいた(たとえば，同知事あてオビニェ村長報告，1860年11月24日[ADIV 3M233])。

27　内部登用市村における地主の選好度は「(内部登用市村の市村会議員に占める地主の

数／内部登用市村の市村会議員の数)／(全市村会議員に占める地主の数／全市村会議員の数)」で算出できる。

28　なお，商工業の被雇用者については選好度が0.5となるが，そもそも人数があまりにも少ないので，あまり参考にはならないと考えてよいだろう。

29　たとえば，内部登用市村の市村長における地主の選好度は「(内部登用市村の市村長に占める地主の数／内部登用市村の市村長の数)／(内部登用市村会議員に占める地主の数／内部登用市村の市村会議員の数)」で算出できる。

30　1858年，ラ・ノエ＝ブランシュ村長が辞意表明した際，後任者の候補を提示することを求められたルドン郡長は，IV県知事に対して助役の昇任は好ましくないと述べたが，その根拠は彼の職業たる居酒屋経営が「村長の権威と両立しがたい」ことに求められた(同知事あてルドン郡長報告，1858年11月23日[ADIV 2M123])。

31　IV県知事あてモンフォル郡長報告(1853年4月4日)[ADIV 3M245]。同郡長あて同知事通達(同年9月26日)[ADIV 3M245]も参照。

32　IV県知事あてサン＝ブリアク市会議員(9人)書簡(1870年5月5日)[ADIV 3M246]。

33　例外として，正統王朝派と共和派が多数を占める市会がボナパルト派の市長と対立し，市長の罷免を求める請願書を作成したというバズーズ＝ラ・ペルズ(フジェル郡)の事態と，村長が正統王朝派の支持に回り，ボナパルト派からなる村会と対立するというブール＝デ＝コント(ルドン郡)の事態がある。IV県知事あてフジェル市長報告(1855年2月16日)[ADIV 3M233]，同知事あてルドン郡長報告(1861年8月29日，同9月5日)[ADIV 2M117]。

34　「サン＝メアン小郡ケディアク村における行政の現状に関する県知事あて報告」(モンフォル郡長，1856年5月28日)[ADIV 3M245]，同知事あてフジェル郡長報告(1854年3月30日[ADIV 3M247]/1860年2月13日[ADIV 2M116])。

35　IV県知事あてルドン郡長報告(1859年3月25日[ADIV 2M121]/1852年7月5日[ADIV 2M122]/1854年2月10日[ADIV 3M239])。

36　先に触れた2つの例外的な事例については，郡長や県知事はともに(市村長であれ市村会であれ)反体制派の免職にむけて動いた。

37　IV県知事あてメサク村長書簡(1853年4月6日)[ADIV 2M122]。同知事あてオルジェル(レンヌ郡)村長書簡(1852年8月10日)[ADIV 2M123]，同知事あてルドン郡長報告(1858年12月8日)[ADIV 2M116]，同知事あてモンフォル郡長報告(1863年6月18日)[ADIV 2M127]も参照。

38　IV県知事あてルドン郡長報告(1855年12月5日)[ADIV 3M245]。他の市村に関する例として，同知事あてシャトージロン(レンヌ郡)助役報告(1855年7月30日)[ADIV 3M235]，同知事あてフジェル郡長報告(1860年2月13日)[ADIV 2M116]，同知事あてサン＝ブリアク村会議員(9人)書簡(1870年5月5日)[ADIV 3M246]なども参照。

39　IV県知事あてルドン郡長報告(1854年2月10日[ADIV 3M239]/1855年8月30日[ADIV 2M112])。なお，翌年の市村会議員選挙において，ルドン郡の農村部では市村長派が圧勝したが，唯一リユロンのみは反村長派が勝った。その原因は，共同地処分問題をめぐる村長の一連の行動に有権者が反発したことにあった。他の市村に関する例として，モンフォル郡長あて同知事通達(1853年9月26日)[ADIV 3M245]，「サン＝メアン小郡ケ

ディアク村における行政の現状に関する県知事あて報告」(モンフォル郡長，1856年5月28日)[ADIV 3M245]，同知事あてルドン郡長報告(1859年3月25日)[ADIV 2M121]なども参照。

40 IV県知事あてメサク村長報告(1853年4月6日)[ADIV 2M122]。

41 IV県知事あてサン゠トゥリアル村会議員(全員)書簡(日時不明，おそらく1865年)[ADIV 2M111]。同(1865年9月15日)[ADIV 2M111]も参照。

42 この点について，ブール゠デ゠コント村長あてルドン郡長書簡(1861年8月29日)[ADIV 2M117]，IV県知事あて同郡長報告(1861年9月5日，25日)[ADIV 2M117]も参照。ここには，村会と対立している正統王朝派の村長に辞意を表明させるために，同様の論理が郡長によってもちいられるという，一種のねじれ現象がみられる。

43 IV県知事あて内務大臣通達(1860年8月13日)[ADIV 3M231]を参照。

44 IV県知事あてモンフォル郡長報告(1852年7月2日)[ADIV 3M231]，同知事あてヴィトレ郡長報告(1868年4月21日)[ADIV 3M229]。他の市村に関する例として，同知事あてパリゾ書簡(ヴィトレ，1868年4月21日)[ADIV 3M207]，同知事あてフジェル郡長報告(1859年12月24日)[ADIV 3M208]，同知事あてヴィトレ郡長報告(1868年2月19日)[ADIV 3M229]なども参照。

45 県内全市村長あてIV県知事通達(1857年6月24日)[ADIV 3M207]。

46 「家父長的」という文言の例としてヴィトレ郡長あてル・ペルトル村長報告(1858年4月21日)[ADIV 3M214]，「信頼」という文言の例としてIV県知事あてモンフォル郡長報告(1852年8月16日)[ADIV 3M211]，「敬意」という文言の例としてレンヌ郡憲兵隊長あて在リフレ(レンヌ郡)憲兵分隊長報告(1866年9月25日)[ADIV 2M117]，世論の「支持」という文言の例として同知事あてルドン郡長報告(1867年10月5日)[ADIV 2M117]を，おのおの参照。

47 県内全市村長あてIV県知事通達(1853年2月5日)[ADIV 3M206]。

48 IV県会における県知事報告(1859年会期[ADIV 1N64]/60年会期[ADIV 1N65])。

49 IV県知事あてルドン郡長報告(1860年8月23日)[ADIV 3M231]。同報告(1855年5月31日[ADIV 3M213]/同年8月30日[ADIV 2M112])も参照。

50 IV県知事あてルファ(リフレ小郡選挙区選出県会議員)書簡(レンヌ，1852年6月17日)[ADIV 2M112]。県知事を任命権者とする村長の登用にあたっては，当該自治体が位置する郡の郡長に対して候補者名簿の提出が求められ，郡長は近隣市村長，治安判事，各種議会議員など地元の有力者に意見を求めたうえで名簿を作成し提出するのが通常だった。ただし，レンヌ郡は県庁所在地を含むため郡長がおかれておらず，県知事は，適任者をみつけるにあたり，地元の有力者に直接問い合わせていた。

51 IV県知事あてファン村長書簡(1853年2月28日)[ADIV 3M237]。他の市村に関する事例として，同知事あてルドン郡長報告(1857年5月27日)[ADIV 3M207]，ヴィトレ郡内市村長あて同知事通達(1859年11月22日)[ADIV 3M208]，同知事あてムーラン(ヴィトレ郡)村長報告(1859年11月29日)[ADIV 3M208]，内務大臣あて同知事報告(1867年7月7日)[ADIV 3M217]なども参照。

52 IV県知事あてルドン郡長報告(1855年1月4日[ADIV 3M237]/1860年8月29日[ADIV 3M231])，同知事あてファン村会書簡(1866年2月4日)[ADIV 2M120]。「村の外れに

居住する」ことの問題点につき，同知事あてラングエト（レンヌ郡）村会議員（７人）書簡（1864年７月24日）［ADIV 2M121］を参照。

53　Ⅳ県知事あてルファ（リフレ小郡選挙区選出県会議員）書簡（レンヌ，1852年６月17日）［ADIV 2M112］。

54　Ⅳ県知事あてファン村会書簡（1866年２月４日）［ADIV 2M120］。しばしば市村長は地主であることが望ましいとされたが，その理由のひとつは，土地所有が「われわれ」の重要な要件とみなされていたことにあったのである。

55　Ⅳ県知事あてルドン郡長報告（1867年11月11日）［ADIV 3M217］。

56　すなわち，市村長と助役が市村会の内部登用か外部登用か，市村会議員の社会職業的属性が純農村的か多様か，という２つの対立軸で４つの象限を区分してみると，市村会と市村長および助役との対立は，これら４つの象限に属するすべての類型の市村で生じている。たとえば註31にあるケディアクは「内部登用，多様」，註33にあるバズーズ＝ラ・ペルズは「内部登用，純農村」，註32にあるサン＝ブリアクは「外部登用，多様」，そして註35にあるメルネルは「外部登用，純農村」である。

57　市村会議員の属性については，本章補論において簡単な分析を加える。

58　CO県内のワイン醸造用ブドウ栽培地域における社会構造については，［Laurent, R. 1958：32, 52］が，大ブルジョワジーによる土地所有が重要な位置を占めていたことを指摘している。

59　地主直営農場という経営形態は91件と少ないので，このように判断することは許されるはずである［Ministre de l’agriculture, du commerce et des travaux publics 1858/1860, Vol. 1：386］。

60　CO県知事あてボーヌ郡長報告（1855年９月５日）［ADCO 3M473］，同知事あてスミュール郡長報告（同年９月26日）［ADCO 3M473］，「コート＝ドール県ディジョン郡」（日時不明，おそらく1860年）［ADCO 3M474］，同知事あてボーヌ郡長報告（日時不明，おそらく1860年）［ADCO 3M474］，同知事あてスミュール郡長報告（1860年９月４日）［ADCO 3M474］，同知事あてボーヌ郡長報告（1865年８月５日）［ADCO 3M475］。

61　CO県知事あてボーヌ郡長報告（日時不明，おそらく1860年）［ADCO 3M474］，同知事あてブルトニエル村長報告（1866年８月３日）［ADCO 3M607］。とりわけ第二帝制末期になるにつれ，この傾向は強まってゆく。例として，「スミュール市有権者諸氏へ」（レモンほか５人，1870年８月１日）［ADCO U9Dh2］を参照。

62　CO県知事あてボーヌ郡長報告（日時不明，おそらく1860年）［ADCO 3M474］。同報告（1854年５月30日）［ADCO 3M473］なども参照。

63　CO県知事あてエメ・デュメ（ディジョン帝国裁判所参事官）書簡（1857年８月20日，９月９日）［ADCO 3M950］。

64　CO県知事あてエセ村会議員（６人）書簡（1866年12月29日）［ADCO 3M699］，同知事あてボーヌ郡長報告（1867年３月２日）［ADCO 3M699］。

65　CO県知事あてジェルラン村民（複数，村会議員４人を含む）請願書（1856年４月30日）［ADCO 3M724］。

66　CO県知事あてボーヌ郡長報告（日時不明，おそらく1855年７月から８月）［ADCO 3M958］。この報告で論じられているヴィエヴィ村の状況については，同報告（1853年６

月9日)[ADCO 3M958]も参照。その他の市村に関する事例として，同知事あてオービニ＝ラ・ロンス(ボーヌ郡)住民(複数)請願書(1853年3月12日)[ADCO 3M565]，同知事あてアルトワーヌ書簡(ノワロン＝シュル＝ベーズ，1856年4月6日)[ADCO 3M820]，同知事あてブリガンデ書簡(1862年2月18日)[ADCO 3M734]なども参照。

67 CO県知事あてコルゴロワン村会議員(10人)書簡(1865年12月4日)[ADCO 3M658]，同知事あてボーヌ郡長報告(1866年1月18日)[ADCO 3M658]，コルゴロワン村会議事録(1869年8月25日)[ADCO 3M658]。

68 CO県知事あてジュヴレ＝シャンベルタン小郡担当治安判事報告(1854年7月7日)[ADCO 3M473]。

69 「シャンバン村長に対してなされた批判についての見解」(ルセ＝シュル＝ウルス村長，1860年6月12日)[ADCO 2Z5m4]。

70 CO県知事あてボーヌ郡長報告(1855年12月5日)[ADCO 3M604]。その他の市村に関する事例として，同知事あてブルブラン(ディジョン郡)村長報告(1852年9月6日)[ADCO 3M601]，同知事あてスミュール郡長報告(1852年10月1日，1858年3月12日)[ADCO 3M792]，同郡長あてミルリ村長報告(1852年9月13日)[ADCO 3M792]なども参照。

71 CO県知事あてボーヌ郡長報告(1855年9月5日)[ADCO 3M473]，同知事あてマレ＝シュル＝ティル村長報告(1857年3月7日)[ADCO 3M774]，ボーヌ郡長あてマンレ村長報告(1862年5月13日)[ADCO 3M474]。

72 CO県知事あてフラムラン住民(複数)請願書(1856年12月30日)[ADCO 3M709]，同知事あてクレリ村長報告(1856年7月13日)[ADCO 3M650]，同知事あてパニ＝ル＝シャトー村長書簡(1870年3月4日)[ADCO 3M831]。その他の市村に関する事例として，シャティヨン郡長による覚書(ヴィレヌ＝アン＝デュエモワ村長報告に付記，1861年2月27日)[ADCO 1M229]，同知事あてアルソ(ディジョン郡)村長書簡(1853年2月21日)[ADCO 3M557]なども参照。

73 例として，CO県知事あてエシュノン(ボーヌ郡)村会議員(6人)および助役書簡(1852年7月25日)[ADCO 3M692]，同知事あてオービニ＝レ＝ソンベルノン(ディジョン郡)村長報告(1856年5月15日)[ADCO 3M566]，同知事あてフォントネル(ディジョン郡)村長報告(1857年5月14日)[ADCO 3M717]，同知事あてラベルジュモン＝レ＝オソヌ(ディジョン郡)村会議員全員書簡(日時不明，おそらく1861年)[ADCO 3M745]，同知事あてオルヴィル(ディジョン郡)村会議員(7人)書簡(1863年3月)[ADCO 3M830]，同知事あてボーヌ郡長報告(1863年4月25日，6月13日)[ADCO 3M474]などを参照。

74 CO県知事あてスミュール郡長報告(1865年6月12日)[ADCO 3M899]。郡長は市会議員たちの辞意を容れず，むしろ市長を免職することを提言し，知事も同意したが，市長は続投を望んで抵抗し，事態は紛糾を続けることになった。

75 CO県知事あてイジエ村会議員(8人)書簡(1854年5月8日)[ADCO 3M749]，同知事あて同村会議員(5人)および住民(複数)書簡(1860年5月17日)[ADCO 3M740]。その他の市村に関する事例として，同知事あてサン＝マルタン＝デュ＝モン(ディジョン郡)村会議員(10人)書簡(1852年8月1日)[ADCO 3M884]，同知事あてデュテュ(サン＝マルタン＝デュ＝モン村会議員)書簡(1852年8月3日)[ADCO 3M884]，同知事あて同村会

議員(10人)書簡(1854年7月4日)[ADCO 3M884], 同知事あてスミュール郡長報告(1859年10月20日)[ADCO 3M807], 同知事あてエシュノン(ボーヌ郡)助役書簡(1863年5月6日)[ADCO 3M692], 同知事あてエシュノン村長報告(1863年5月6日)[ADCO 3M692], 同知事あてボーヌ郡長報告(1863年5月15日)[ADCO 3M692], 同知事あてエトル(ディジョン郡)村民(複数)請願書(1865年7月25日)[ADCO 3M701], 同知事あて同村会議員(7人)書簡(1865年8月8日)[ADCO 3M701]なども参照。

76 CO県知事あてルシャトレ村会議員全員および同助役請願書(1853年3月5日)[ADCO 3M633]。

77 CO県知事あてシリュルゲル(ブヌーヴル村会議員)書簡(1856年10月12日)[ADCO 3M585], シャティヨン郡長あて同知事通達(同月18日)[ADCO 3M585]。結局, 県知事は村会を職務停止処分とした。

78 CO知事あてクテルノン村長報告(1854年1月30日)[ADCO 3M668], 同知事あてディジョン東小郡担当治安判事報告(同年2月21日)[ADCO 3M668]。その他の市村に関する例として, 同知事あてレ・マイイ(ディジョン郡)村長報告(1859年4月22日)[ADCO 3M764], 同知事あてティルネ(ディジョン郡)村会議員(7人)書簡(1861年5月15日, 6月13日)[ADCO 3M934], 同知事あてボーヌ郡長報告(1861年9月20日, 1863年3月7日)[ADCO 3M692], ボーヌ郡長あてエシュノン村長報告(1861年9月17日)[ADCO 3M692], 同知事あて同村長書簡(1861年10月22日)[ADCO 3M692], 同知事あてクレパン(スミュール郡)村会議員(9人)書簡(1870年1月31日)[ADCO 3M669], 同知事あてスミュール郡長報告(1870年2月17日)[ADCO 3M669]なども参照。

79 スミュール郡長あてエシ村会議員(4人)書簡(1854年10月9日)[ADCO 3M553]。

80 エポワス村会議事録(1864年1月31日)[ADCO 3M696]。

81 CO県知事あてボーヌ郡長報告(1869年7月2日)[ADCO 3M868]。その他の市村に関する事例として, 同知事あてベセ゠レ゠シトー村会議員(10人)書簡(1864年5月29日)[ADCO 3M587], 同知事あて同村長報告(1865年1月20日)[ADCO 3M587], 同知事あて内務大臣通達(1864年8月4日)[ADCO 3M623]なども参照。

82 CO県知事あてラベルジュモン゠レ゠オソヌ村会議員(5人)書簡(1855年2月22日)[ADCO 3M745], 同知事あて同村長報告(同年3月12日)[ADCO 3M745]。

83 CO県知事あてボーヌ郡長報告(1858年6月30日)[ADCO 3M724], 同知事あてシャティヨン郡長報告(1856年8月9日)[ADCO 3M970], 内務大臣あてマルシリ゠オニ村会議員(11人)書簡(1863年1月23日)[ADCO 3M772], 内務大臣あて同知事報告(同年3月16日)[ADCO 3M772], 同知事あてボーヌ郡長報告(1864年1月22日)[ADCO 3M772]。その他の市村に関する事例として, 同知事あてシャティヨン郡長報告(1854年8月7日)[ADCO 3M858], 同知事あてブルトニエル村長報告(1866年8月3日)[ADCO 3M607]なども参照。

84 ベール゠ル゠シャテル村長あて同村会議員(4人)書簡(1864年7月22日)[ADCO 3M581]。

85 「リュフェ゠レ゠ボーヌ有権者諸氏へ」(同村会議員7人, 1869年7月)[ADCO U7Db2]。「リュフェ゠レ゠ボーヌ村長から同村有権者諸氏へ」(1870年8月4日)[ADCO U7Db2]も参照。

なお，同様の見解が表明されたのは，市村長など市村行政当局と対立する場合に限られるものではない。ソリュでは，1856年，商事裁判所の廃止に抗議して７人の市会議員が辞意表明するという事態が生じたが，彼らの目的は補欠選挙で「再選されることにより，みずからの見解を住民に公的に正当化してもらい，そののちにふたたび辞任する」ことにあった(CO 県知事あてスミュール郡長報告，1856年10月７日[ADCO 3M899])。市村より上位の政府当局に対しても，実効性は別として，集団的辞意表明，再選挙，再当選によって自己の見解と立場を正当化するという戦略は採用されていたのである。

86　市村会は住民の利害の代弁者であり，それゆえ市村行政当局の上位にあるという自己認識を表明している事例として，CO 県知事あてアユイ(ディジョン郡)村長書簡(1856年２月５日)[ADCO 3M551]，同知事あてレタン＝ヴェルジ村会議員(７人)書簡(1855年７月８日)[ADCO 3M700]，同知事あてオトリクール村会議員(複数)書簡(1865年10月９日)[ADCO 3M566]などを参照。

87　シャティヨン郡会議事録(1855年７月24日)[ADCO IIINc3]。

88　CO 県知事あてイス＝シュル＝ティル小郡担当治安判事代理報告(1855年７月31日)[ADCO 3M473]。

89　内務大臣あて CO 県知事報告(1854年10月12日)[ADCO 3M473]。同知事あて在レ・マイイ森林保全官報告(1855年３月９日)[ADCO 3M764]も参照。

90　CO 県知事あてロンシャン助役書簡(1852年９月13日)[ADCO 3M753]。その他の市村の例として，同知事あてエズレ(ディジョン郡)村長および助役書簡(1852年９月６日)[ADCO 3M552]，同知事あてジャンリス小郡担当治安判事代理報告(1852年９月29日)[ADCO 3M777]，同知事あてサン＝モーリス(ディジョン郡)村長書簡(1855年７月16日)[ADCO 3M885]，同知事あてヴィエヴィーニュ(ディジョン郡)村長書簡(1865年７月26日)[ADCO 3M957]，同知事あてシュヴィニ＝サン＝ソヴール(ディジョン郡)村長書簡(1854年９月20日)[ADCO 3M645]，同知事あてディジョン東小郡担当治安判事報告(1854年10月７日)[ADCO 3M645]，同知事あてボーヌ郡長報告(1868年12月11日)[ADCO 3M876]なども参照。

91　CO 県知事あてヴァランジュ村会議員(８人)書簡(1861年２月)[ADCO 3M943]。同知事あてジュヴレ＝シャンベルタン小郡担当治安判事報告(1855年７月28日)[ADCO 3M473]，同知事あてビュル(シャティヨン郡)村長書簡(1860年11月２日)[ADCO 3M613]も参照。

92　CO 県知事あてシャトーヌフ村長書簡(1852年10月30日)[ADCO 3M633]。その他の市村に関する事例として，同知事あてスミュール郡長報告(1855年９月26日)[ADCO 3M473]，同知事あてボーヌ郡長報告(1865年９月15日)[ADCO 3M475]なども参照。

93　CO 県知事あてシャティヨン郡長報告(1856年７月26日)[ADCO M7j1]，アンティニ＝ラ・ヴィルに関するボーヌ郡長覚書(1862年２月27日)[ADCO 1M228]，ラカンシュに関するボーヌ郡長覚書(1862年２月27日)[ADCO 1M228]。

94　例として，CO 県知事あてアユイ村長および助役報告(1855年７月25日)[ADCO 3M551]を参照。

95　CO 県知事あてルセ＝シュル＝ウルス小郡担当治安判事報告(1852年８月31日)[ADCO 3M472]。

96　CO県知事あてスミュール郡長報告(1860年9月4日)[ADCO 3M474]。なお，第二帝制期の市村会議員選挙においては，立候補は当選の必要要件ではなかった。
97　なお，このことは，同県が脱工業化あるいは農業県化の過程にあったことを意味しない。ベジエ郡長の指摘によれば，同県を含む地中海沿岸地域は「土地所有者，工業従事者，商業従事者という，フランスの北部や中部や西部の諸県では有効な3区分が，あまり意味をもたない。しばしば一人の人間が三者を兼ねているからである。たとえば，ブドウ畑の所有者は……みずから栽培し，ワインを醸造し，可能であれば外国に販売している」という特徴を有していた(エロー県知事あて同郡長報告，1865年9月3日[ADH 1M841])。また，1850年代半ばには農村人口の離村すなわち都市部への人口流入が全国的に問題となるが，同県では，サン＝ポン郡を除き，この現象はみられなかった。各県知事あて農商公共事業相通達(1856年12月20日)[ADH 10M84]，エロー県知事あて同県憲兵隊長報告(1857年1月10日)[ADH 10M84]，同知事あてベジエ郡長報告(同月6日)[ADH 10M84]，同知事あてロデヴ郡長報告(同月16日)[ADH 10M84]を参照。サン＝ポン郡では，1850年代前半だけで，郡内の工業の衰退と農業労働者の待遇の劣悪さを背景として，全人口5万弱のうち300〜400人の工業労働者が郡外に転出し，1000〜1200人の農業労働者が離村した(同知事あてサン＝ポン郡長報告，1857年1月2日[ADH 10M84])。
98　宗教的対立と政治的対立の関係については，たとえばガンジュ小郡(ロデヴ郡)担当警視は，カトリックは正統王朝派を，プロテスタントはオルレアン派か共和派を，おのおの支持する傾向にあると指摘している(エロー県知事あてガンジュ小郡担当警視報告，1862年7月22日[ADH 1M1014])。また，ロデヴ郡長は，サン＝パルゴワール住民について，宗教的対立の記憶ゆえに派閥紛争にあけくれていると指摘している(同知事あてロデヴ郡長報告，1852年10月12日[ADH 2M189])。ラングドック地方における宗教的対立の「記憶」の重要性については[Sottocasa 2004]の指摘を参照。
99　「1860年市村会議員選挙」(エロー県知事，日時不明)[ADH 1M1011]。
100　エロー県知事あてベジエ郡長代理報告(1853年1月22日)[ADH 3M1860]，同知事あて同郡長報告(1854年4月26日)[ADH 3M1860]。ちなみに，共和派は，かつて第二共和制期には基本的に貧困層の境遇の改善を主張していたはずだが，同村会における共和派議員は村内貧困層に対する援助に反対した。
101　「エロー県知事あてモギオ小郡状況報告書」(同小郡担当警視，1853年5月6日)[ADH 1M1001]。
102　エロー県知事あてクルノンテラル村長報告(1855年7月16日)[ADH 3M1865]。
103　エロー県知事あてヴィルヌーヴ＝レ＝マグロヌ(モンペリエ郡)村会議員(10人)書簡(1857年5月24日)[ADH 2M181]。村長の反論については，同知事あて同村長報告(同年6月5日)[ADH 2M181]を参照。
104　ベジエ郡長あてマルゴン村会議員(全員)書簡(日時不明，おそらく1863年)[ADH 2M185]，同郡長あてルジャン小郡担当治安判事報告(1863年10月24日)[ADH 2M185]，エロー県知事あて同郡長報告(1863年11月9日，同月23日)[ADH 2M185]。その他の市村に関する例として，同知事決定(1857年5月5日)[ADH 4K143]，同知事あてロデヴ郡長報告(1861年6月20日)[ADH 3M1350]，同知事あてサン＝ポン郡長報告(1866年4

月４日)[ADH 2M192]，同知事あて内務大臣通達(1866年12月６日)[ADH 2M192]，同知事あてサン＝ポン郡長報告(1866年４月４日)[ADH 2M192]なども参照。

105　エロー県知事あてロデヴ郡長報告(1854年11月22日，1864年２月27日，同年10月24日)[ADH 2M191]，同知事あてラ・ヴァクリ＝エ＝サン＝マルタン＝ド＝カストリ村会議員(10人)書簡(同月８日)[ADH 2M191]。

106　「前市会議員から市民諸氏へ」(クレルモン＝レロー，日時不明，おそらく1865年)[ADH 3M1918]。その他の市村における事例について，エロー県知事あてル＝プジェ村長報告(1862年２月１日)[ADH 2M190]，同知事あてロデヴ郡長報告(同年４月９日)[ADH 2M190]，同知事あて同村会議員(10人)および同村住民書簡(同月17日)[ADH 2M190]，同知事あてサン＝ポン郡長報告(1864年２月28日)[ADH 1M851]なども参照。

107　各市村長あてエロー県知事通達(1865年７月１日)[ADH 3M1816]，「ベジエ市長から市民諸氏へ」(同月19日)[ADH 3M1918]，「マロサン住民諸氏へ」(同村長，同月15日)[ADH 3M1923]。

108　「クレルモン＝レロー市長から市民諸氏へ」(1852年９月)[ADH 3M1864]。

109　「元ヴィルヌーヴ＝レ＝マグロヌ村長ウジェーヌ・ヴァンサン氏に関する覚書」(フロンティニャン小郡担当治安判事，1869年12月６日)[ADH 2M181]。

110　エロー県知事あてル・プジェ村会議員(12人)請願書(1860年９月17日)[ADH 2M190]，同知事あてロデヴ郡長報告(1861年２月15日，18日，３月１日)[ADH 2M190]。他の市村における事例について，同知事あてルエ(モンペリエ郡)村会議員(９人)請願書(1860年９月30日)[ADH 2M178]，同知事あてロデヴ郡長報告(1860年12月11日，24日，1869年２月22日)[ADH 2M189]なども参照。

111　エロー県知事あてフェリヌ＝オプル住民(３人)請願書(1852年９月９日)[ADH 3M1863]，同知事あてヴィクトル・デュラン書簡(1860年７月６日)[ADH 3M1887]，同知事あてセルヴィアン村長報告(同年８月12日)[ADH 3M1887]，同知事あてベジエ郡長報告(同月16日)[ADH 3M1887]。

112　エロー県知事あてピュエシャボン住民(複数)書簡(1852年３月３日)[ADH 2M178]，同知事あてアニアヌ小郡担当治安判事報告(同年10月14日)[ADH 2M178]，同知事あてピュエシャボン大地主(９人)請願書(1868年８月６日)[ADH 2M178]，同知事あてピュエシャボン住民(複数)請願(1869年12月13日)[ADH 2M178]。その他の市村に関する例として，同知事あてサン＝パルゴワール住民(複数)請願書(1853年４月29日)[ADH 2M189]，同知事あてフォンテ住民(９人)請願書(1860年３月10日)[ADH 2M182]なども参照。

113　エロー県知事あてアニアヌ小郡担当治安判事報告(1861年８月１日)[ADH 2M166]，同知事あてアニアヌ住民(４人)書簡(同月５日)[ADH 2M166]。

114　ベジエ郡長あてベジエ在住(担当小郡不明)治安判事報告(1866年８月21日)[ADH 2M187]。

115　エロー県知事あて内務大臣通達(1864年12月28日)[ADH 2M188]，同知事あてベジエ郡長報告(1865年１月27日)[ADH 2M188]，同知事あてヴィルマーニュ村長書簡(同年７月22日)[ADH 2M188]。他の市村に関する事例として，同知事あてロデヴ郡長報告(1862年８月12日)[ADH 2M190]，同知事あて内務大臣通達(同月28日[ADH 2M190]／

1865年9月1日［ADH 2M164］/1869年8月22日［ADH 2M181］），同相あてオルトラ（元サン＝ポン郡庁書記長）書簡（1865年8月1日）［ADH 2M172］なども参照。

116 「ピュエシャボン村長に抗議するべく1860年2月22日にエロー県知事ガヴィニ殿に提出された請願書の写し。農商公共事業相閣下へ」（内容からして同知事ではなく農商公共事業相にあてられた同村住民請願書）［ADH 2M178］。

117 エロー県知事あてロデヴ郡長報告（1852年10月12日）［ADH 2M189］，同知事あてサン＝パルゴワール村会議員（10人）書簡（1853年4月19日）［ADH 2M189］，同知事あて同村民（複数）請願書（同月29日）［ADH 2M189］。

118 エロー県知事あてフォンテ住民（9人）請願書（1860年3月10日）［ADH 2M182］。

119 ちなみにエロー県に関する資料調査としては，フランス国立図書館「ガリカ」（Gallica）サイト上でオンライン公開されている県会議事録を閲覧したほか，同県文書館において，本章のテーマに直接関連する資料を所収している可能性が高い下位資料系列1M（県知事官房），2M（公務員人事），3M（選挙）の合計203カートンを中心に，資料系列K（法律，政令，条例，県参事会），M（一般行政，経済），N（県行政，財政），T（教育，文化，スポーツ），U（司法），Z（郡庁）について，合計343カートンをチェックした。これでリサーチとして十分か否かは，読者諸賢の判断に委ねざるをえない。

120 内務大臣あてヴィオル＝ル＝フォール住民（6人）請願書（1865年6月9日）［ADH 2M181］。

121 シャティヨン郡会議事録（1855年7月24日）［ADCO IIINc3］。

122 皇帝あてボディ（リヴレ村民）請願書（1860年4月21日）［ADIV 2M121］，皇帝あてリヴレ村民（9人）請願書（1860年5月1日）［ADIV 2M121］。

123 IV県会議事録（1864年8月30日）［ADIV 1N69］。同（1865年8月25日，28日）［ADIV 1N70］も参照。

124 CO知事あてボーヌ郡長報告（1865年9月15日）［ADCO 3M475］，同知事あてスミュール郡長報告（同年10月30日）［ADCO 3M475］。

125 むろん，本来であれば，彼らについてプロソポグラフィ分析を施すべきである。しかしながら，7000人をこえるコーパスに対するプロソポグラフィ分析はわれわれの手に余る。

126 これら表は，市村ごとに分類され，「市村会議員選挙特記事項（1831〜1944年）」と題された，400強のカートンからなる資料のなかに散在している［ADCO 3M550-976］。なお，1860年選挙については，表に社会職業的属性に関する情報を記載する欄がなく，われわれにとっては利用しがたい。

127 ここから，ボーヌ郡とシャティヨン郡については，郡内市村の表はいったんとりまとめられ，のちにまとめて失われたのではないかと考えられる。

128 おそらく，県知事に送付したものの写しがまとめられて郡長の手元に残ったものと思われる［ADCO 2Z5m3］。

129 ちなみに1852年農業調査によれば，自作農（労働者兼業を含む）と地主（不在および在郷）の数は，CO県全体では前者が後者の1.3倍だったのに対して，スミュール郡ではほぼ同数だった。これだけでは，市村会議員における自作農の比率の差を説明することはできない。

130　1853年，55年，60年については，郡ごとに「市村会議員」という題がつけられた表紙を付した冊子となっている[ADH 2M165]。1865年については，「1865年市村会議員総選挙」という題を付した冊子にまとめる予定だったと思われる市村ごとのデータが，ばらばらなままに残されている[ADH 3M1921]。

131　郡ごとでいうと，モンペリエ郡が114市村中98，ベジエ郡が98市村中86，ロデヴ郡が73市村中61，サン＝ポン郡が45市村中42となる。

終章　19世紀フランス社会政治史のゆくえ

1　ただし，1880年代末になると，大不況の影響と経済構造の変化により，これら政策だけでは社会平和の実現は難しくなり，支配階層たるブルジョワジーはパターナリズムにもとづく労使関係の整備を重視するようになる。この政策的志向性は「連帯主義」として理論化されることになる[Elwitt 1986：12–14, 185–203, Chapter 3]。

2　その背景には，エルヴィットがマルクス主義的な歴史観を採用していることがあると思われる。同様のスタンスに立った第三共和制初期穏健共和派の分析として，[Lebovics 1988]も参照。